译者名单

陈笃庆　瞿瑜辉　吕银春　周志伟
张方方　周博爱　蒋　雯

拉美研究译丛
Latin American Translation Series

巨人时代的巴西挑战

JU REN SHI DAI DE BA XI TIAO ZHAN

萨缪尔·皮涅伊罗·吉马良斯 著
陈笃庆 等 译

当代世界出版社

图书在版编目（CIP）数据

巨人时代的巴西挑战／（巴西）吉马良斯著；陈笃庆等译.
—北京：当代世界出版社，2011.4
ISBN 978-7-5090-0712-9

Ⅰ.①巨…　Ⅱ.①吉…②陈…　Ⅲ.①国际形势—研究
②对外关系—研究—巴西　Ⅳ.①D5②D877.72

中国版本图书馆 CIP 数据核字（2011）第 048388 号

图字：01-2011-2150 号

书　　名：巨人时代的巴西挑战
出版发行：当代世界出版社
地　　址：北京市复兴路4号（100860）
网　　址：http://www.worldpress.com.cn
编务电话：（010）83908400
发行电话：（010）83908410（传真）
（010）83908408
（010）83908409
经　　销：新华书店
印　　刷：北京欣睿虹彩印刷有限公司
开　　本：787×1092 毫米　1/16
印　　张：22.25
字　　数：240 千字
版　　次：2011年5月第1版
印　　次：2011年5月第1次
书　　号：ISBN 978-7-5090-0712-9
定　　价：45.00 元

如发现印装质量问题，请与承印厂联系调换。
版权所有，翻印必究；未经许可，不得转载！

《拉美研究译丛》编委会名单

名誉主编：成思危

顾　　问（按姓氏笔画为序）：
苏振兴　李北海　李金章　陈凤翔　洪国起
原　焘　蒋光化　裘援平　蔡　武

主　　编：郑秉文

编　　委（按姓氏笔画为序）：
王　华　王宏强　王晓德　刘纪新　刘承军
杨万明　吴白乙　吴志华　吴国平　吴洪英
沈　安　宋晓平　张　凡　陈笃庆　林被甸
郑秉文　赵雪梅　贺双荣　袁东振　柴　瑜
徐世澄　徐迎真　康学同　曾　钢　韩　琦

学术秘书：刘东山

《拉美研究译丛》总序

拉美和加勒比地区共有33个国家，总人口5亿多，经济总量约2万亿美元，在世界政治和经济中发挥着越来越重要的作用。中国与拉美和加勒比地区虽然相距遥远，但友好交往源远流长，在政治、经济、文化等方面的交流与合作具有广阔的发展前景。拉美和加勒比地区是中国实施和平外交政策的重要对象，也是共同构筑和谐世界的重要伙伴。

中国历代领导人都十分重视发展同拉美和加勒比地区国家的关系。早在1988年，邓小平以其战略家的深邃眼光，对世界发展前景作出了这样的预言："人们常讲21世纪是太平洋时代……我坚信，那时也会出现一个拉美时代。我希望太平洋时代、大西洋时代和拉美时代同时出现。"他还指出："中国的政策是要同拉美国家建立和发展良好的关系，使中拉关系成为南南合作的范例。"2004年，胡锦涛总书记提出了要从战略高度认识拉美的重要指示。2004年11月12日，胡锦涛主席在巴西国会演讲时指出，中拉关系在不远的将来能够实现如下发展目标：(1) 政治上相互支持，成为可信赖的全天候朋友。(2) 经济上优势互补，成为在新的起点上互利共赢的合作伙伴。(3) 文化上密切交流，成为不同文明积极对话的典范。

中国与拉丁美洲和加勒比地区国家在争取民族解放、捍卫国家独立、建设自己国家的事业中有着相似的经历，双方在许多重大国际问题上有着相同或相似的立场。中国高度重视拉美在维护世界和平、促进共同发展方面所发挥的积极作用；越来越多的拉美国家领导人也认识到中国的重要性，对与中国的交往及合作持积极态度。

作为中国—拉丁美洲友好协会的会长，我非常高兴地看到近年来中拉关系发展迅速。许多拉美国家的国家元首、政府首脑纷纷到中国来访问，中国国家领导人也曾多次访问拉美。特别是2004年11月胡锦涛主席访问了阿根廷、巴西、智利和古巴四国；2005年1月曾庆红副主席又访问了墨西哥、秘鲁、委内瑞拉、特立尼达和多巴哥，以及牙买加。至今中国与委内瑞拉建立了"共同发展的战略伙伴关系"，与巴西、墨西哥和阿根廷建立了"战略伙伴关系"，与智利建立了"全面合作伙伴关系"。中国全国人大与许多拉美国家的议会都保持着较密切的交往，中国现在已经成为美洲国家组织和拉美议会的观察员，和里约集团、安第斯共同体、加勒比共同体、南方共同市场都有联系。中国与拉美国家在经贸领域中的合作也已全面展开。在1993～2003年的十年中，中拉贸易额增长了近六倍。2005年，中拉贸易额首次超过500亿美元。

2005年12月6日，我应邀在美洲国家组织发表了题为《中拉合作前程似锦》的演讲，指出中国与拉丁美洲和加勒比国家之间的政治合作基础良好，经济合作前途广阔，文化合作尚需推进，民间交流大有可为。为此我们应当突破地理的距离及语言的隔阂，全面而深入地了解拉美地区的政治、经济、历史和文化等各个方面，进一步促进中拉关系的发展。

《拉美研究译丛》总序

中国社会科学院拉丁美洲研究所是国内专门从事拉丁美洲研究的唯一科研机构，成立于1961年。长期以来，该所科研人员完成了大量科研成果，为党和国家的决策做出了一定的贡献。从2006年开始，他们在这些研究成果的基础上，出版了一套《拉美研究丛书》。现在他们又推出一套《拉美研究译丛》，以满足我国外交部门、企业界、高等院校、科研机构、媒体以及公众对拉美知识的需求。我认为，这套丛书的出版将会增进我国各界对拉美的了解，也将对促进我国与拉美和加勒比地区的友谊及合作作出应有的贡献。

尽管中国和拉丁美洲距离遥远、存在差异、各方面的交流与合作还有待进一步发展，但我作为一个审慎的乐观主义者，对中拉合作的前景充满信心。我愿意和大家共同努力，在中国人民和拉美人民之间架起一座友谊的桥梁，为促进相互合作与共同发展作出应有的贡献。

成思危
2007年1月20日

目　录

序　言 ……………………… 埃利奥·雅瓜里贝 　1

第一章　权力的主人们：宏观结构 …………… 　1
　分化、脆弱性和欠发达 ……………………… 　1
　根　源 ………………………………………… 　10
　宏观霸权结构及其战略 ……………………… 　16
　权力宏观结构的战略观 ……………………… 　25
　经济主义世界观 ……………………………… 　26
　世界的政治观 ………………………………… 　33
　各种战略观之间的争论 ……………………… 　42

第二章　蜂窝：人口和失业 ………………… 　48
　关键问题 ……………………………………… 　48
　发达国家和欠发达国家 ……………………… 　48
　科技与暴力："劳动力"的四个范畴 ………… 　52
　暴力、就业和国家 …………………………… 　56
　技术、就业和人权 …………………………… 　65

第三章 奴隶主的豪宅和奴隶的窝棚：人权和权力 …… 68
 权力的集中和侵权行为 …… 68
 新自由主义和侵权 …… 78
 对权利的侵犯和公共政策 …… 81

第四章 他们不穿晚礼服：就业和技术 …… 83
 竞争力、技术与市场垄断 …… 83
 垄断、优势和收入分配 …… 88
 全球化背景下的现代化 …… 92
 关于技术政策的误解 …… 95
 技术政策的优先侧重 …… 101

第五章 炼丹术士：资本与国家 …… 105
 资本的规则 …… 105
 外国资本、储蓄和资本构成 …… 109
 外国资本和劳动力 …… 112
 外资企业和科技开发 …… 114
 外国资本、企业现代化和竞争 …… 116
 外国企业和外贸结算 …… 117
 外国资本的政治后果 …… 118
 对本国和外国资本的公共政策 …… 121

第六章 失去的天堂：国土和亚马孙地区 …… 126
 巴西各个地区 …… 126
 亚马孙地区的国际环境 …… 127

亚马孙地区的邻国 ………………………………… 133
　　亚马孙地区的军事问题 …………………………… 137
　　国际协定 …………………………………………… 142
　　国内结构问题和国际化 …………………………… 145
　　开发亚马孙地区的挑战 …………………………… 150
　　战　略 ……………………………………………… 162

第七章　马古纳伊马：欠发达与文化 ………………… 164
　　思想脆弱性和文化霸权 …………………………… 164
　　文化、传媒和教育 ………………………………… 168
　　文化政策：反思 …………………………………… 170

第八章　外围五百年：入围 …………………………… 177
　　国际体系结构与力量变化 ………………………… 177
　　当前国际体系结构及发展趋势 …………………… 179
　　巴西社会的挑战 …………………………………… 188
　　美国、南美洲和阿根廷 …………………………… 194
　　美　国 ……………………………………………… 195
　　南美洲 ……………………………………………… 198
　　阿根廷、巴西和南方共同市场 …………………… 201
　　美洲自由贸易区、巴西、南美洲和欧盟 ………… 203
　　北美自由贸易区和欧盟 …………………………… 209
　　21世纪：对前几十年的展望 ……………………… 212
　　巴西外交政策挑战概述 …………………………… 214
　　对外政策挑战：评论 ……………………………… 215

第九章　美洲豹和猫：威胁与战略 ………… 220
　　定　义 ……………………………… 220
　　威胁和大国 ………………………… 220
　　威胁与南美洲 ……………………… 225
　　真正的"新威胁" …………………… 227
　　国际格局的特点 …………………… 228
　　南美洲国家的主要特点 …………… 233
　　巴　西 ……………………………… 235
　　对南美洲国家和社会的"新的威胁" ……… 236
　　经济规范化 ………………………… 236
　　政治规范化 ………………………… 238
　　军事规范化 ………………………… 240
　　单极、多极和军事战略 …………… 242
　　关于军事战略的评论 ……………… 244

第十章　穆拉托和马丁·费耶罗：南美洲 …… 246
　　南美挑战和国际政治 ……………… 246
　　大国对南美的战略目标 …………… 254
　　全球进退两难 ……………………… 263

第十一章　普雷维什和富尔塔多：主权与一体化 ………… 267
　　一体化的至关重要性 ……………… 267
　　主权与一体化 ……………………… 273
　　主权与南锥体的一体化 …………… 275

目 录

  几点策略 ………………………………………… 278

第十二章　穷乡僻壤：世界舞台上的南方共同市场 ……… 281
  世界舞台 ………………………………………… 281
  美国的对外政策 ………………………………… 282
  欧盟的对外政策 ………………………………… 286
  中国和日本的对外政策 ………………………… 289
  关于印度 ………………………………………… 291
  关于俄罗斯的对外政策 ………………………… 291
  关于阿拉伯世界 ………………………………… 292
  关于南非 ………………………………………… 293
  关于墨西哥的对外政策 ………………………… 293
  南方共同市场：总的看法 ……………………… 295
  南方共同市场：巴西、阿根廷关于全球化的观点……… 297
  阿根廷 …………………………………………… 299
  巴　西 …………………………………………… 302
  落空的期望和前景 ……………………………… 304

后　记 ………………………………………………… 312
参考书目： …………………………………………… 325

序　言

埃利奥·雅瓜里贝[①]

通过本书，萨缪尔·皮涅伊罗·吉马良斯大使向讲葡萄牙语的公众对当前国际局势及其前景趋势做了很好的分析，并特别清晰地探讨了在这种形势下巴西的立场。

国际舞台在以往的各个时期，总是由当时的列强进行竞争，寻求把她们的利益和权力最大化，一般情况下，她们这样做是以牺牲弱国为代价的。这一条定义也符合现在的历史时刻，只是，与以往时期不同的是，当前的局势是唯一的超级大国——美利坚合众国称霸。

"美国"与此前的从罗马帝国到不列颠帝国的各个帝国不同，她不是真正意义上的帝国。以前的帝国，有宗主国本土的代表、总督或副王，在军队和官僚的支持下，领导海外省或殖民地的事务。"美国"是一种"场"，这个"场"与我们所说的磁场或引力场的意思相似。它的权力是通过强大的经济、金融、

[①] 埃利奥·雅瓜里贝（Hélio Jaguaribe, 1923~　），巴西著名的社会学家、政治学家及作家。（译者注）

巨人时代的巴西挑战

技术、文化、政治等约束手段，如果需要，也通过军事手段来实施的。这样，在当今的国际形势下，被"美国"控制的国家维持其主权的表面形式：国旗、国歌、仪仗队，甚至在民主社会里，有形式上自由的选举。由"美国"实施的约束手段迫使本国的领导人，不论其意愿如何，均要执行国际市场强加给他们的方针，而国际市场是由美国的跨国公司控制，从根本上说听华盛顿的指示行事的。

特别重要的是，正如萨缪尔·皮涅伊罗·吉马良斯大使在本书第七章所强调的那样，在国际市场占支配地位的美国电影和电视的影响问题，这些电影电视凌驾于本国的影响之上，造成一种世界形象以及受美国文化指挥的价值和行为体系。

美国霸权的影响，虽然已经极为广阔，但还不是全球性的。对此霸权进行抵制的，有除英国之外的欧盟各成员国，或还有亚洲的大国，如中国和印度。在南方共同市场①范围内，巴西还能小心翼翼地维持一定程度的自主性。

萨缪尔·皮涅伊罗·吉马良斯在本书中研究了巴西努力维持和扩大这种自主性的问题。在一定意义上说，它主要取决于南方共同市场巩固的程度，并以此为出发点，能对不久前成立的南美洲国家共同体切实打上经济和政治的印记。这个共同体的主轴是巴西与阿根廷的战略联盟。作者对此联盟作了很清晰的分析，向人们展示从计划的宣布到具体实施会有种种困难。一些是与阿根廷方面的众多抵制有关，他们觉得两国之间有着

---

① 南方共同市场是南美地区最大的经济一体化组织，其正式成员国包括巴西、阿根廷、乌拉圭和巴拉圭，联系国为智利和玻利维亚，委内瑞拉正在加入南方共同市场过程中。（译者注）

重大的不对称,对阿根廷不利。阿根廷社会中有人觉得他们要比巴西人更有教养和文明,然而经济上却比较虚弱,这种伤感尚未克服。另一方面,也与巴西有关。虽然巴西一直表示想与阿根廷实施一项共同的工业政策,却不能使阿根廷的工业重新呈现强劲的发展。

在萨缪尔·皮涅伊罗·吉马良斯这本杰出的书里,他分析的有些方面需要特别提及。在第二章,我们可以看到当代一个极为棘手的问题,就是技术的进步导致失业。然而,技术创新,取决于巴西能否克服欠发达的状态,这在第四章中有所涉及。在第十章中,作者认为,在上述不可或缺的要求之外,还要加上制定和实施一项国家计划,虽然在瓦加斯①时代和库比契克②时代,曾经有过计划,但是巴西目前则完全没有计划。

作者在第五章中对外国资本的反思也是很重要的。他在书中说,对外资的美化和妖魔化都是谎言。外国资本能带来外汇的增长和技术才是重要的。在第九章中,作者对国防问题和毒品问题作了精辟的探讨。

萨缪尔·皮涅伊罗·吉马良斯大使的书以精辟和清晰的论述,为我们分析国际体系与巴西的利益和可能性关系的书目,填补了一项空白。

---

① 瓦加斯(Getúlio Dornelles Vargas, 1882~1954),曾于 1930~1945 年和 1951~1954 年两度出任巴西总统。(译者注)
② 库比契克(Juscelino Kubitschek de Oliveira, 1902~1976),曾于 1956~1961 年就任巴西总统,是巴西新首都巴西利亚的建设决策者。(译者注)

"无论我选择的是怎样一条道路,在这条道路上,必定已经留下过一位诗人的足迹。"

西格蒙德·弗洛伊德[①]

[①] 西格蒙德·弗洛伊德(Sigmund Freud, 1856~1939),犹太人,奥地利精神病医生及精神分析学家,精神分析学派的创始人。(译者注)

第一章 权力的主人们：宏观结构

"为了使她的脖子如此苗条

为了使她的手腕如此纤细

为了她的双眸如此清澈而深邃

为了她的腰杆如此挺拔

从而能够高高地昂起头颅

和白皙的额头

需要一代又一代的奴隶们

弯下身躯

耐心地用粗糙的双手

为公主王孙们世代服务

哪怕他们还略显笨拙、粗鲁，

残酷无情和虚假"

——索菲娅·德梅洛·布瑞纳[①]

分化、脆弱性和欠发达

日复一日困扰巴西人的各种问题，如愚昧、贫困、暴力、

[①] 索菲娅·德梅洛·布瑞纳（Sophia de Mello Breyner，1919~2004），葡萄牙著名女作家，诗人。（译者注）

污染、种族歧视、腐败、专制、神化、失业、苦难和富有等等，都是异乎寻常的分化、长期的脆弱性和不平等的欠发达现象的体现，而这些均是巴西社会的特点。分化、脆弱性和欠发达彼此交织，相互循环，互为因果，随着时间的推移而相互加重。

所有人都承认巴西在经济、社会、政治和文化领域存在分化现象和脆弱性。所有人都对此痛心疾首，也都认为要获得发展、要维护民主以及要建设一个更为公正的社会以便使所有巴西人无论其贫富与否均能安居乐业，就必须要尽快克服这些问题。

分化现象产生的根源，是形形色色正式和非正式的一切权力集中和维系机制。既得利益者中的少数人和受害者中的多数人都承认分化现象的存在。但既得利益者们只是在口头上对此加以谴责，因为实际上他们是在大力维护那些造成分化和不平等现象的特定机制的。一般而言，他们都乐意接受那些提倡开展以私人性质为主的人道主义活动的主张，认为社会应"变得更为团结互助"，以借此纾缓社会不平等，反对不公正现象。

然而，一旦真的出现一些主张，或者国家和社会运动采取某个比较坚定的行动来反对集权机制，这些主张或行动往往会被视作是触犯私人权利和国家的不当干预行为。在既得利益者眼中，要消除社会分化现象，只能经过长时期才能实现，比如说通过对弱势群体的教育等等，因为这些群体之所以贫穷、困苦和受压迫，是因为他们没有能力接受教育。他们的言下之意，现有的社会、政治和经济结构均是公正的，甚至是理所当然的。因此，这些结构以及确保这些结构生存的相关立法体系、司法和警察系统"均应"维持。只有集权体制下既得利益者的代表

第一章 权力的主人们：宏观结构

们才能对这些结构、体系和制度进行微调。这种调整的目的在于确保后者的生存，而且只是在由社会排斥所引起的紧张局面不断恶化以至形势出现危险时才需做出上述调整。

另一方面，多数人都是分化不平等现象和变本加厉的集权机制的受害者。他们没有能力组织动员起来去逆转这些机制以消除分化现象。造成这种情况的原因包括：社会上散布着各种观点，将这些群体所受到的困苦归咎于他们自己；媒体通过营造个人崇拜、吸引大家关注失范型暴力、吹捧体育明星、打造娱乐节目等手段，不断地转移大家的注意力；性剥削；邪教将民众生活的不幸归咎于某一个向恶魔屈服的罪人；一些人对政治和政治人物的不断丑化，将他们描绘成腐败分子，然而却不提出替代之策，结果只是暗示民众要应"听天由命"，等等。

最后，警察在贫困和被边缘化的民众中散布恐吓，也增添了他们在社会和政治方面组织起来的难度。政治选举制度确保了不平等体系的既得利益者们掌握着国家机器，从而掌握着社会资源、法律制订权及执行权。这种既得利益者和政治—管理体系间的联系确保了权力和财富集中体制的延续甚至加重，极度累退的税收制度和所谓经济精英们所犯下的逃税行为就是两个很好的例子。

国内、国际的研究机构和单位都高调指出了收入的不平等现象。巴西在收入集中方面每年均能"赢得"最差的评级。用于衡量收入集中状况的有关指数实际上隐瞒了那些处于贫困线以下的民众非人的生活条件，包括饮食、健康、卫生、住房、交通、安全等。而在另一个极端，则是新老几代百万富翁们奢华无度、大肆炫耀的消费方式，各类报纸的社会版和专门杂志对此大加渲染：富人们的珠宝、派对、直升机和喷气飞机、私人保镖、豪宅、位于不毛之地的大洋深处的宫殿城堡等等。这两种现象相伴而生，就像是一对邪恶的连体姐妹。贫富分化没有像收入分化那样受到大家的关注，但实际更为明显，这一点可以通过衡量乡村和城市资产的集中、公共债券的持有、银行储蓄和公司股份等指数而看出，这些在解释不平等和分化现象时比收入两极差距更为重要。

政治上的不平等现象体现于渗透在选举过程、立法行为、行政权日常行使以及包括刑法、警力使用和监狱管理等在内的司法决策等等过程中的经济影响力。在选举过程中，大公司、有组织犯罪等经济力量的影响表现在对选举进行资助上，这在很大程度上是因为电视宣传和贿买选票均需费用。这类费用使得工薪阶层几乎无法跨入从政门槛，除非其挂靠按阶级划分的组织或加入政党。另一方面，一些人通过特权或非法活动而致富，这些活动有些是私人性质，有些则同国家有某种形式的联系，签有合同，享有免税，获得贷款等。依靠这些手段致富的人都纷纷参政竞选，其目的要么是为了获得议员的特权豁免，这使检查其非法致富的来源变得困难；要么是为了保护其所在行业团体的利益（乡村集团、学校或医院老板、宗教团体等），以便能够确保这些团体所享有的法律和税收特权，并确保个人和其所属单位能够发财。

在立法过程中，一方面，庞大的经济利益集团对选举进行资助，并将它们的代表组织起来去维护那些能够维持其特权的立法。而另一方面，行政机构则通过拨款和填补行政职务等手段，总是能够"征服"议员们的选票，从而获得他们的支持。

这种彼此交换使得很多议员常常置那些推选他们的选民团体的利益于与不顾，而是先去讨好当权者以便后者能够顺利拨款，哪怕这些预算事前已经得到了审批通过。从历史角度看，这种针对民众政治意愿的腐败过程其实往往比通常表现为提成、收取回扣、挪用公款、竞标造假等现象的经济腐败更严重恶劣。

在公共行政领域，授权式的而非决定式的预算程序赋予政府足够的行动空间，并可将其作为一项工具来"说服"议员们。与此同时，大型经济团体在涉及资产的有关政府决策过程中具有巨大影响力，比如说关于私有化的决策等。同样，这种影响力也体现在行业规则的制订过程中，如减少国家机构的监管、逃避税收、影响公共收费标准制订，等等。多年来，大财团，尤其是国外财团，总是能够从财政和贷款管理当局处获得格外照顾，如免税、优先获得公共贷款、向国库和公共银行返还债务时享有优惠条件等。

在司法体系内，大公司能够通过合法手段逃税或延缓支付税款。在刑事方面，对白领犯罪、腐败、欺诈和偷漏税的处罚力度微乎其微，罪犯们常能通过程序或利用法官们的宽容来钻法律的空子，从而逍遥法外。而与此同时，税务部门对广大工薪阶层则表现得严厉无情。普通的犯罪不仅被野蛮残酷地暴力镇压，而且有时有些人仅仅只是嫌犯，却会在逃脱了私人行刑队的死亡威胁后，仍被扔入中世纪般黑暗的监狱中受尽煎熬，受到野蛮对待。很多时候，哪怕他们已经接受完刑罚，却还要继续在监狱中呆下去。

巨人时代的巴西挑战

警察机器对穷人、黑人和梅西蒂索人①人种极其严厉，而对中产白人阶层尤其是富人和权贵们则备加宽容。举例而言，从事毒品买卖的小商贩们会被系统性地加以打击和清除，而其组织者、出资人和消费者们则被警察彻底放过。越有钱，这种情况就更明显。

教育和文化的分化现象体现在种种方面，包括实际文盲率的居高不下、公立学校的低劣质量、实际歧视穷人的免费大学教育制度、越来越多的精英和中产阶级上层人士将子女送往国外学习、公立大学的设施和教学质量每况愈下、收费的私立教育的扩充和低效，以及师资培训的不足和缺陷等等。泛滥成灾的电视商业广告和收费电视的高成本、对体育和流行音乐明星的过度追捧、通过网络等传媒宣扬的性爱以及所有高水平文化活动票价高企等现象，更是助长和恶化了这些分化和不平等。

在文化鸿沟的一边，是绝大多数世世代代鲜受教育或未接受过教育的民众。有历史记载的高文盲率就是明证。直至今日，这些人群仍在受到商业化和鸦片般的传媒的麻醉，其分享本已不足的公共教育制度的能力不断受到削弱。即便他们中的一些人出于谋生目的（谋生的需求也造成了高辍学率）而继续呆在这一体系内，也不得不师从一些收入低下、未受过适当教育学培训、在许多情况下是"外行"的教师们管理的教学体系，并接受他们的管教。因饮食和卫生条件的恶劣，这些民众的智力开发受到损害。而最具嘲讽意味的是，他们反而被人诬称为是因为不愿接受教育才导致了收入水平的低下。

---

① "梅西蒂索人"是指黑白混血人种。（译者注）

第一章 权力的主人们：宏观结构

在鸿沟的另外一边，则是极少数的一些人，他们生活在文化水平高的家庭和社会氛围中，享受着高质量和收费昂贵的中学教育，能够进入免费大学或高级私立大学，接受各类优雅文化的熏陶，有条件出国留学镀金。持续的人才流失、对巴西社会自我形象的扭曲、各种希望以美国方式使巴西实现现代化的渴望和焦虑以及相应的对自身历史和人民的蔑视，都会产生严重的后果。

总有一些个人能够克服各类因分化而产生的巨大障碍从而达到优越的经济、政治和文化地位。但这与整个巴西社会相比，只是极少数的一部分。这些例外个案只能进一步证明社会分化的持久性和不断恶化的规律，因为多数情况下它们只是个别特殊环境的产物。这些人更多地是被纳入到了现行体制中，因而他们的个人经验上的成功并不会对其原属群体的整体境遇产生大的影响。

巴西社会的对外脆弱性同其内部的分化，以及产生并加剧这种分化的集权过程密不可分。这些脆弱性不仅体现在经济层面，也体现在政治、军事、意识形态和文化层面。它们的根源在于构成殖民时期巴西与葡萄牙本土间结构与关系框架的各种规则和机制，其发生的背景恰恰是从欧洲起源的资本主义迅猛发展，进而推动建立世界范围内的资本主义经济和政治体系。

对外的脆弱性同一些对世界和巴西社会的看法和观点相联系，也与这些观点看法相对应的经济和政治运作方式有关。它们以不同形式既影响了受惠阶层，也影响了内部分化现象的受害者们。这些脆弱性源于巴西经济资本主义的产生、扩张以及其融入世界经济的方式，源于长期以来巴西政治制度的构成和它融入世界权力体系的方式，同样也源于巴西文化的形成和它同世界文化的联系，尤其是同世界文化形成和传播的主要中心之间的联系。

对外经济的长期脆弱性体现在贸易领域。这主要是因为：长期以来出口在巴西整体经济活动中占有重要地位；出口产品仍高度集中在初级产品或半制成品；以往巴西经济需要依赖能源的进口，现在则需要输入生产资料。在金融领域，长期累积的外债（如今要加上内债）所带来的本金和利息偿还，造成了周期性的支付危机和债务危机，并使得国内的经济政策的制订受制于外国政府和"国际"机构的支使——那些金融机构和国内一些部门常常"鼓励"把借外债作为"规范"巴西国内政策的方式。

政治和经济上的脆弱性源于巴西本国无法生产军工产品或相关产能不足，也包括军事装备技术科研能力的薄弱；源于某些精英阶级的意识形态主张，这些主张认为巴西"缺少力量"（虽然没有明说），所以必须在政治上与他国结盟；最后，还源于政治和军事上有低人一等的情结。这是一种源于殖民统治的殖民地心态，其中包含了犯罪恐惧感，即对于一个殖民地来说，它不应拥有武器。在"现代殖民地"里，这一情结的思维认为，面对超级宗主国，国防根本无用或不可能起到作用，或是相对国内社会问题而言，维护国防能力是一种浪费。

文化脆弱性源于文化上的落后和对欧洲中心文化（现在则是美国中心）的过度追捧，同时还要加上媒体和具有政治倾向的知识分子们，对巴西文化的各种表现形式系统性和嘲弄式的贬低、蔑视。此外，一项能够推广、保护和维持本国文化的坚

第一章 权力的主人们：宏观结构

定政策的历史性缺失，也是造成文化脆弱性的原因。在一些领域，由于文化活动已经被大型国际娱乐公司按照自身利益打造成了大量生产和消费物品，上述现象就更为突出。

巴西经济的欠发达不是一种状态。从程度和内涵上看，其更多地体现为巴西人均收入和高度发达国家人均收入之间不断增长的差距，以及走向极端、持续的收入和财富集中过程。有研究表明，巴西是近一百年来世界上增长最快的国家。然而实际情况是，尽管从绝对意义上说，巴西在全世界的生产力排名第九（按购买力平价计算），但在相对意义上，巴西的人均收入仅列全球第86位。巴西在创新科技、科学发明、高附加值产品出口等方面均不突出，而这些因素都是一个国家在全球资本主义经济顶尖行业中具备实际竞争力的标志。另一方面，与高度发达国家在人均收入方面的差距（以美国的指数作为参照）已经从1600美元（1950年）增加到了36,000美元（2004年）。1950年，美国的人均收入是巴西的6倍，而今天却是12倍。这种差距的演变清楚地表明了一种相对欠发达的过程。

在当前资本主义演变的背景下，巴西与发达国家及某些新兴国家之间在收入和科技能力方面不断增长的差距是严重的。当前时代的特征包括：科技进步加速；由于信息、生物科技、纳米技术和机器人技术等的迅猛发展，生产和竞争过程深刻变化；政治、军事、科技和经济权力不断集中；旨在限制诸如巴西这样处于国际体系外围国家之自主行为的国际规则体系不断强化，进而达到巩固全球霸权结构的目的。

这种欠发达过程同极端的社会分化紧密关联，也同慢性的对外脆弱性密不可分，两者决定了巴西各类生产要素的脆弱性，如资本、自然资源、劳工和技术等，也造成了各主要社会机构的脆弱，如政党体系、公共行政系统、武装力量、新闻界和教育体系。此外，巴西同发达国家间明显存在的鸿沟一方面造成了一种无能感、挫败感和悲观情绪，另一方面则给那些处于国家体系中心位置的部门提供了"理由"，来放弃自身在保护和推进巴西社会自主能力、应对国际挑战、抵御霸权架构强加行为等方面的责任。

根　源

　　属于经济、文化和政治性质的严重社会分化同慢性对外脆弱性相关，后者既带有贸易和金融性质，也带有政治和军事性质。两种形成了一种循环因果关系，是克服欠发达过程中所面临的各种困难的根源所在。这些困难既包括生产能力的不足，也包括分配的扭曲。有鉴于此，有必要对它们的根源及它们在形成权力宏观架构方面的影响做出进一步的阐明。

　　今天我们所看到的经济分化，其最初根源可追溯到葡萄牙本土对巴西殖民地的剥削上。这种剥削建立在奴隶制、大农场制、寄生式的贸易垄断以及对殖民地所有制造业、哪怕是最简单的制造业活动的严格限制之上。这些财富集中机制的受益者则是葡萄牙本土、私有财产所有人、自由人和在殖民地上经营的王室商人们。

　　葡萄牙人在航海业取得的技术迅猛发展并没有体现到葡萄牙国内的经济活动中。自从开始对亚洲城市进行掠夺后，葡萄牙人没有通过生产活动，而是在国家主导下凭借军事和暴力手

第一章 权力的主人们：宏观结构

段迅速致富。但葡萄牙人的这种财富积累方式阻碍了商业进步和内部制造业的提高，凸显了官僚结构，加剧了国家对养老金制度和农场种植园制度的依赖。而这一切又被反改革时期的反科学态度所笼罩。这样，局部的技术进步和社会落后二者共存。葡萄牙此后的制造业发展又受到了梅休因条约①和葡萄牙法律本身的限制，而相关后果也影响到了巴西。葡萄牙航海大发现在世界经济、政治和科技方面所引发的巨大影响力在其他国家反而超过了其对葡萄牙本国的影响。

处心积虑让世世代代的黑奴处于完全愚昧状态、禁止他们学习知识和构建家庭关系、在巴西禁止新闻从业者和高等教育、由充斥社会保守主义和反改革时代的反科学态度的宗教团体控制教育等等，这些都是造成极度文化分化和落后的最深层次原因。

当前政治分化的最初根源同样源自于殖民地的不平等制度；源自于葡萄牙国家及其在巴西的代表对巴西人的控制和压迫，以防止他们获得更多的自主权；源自于与土地转让有关的司法制度；源自于奴隶制；也源自于财产、职业和政治参与权利的相互联系。随着人口的增长、被占领土地的扩展、社会的变革以及政治架构和活跃度的改变，巴西殖民地的特性也在不断调整变化中，但其不平等的本质依然存在，只不过是换了新的、更为巧妙的包装而已。

长期的对外脆弱性源于经济剥削体系。该体系的主要目的

---

① 梅休因条约（Methuen Treaty）系指1703年葡萄牙与英国签订的一个条约，根据该条约，英国按优惠税率进口葡萄牙酒类，葡方则允许英国毛纺织品按优惠税率输入。（译者注）

巨人时代的巴西挑战

不仅仅是为了支撑王室的生存，同时也要支撑整个葡萄牙社会的生存。其特点是无处不在的寄生性和在殖民地开展掠夺性的生产活动，从而为里斯本带来税收和贸易中介的机会。

这些分化在殖民活动的最开始阶段就得以建立并生根发芽，并马上体现在以下方面：土著人立即被置于从属地位，从而被迫接受奴隶制、强加于自己的文化同化乃至灭绝；世袭封地的主人和总督们所享受的政治和经济特权；土地转让制度；专为葡萄牙人保留的公共职务；还有建立在私人暴力基础之上的奴隶制。

尽管一个个经济周期和政权的不断更替，但在从殖民巴西向联合王国①过渡、从王国向帝国过渡以及此后从君主制向人为宣布的共和国过渡的过程中，导致分化现象并使之不断加重的社会机制之核心并未受到过触动。

为了反对殖民的经济和政治体制，被压迫者们进行了很多次反抗和暴动，但这些体制仍然得以生存下来，对各种反抗予以暴力镇压并使人们逐渐忘却了这些反抗。宣布独立和建立帝国，并不意味着巴西同这些造成分化的机制体制间有了决裂，因为葡萄牙人继续在一段时间内占据着政治权力，并在长时间内把持着经济权力；民众教育没有得到推广，虽然他们已经获得自由；财产私有制和经济剥削制度得到了完整的维护，从而使造成压迫、分化、起义和国家经济落后的结构性根源也得到了维持。另一方面，在殖民和帝国时代的集权，使得巴西的领

---

① "葡萄牙、巴西和阿尔加维联合王国"是葡萄牙和巴西历史上的一段历史时期。19世纪初葡萄牙本土被法国占领后，1807年，葡萄牙王室流亡巴西，葡萄牙也更名"葡萄牙、巴西和阿尔加维联合王国"，葡萄牙国王兼任巴西国王。（译者注）

第一章 权力的主人们：宏观结构

土完整得到了保护，这在某种程度上也是葡萄牙王室迁往巴西所带来的后果，因为当时人们不知道王室何时才能重返里斯本，甚至不知道能不能重返。人们对佩德罗一世作为巴西、葡萄牙和阿尔加维联合王国王位继承人的政治处境也不甚明了。这种双重或三重境况使得巴西的经济和政治空间得以逃脱被分解的命运（即使只是一个真正的"群岛"），从而给后世留下了像一个大陆的领土，也由此产生了相应的政治、经济后果和潜力。

由于内部经济状况始终不稳定，同时也为了确保能够征税并扩大贸易垄断所带来的利润，葡萄牙总是阻止那些会对其薄弱的国内产业带来竞争的生产活动的出现，同时也阻止由它在欧洲先进制造业中心和巴西之间中介经销的生产资料和货物的出现。这窒息了殖民地生产力的发展，而且因为人员分布较散、运输困难、货币不足、奴隶制恶性效应、社会上认为不够体面而歧视手工业和机械制造业活动等因素，这种产业力量本身就已经受到了很大的削弱。

技术上的粗糙原始，以采集、农业和矿业开发为主的殖民经济活动所造成的衰竭，再加上人为的限制和自然困难等因素，使得为供应刚形成的国内市场的巴西制造业的发展面临重重困难，而制造业的发展恰恰是向初期国内市场所提供供给所必须具备的条件。这些原因累加在一起，使得巴西经济强烈地依赖于对外贸易，并且从殖民时代开始就受制于外部需求的波动。此外，一旦外界出现会对巴西自身生产能力构成竞争的力量，巴西经济同样会受到影响。在鼓励单一种植园经济以及奴隶型出口和矿业经济发展的过程中，葡萄牙的殖民政策阻碍了殖民地经济的多元化，这种初级的经济活动导致了周期性的衰竭，

巨人时代的巴西挑战

使得这种经济模式从贸易角度来看长期处于脆弱状态。这种政策在玛丽亚一世女王1785年政令中得到了诠释，该政令认为在巴西遍布着大量的工厂和作坊，于是下令对其加以禁止并摧毁。

在金融方面，持续的对外脆弱性源于葡萄牙在国家层面不停地负债，挥霍无度，寄生度日，只能通过国外的银行机构来为其在殖民地的生产和贸易活动进行融资，或将资金用于武装其不可或缺的舰队，以便能够继续收税并维持其贸易体系。无耻、敲诈性的税收方式始终与葡萄牙的长期对外脆弱性有着紧密关联，这种脆弱性又在此后被转到了巴西，必须从民众那里攫取资金用于还本付息。每当贸易危机来临，脆弱的经济体系下就会发生财富的变化，为了能够维持王室奢华的生活方式及整个葡萄牙社会的生存，国家的债务负担就会进一步加重，而葡萄牙的国内经济却并未取得发展，因为葡萄牙的经济先是寄生于在印度洋上进行野蛮掠夺的海盗式殖民体系，后来则是以在巴西进行奴隶剥削和攫取式贸易、尤其是奴隶制垄断贸易而获得的巨大利润为基础。

这种贸易和金融方面的长期对外脆弱局面是葡萄牙殖民帝国的典型现象，而在巴西独立之后则被转移到了巴西。为了获得葡萄牙和反动的、复辟的神圣联盟[①]中欧洲大国的承认，巴西不得不通过正式的条约继承下了葡萄牙亏欠英国的巨大债务。当时，英国是葡萄牙的强大盟友和保护国，并且有意"直接"在巴西扩展自身的利益。

---

① "神圣同盟"是19世纪初由英国等发动成立的联盟，成员主要包括俄罗斯、奥地利、普鲁士等。（译者注）

第一章 权力的主人们：宏观结构

在帝国时代，巴西欠下了大量的贷款用于资助其军事行动，例如西斯普拉蒂那①战争等，尤其是向一直得到英国王室政治支持的英国银行进行了大量借贷。在第一共和国期间，建立在向外借贷基础之上的咖啡升值政策成为了收入集中的强大工具，也成为了巴西国家层面负债的主要原因。如被"虫蚀"般的旧共和国缺少资源，但更缺少思想，以至于除了少数硬件基础设施和社会建设方面的成绩外，在促进经济多元化方面鲜有作为。

此后，虽然制造业经历了一些快速发展，比如说在实施阿尔维斯·布兰科税法②时、第一次世界大战、推行工业化政策、瓦加斯政府和库比契克政府大兴基础设施建设等期间，但上述情况的基本面没有得到改变。与此相反，社会分化反而不断加剧直至演化成今天的极端状况。因为巴西人口在增长，城市化在推进，但收入和权力集中机制的发展速度超过了旨在推动收入再分配和权力分散的各种努力。从外部角度看，尽管在促进出口产品和市场的多元化方面，有过关注和周期性的努力，但对外贸易的脆弱度依旧存在。出口产品得到了更新，但其主要特性延续至今：初级制成品仍占主导地位（大豆、橙汁、肉和铁矿砂从重要性上取代了传统的咖啡等产品），只不过是现在又添加了一些工业品而已，如纺织品，钢铁和鞋。另一方面，随着工业化的推进，进口的需求也在增加，以便能够扩大生产并在经济危机时保持消费水平。在没有积极政策引导的情况下，

---

① 西斯普拉蒂那（Cisplatina）是1815～1828年间由葡萄牙（后由巴西）掌控的一个地区。自1825年起，巴西与阿根廷围绕该地区的争夺发生了持续500多天的战争。1828年，该地区宣布独立，建立了独立的乌拉圭国家。（译者注）

② "阿尔维斯·布兰科税法"是1844年由阿尔维斯.布兰科（时任巴西财长）制订并实施的税法，该法大幅加大了对进口商品的关税。（译者注）

这使得贸易天平上的赤字呈现不断扩大的趋势，形成了经济低增长政策导向。由于无节制地放任公私两级债务的增长，以及在鼓励投机资金无序流入和推动直接投资，使得它们在经济中的影响力和参与度都超出了历史上的任一时期，这一切都使得金融方面的脆弱性更为严重。为了偿付巴西所欠债务的利息、分期付款和利润，巴西不得不做出旷日持久、紧张和痛苦的努力以争取到新的资金源，由此带来的对利率政策的影响，还有削减公共投资等等作法，最终又在某种程度上造成了经济的相对停滞，使得巴西在包括经济政策在内的各领域政策都直接或间接地受制于"国际"机构和强大的外国政府的所谓"建议"。

宏观霸权结构及其战略

作为土地所有权制度、建立在奴隶制基础上的劳动力市场及政治权力组织方式的产物，伴随着渡过一个又一个的发展周期和危机，巴西在自身历史发展过程中形成了一种宏观霸权结构，这一结构由极少数团体组成，并从这种不平等和脆弱的体系中获利。此外，伴随着新的族群在巴西社会出现、经济活动开始多样化、基础设施得以建设、国土被占用、原本相互隔离的地区被纳入到同一个市场、社会被城市化等现象的出现，新的利益集团也开始涌现。这些集团逐渐地加入到宏观权力结构当中，寻找空间来影响政策的制订和执行，使其符合自身利益，并在此过程中同原有的体系内成员产生了既冲突又合作的关系。

而在另一方面，在上述宏观结构的另一极，同样的因素产生了一个数目庞大的边缘人群。无论在乡村还是在城市，他们

第一章 权力的主人们：宏观结构

均处于分散、隔离、被压迫的悲惨境地中。在宏观权力结构与边缘阶层当中，则产生了一个由自由职业者、知识分子、小商人和企业主、公务员、贸易从业人员、手工业者和熟练工人组成的阶层，这些人渴望进入宏观权力结构，在意识形态上认同这一体系，蔑视黑人、混血人群、贫穷的白人、产业工人、女工或被边缘化的人群，并且通过或多或少的努力从宏观结构处获得了一些小恩小惠，尽管后者随时都在想着怎么在第一时间收回这些恩惠。

这种越来越不公平、高度集权的体系，之所以能够在经常性的、对内造成深刻影响的外来危机的冲击下生存下来，完全是因为武力维持、社会隔离和意识形态灌输的综合结果。只要"多数人"内心确信，宗主国对殖民地进行榨取性的经济剥削、奴隶主剥削奴隶、葡萄牙以及此后的本国当局对巴西人民进行政治压迫等等体制和作法均是理所当然的，均是在现有选择中最佳的方案，再辅以当权者对反叛者们进行的无情武力镇压，这种集权体制就可以在殖民地和帝国时期生存下来，并一直延续传递给二十世纪它的继续者们。如果我们想从本质上理解，如此不公的体系为何能够长期存在并在周期性危机及对其进行改革的努力下仍生存下来，关键就要去分析那些在宏观权力结构下拟订的基本思路，看它们是如何对严重的社会分化进行辩解、它们对巴西社会所"期待"的运行和发展观、对局势的分析看法及相应的政策建议等等。

巴西社会霸权宏观结构中权力的最终依托是司法、警察和监狱制度，它曾允许对那些针对葡萄牙当局及其此后的继承者们——帝国当局、旧共和国的共和派以及新政、1946年宪法民主政府、军人加文人独裁政权和1985年新共和国的统治者——进行反抗的人进行残暴、无情的镇压。

　　主要的法律制度包括：奴隶制度；国家给予大农场主们处置其下属、家人和奴隶们的生杀大权；《1850年土地法》给人们在获得土地所有权方面设置的种种限制和困难；独立后，政治权力同私有权和收入挂钩，此后同是否识字挂钩；在现代，又在实际中将暴力作为针对穷人、黑人和混血人群的"可令人接受"的国家行为。由于肤色和贫困的样子，上述人群往往被先入为主地当作犯罪分子。

　　350年来，奴隶、混血人群和"贫困白人"受到了武断、残暴、非人但却是符合法律规定的对待。他们曾是奴隶主的受害者，在逃离或反叛后，成了奴隶主和国家统治的受害者，后来又成为了警察的受害者。之所以如此对待他们，主要目的就是要让他们"遵守纪律"，作为劳动力受剥削，忍受前奴隶主们的欺压。这样的作法在废奴后继续得以延续，并且由原先的奴隶制度所衍生出来的机构"继承"了下来。

　　因此，在实际中，暴力成为了国家机器最喜欢使用的、赖以同绝大多数人打交道的手段。构成宏观权力结构的阶级、群体和特权阶层，以及实际或潜在感到会成为受压迫者无法无天、越来越武力化反叛之受害者的中产阶级，都接受甚至赞同国家使用暴力。这种暴力通过警察、司法机器和监狱机器来实施，而监狱的恶劣条件与奴隶窝相比，有过之而无不及。

　　然而，经常和到处使用暴力的代价是很高的，并且还不足确保这个贫穷和暴富两个极端并存、极度不平等的体系得到"适度安宁"。因此，从意识形态上进行说服和灌输变得越来

第一章 权力的主人们：宏观结构

有必要性，其目的在于使所有的集团——受益者、受害者或边缘者，都相信现有体系制度是不可避免的，甚至是有好处的，从而使得有些人可以继续享受，另一些人则愿意忍受不公正的制度。与此同时，让大家良心上能够平静，只不过有些人是心安理得，另一些人则是被麻醉而已。

从意识形态角度进行说服的工作建立在对四项"理论"的建立、操纵和传播的基础之上，这些理论被用于对异常的社会不公正现象的合理性进行"解释"。根据其中的第一种理论，不平等现象确实存在，但它们是自然的，因此是合理的；第二种理论主张，不平等现象确实存在并且令人遗憾，但造成不平等现象的恰恰就是受压迫者本身；第三种理论接受不平等现象的存在，对其表示遗憾并对整个"社会"进行泛泛意义上的谴责，但同时认为这些现象只能在长期以后才能消除；最后，还有一种理论声称不平等现象存在，有其深层次原因，是不公正的，但对真正的基督徒来说，这些都是无足轻重的，因为后者的任务是获得永恒的生命，而这才是关键而艰难的挑战。

有一种理论认为纯种人有着与生俱来的优越性，诅咒混血人种汇集了其先人的缺陷却未能继承其优点。由此可以得出巴西人有着懒惰、游手好闲、技术和经商能力低下、好色以及其它毛病的"科学"结论，从而可以解释巴西之所以贫穷、困苦和野蛮。这种理论同其它理论一样，把人们的注意力从财产所有权、政治压迫、国家角色的缺失、奴隶制的暴力本性、无保护的薪酬工作等真正导致广大群众悲惨处境的原因上转移开来。有些人将人种论发挥到了极致，甚至臆想，如果巴西不是由来自伊比利亚、混血低下的葡萄牙人来殖民，而是由荷兰人或英

巨人时代的巴西挑战

国人来殖民的话会出现什么情况。

纯种种族理论总是同文明优越论有着关联。为了论证自身对印第安人、黑人、穷人和混血人所行使的控制权,人们更多的是通过文明优越论而不是种族论来进行支撑,也包括号称要把低级或落后的族群文明(或处境)实现"现代化"。照此说法,欧洲"白人"及其后代在积累资本和对体系保持政治掌控方面之所以成功,并不是由于奴隶制、所有制和殖民制的暴力本性,而是因为其种族和文明的优越性。

尽管葡萄牙人本身是混血根源,但白人种族优越论在整个殖民和帝国时期一直盛行,并被法国人戈比诺①的理论所"印证"。他同所谓的"哲学家国王"佩德罗二世有着私交,其理论被用来为当时巴西的移民政策进行辩护,这一政策的明确目的在于逐渐"漂白"巴西社会。然而,外来移民在获得土地所有权方面受到了法律限制,因为虽然漂白论者喜欢这些白人,但大农场主及其在议会的代言人则更希望他们成为廉价劳动力。这些移民很快就同统治集团们进行了身份认同(而移民内部的异见分子,尤其是无政府主义分子,均被适时地驱逐出了这个国家),与之对立的是占据多数的黑人和混血人,前者尽量与后者间保持距离。

天主教在化解受压迫人群、黑人、白人或混血人群的叛逆情绪和焦虑心态方面发挥了重要影响。其主要手段是否认物质的重要性,强调获得永生的绝对重要性。在永生中,在天堂里,

---

① 戈比诺(Gobineau,1816~1882),法国人类学家,著有《人种不平等论》一书。(译者注)

第一章 权力的主人们：宏观结构

受压迫和屈辱的人甚至将比那些残酷的奴隶主们更高一等，因为前者在地球上受到了苦难，而对这些苦难大家应该逆来顺受，因为人们是怀着神圣的意愿去接受苦难的，目的只是为了证明自己的信仰。在天主教会作为官方宗教而享有完全垄断地位的时候，在化解各种意在推翻压迫的社会反叛情绪方面，它行使着独有的影响力。但今天，天主教派内除了保守派外，也出现了一些正处于快速扩张中的其它派别，在宣扬某些新教教义的过程中，前者与后者或为竞争，或为合作关系。面对永生的许诺和对自身在这个世界上受压迫状况的"美化"，受压迫者们往往在信仰的个人主义世界中寻求慰藉，把社会不公正现象视为无法避免、与自身主要利益诉求无关的事务而接受，因为他们认为其主要利益所在是个人救赎。对几个世纪以来保守宗教在充当维持权力霸权结构这一压迫性制度工具方面所起到的重要作用，我们难以用别的语言去形容。在认识到它的这个功能后，再去理解国家政府在面对邪教的蔓延及部分邪教领导人的重商主义行为和非法商业行为时之所以会无所作为，就比较简单了。

　　传统上，保守的宗教组织往往将个人救赎与"行善"的必要性两者联系起来。在个人层面，行善能够减轻良知的痛苦和罪恶感，在政治层面则能减少紧张对峙局面，从而有助于权力霸权结构的生存。这些"善事"包括那些慷慨大方但却天真的人所做出的无私举动，也包括某些特权人士马基雅维里①式的自私行为。针对弱势人群的世俗或宗教援助体系从殖民时期的圣

---

① 马基雅维里（Nicola Maquiavel, 1469~1527），著名意大利政治哲学家，主要著有《君主论》，是古典现实主义的创始人之一。（译者注）

慈悲会就开始了，然后一直演化成为私人性质的慈善事业、由国家官方组织的社会福利制度和团结互助团体的"现代"行为。后者是由国家和私人间结成合作关系，利用的则是国家本身所给予的资源。

对社会边缘人群（甚至包括中产阶级）进行去政治化，是确保权力霸权结构生存和扩张的一个重要战略。有议论称国家的政策是人民遭受压迫的原因所在，而这些政治活动和政府行为总是由腐败者和被腐败者所操纵。而"好人"不应该去参与政治，因为一方面这"与事无补"，因为当选的人总是"同一些人"，另一方面自己还要冒被拉下水的风险。因此，他应该全身心地投入到发展个人物质和精神财富的努力当中，而将政治（和行使权力）留给"其他人"。

今天，媒体，尤其是电视，与保守宗教一起分担行使了这种去政治化的日常功能。它的主要手段包括：不断地刺激个人主义和消费主义；颂扬诸如运动员和艺术家等在"通俗"行业中发财致富的人士，尤其是吹捧那些来自被压迫人群中的成功者；鼓吹敌对和摒弃政治；对腐败丑闻进行咋咋呼呼之尖锐但却又断断续续的揭露等等。实际上，腐败等只是造成各种社会弊端的原因，而并非权力和收入集中的机制。通过对机构和政治程序进行符合道德准则的表面改革，就可能足以解决各种社会弊端。然而，媒体在鼓动对政治的敌对情绪以及鼓吹个人主义和消费主义的同时，又荒谬地将巴西各类机构和民主的脆弱归咎于人民过少地参与政治活动。

认为收入集中（根据工资水平进行评估）现象应通过教育水平的差异进行解释，以及教育水平的获得并不取决于财产所

第一章 权力的主人们：宏观结构

有和所得收入的主张，是试图将"个人之所以穷是因为没有学习，而之所以没有学习是因为他不想学习"的传统谬论变得更为科学的一种现代尝试。这种说法将处于困难的工作和生活条件的社会以及每个穷人都投入到一种绝望的努力中，以便他们能够作为一个社会整体或个人来克服自身的失误。在社会层面，首先开展了一些扫除文盲和初级教育项目，而这些项目是匆匆忙忙而且表面化的；其次，这一主张把人们的注意力从结构性问题和政治问题上转移开来，转而投向个人主义和自我怜惜当中。同时，这种主张营造了一种对组成宏观权力结构的各个阶层的羡慕，羡慕他们通过自我教育而获得了受羡慕的权力，从而成为了上等阶级和上等人，且能够在自我感觉受到威胁时通过"合法"行使权力来进行自我保护。

基本的意识形态不仅"解释"了政治、经济和社会体系，赦免了产生和复制利益和特权的受益者和机构，而且甚至能够颂扬巴西社会的一些"独有"特点，这些特点或许成为了巴西社会对人类的创造性贡献，如"亲切友好、种族平等、灵活变通"等等。最后，还给所有人营造了一个幻觉，让他们以为是因为自己的过错而暂时无法分享巴西社会的特权，而如果受了"教育"（或自己的后代受了教育），他们还可以作为个人从这些特权中受益。另一个由国家编织的、旨在更多地敛财、不劳而获和没有逻辑的梦想是彩票。这只是一种不可能的幻想而已。然而，几千万不幸的下注人却每周都乐此不疲地参与其中。虽然在这一体系内中奖的概率比被雷电击中的概率还要小，但它却打造了一个可以使人摆脱贫穷和苦难的神奇希望。

用来解释分化现象的种种基本理论，包括文明优越论、种族优越论、品质优越论、上天许诺论等等，先是被用来为葡萄牙人对印第安人、黑人和巴西人的政治和经济统治做辩解，此后又在巴西独立后，被大农场主和商人们用来为其对奴隶、混血和穷人们的统治作解释。旧共和国并没有改变这些意识形态状况，因为并没有去触及支撑这些意识形态的基础，后者通过各种模式试图为所谓的优越性、大农场主的统治和他们通过寡头和财阀控制共和国和"民主"的作法进行解说。1929年的危机和1930年的革命首次对大农场主及乡村政治寡头的政治权力体系提出了挑战。1930年的革命颁布了保护城市正规薪酬工作的法律和在政治领域建立18岁以上非文盲人员的不记名普选体系，希望借此开展基础工作，争取在长期内减少对外脆弱性，减少不平等现象和消除在经济领域表现得最为尖锐和过时的压迫性工具，但革命并没有触及土地所有权问题及农村的劳动关系问题。

这些用来为权力集中制度进行辩解的基本理论在过去一直处于潜在状态并且渗透到了整个巴西社会的演变进程中。直至今日，尽管看起来已经如此过时，它们仍然是有关巴西经济和政治体制的各类偏见和陈词滥调的根源，并且在各种形式的伪装下时时出现在政治和社会讨论的背景中。围绕着这些理论，权力霸权结构的构成团体还制订出了各类所谓的战略观以图"发展国家"，最后还产生了特定集团为争夺宏观权力结构中心而传播的各类对形势的解读。在这些分析和形势解读当中，我们都可以找到此前那些理论要素和痕迹。

第一章 权力的主人们：宏观结构

权力宏观结构的战略观

霸权权力宏观结构的核心部分由法律机构、国家机关和高层官僚组成，还包括相互之间有多种纽带相联系的大土地主、工业家和金融巨头、保守政党、民间和行业协会、保守宗教组织等，这些势力通过寡头形式以及地区、产业和全国性的行业团体形式相互联动。在这一宏观结构的核心内，产生了各种关于如何管理和发展巴西社会，以及怎么样使巴西融入世界的战略观点。

这些战略层出不穷，有的占据了主流地位并不断更替出新，目的在于引导霸权权力结构去努力维持自身统治地位，控制社会体系并扩张其权力，包括在世界范围内的权力。为了达到这些目的，这些战略需要在权力结构内部各集团间乃至整个社会上获得支持，尤其是考虑到这些集团本身也在多样化。因此，它们并不以"农业战略"、"工业战略"或"军事战略"等等进行自我标榜，而是使用了一些同产生相关战略的利益集团的核心本质没有关系的名称，像自由主义战略、发展主义战略、民族主义战略、全球战略等等，这些战略在利益集团内占了主导地位（虽然占据主导地位的并不仅仅是一项战略），并服务于这些集团的利益。这些战略可以按两种基本的世界观进行分类和描述，即经济主义分析法和政治分析法。区分这两种方法的标准是它们在进行分析时所侧重采用的角度。

经济主义世界观

在解读巴西和世界形势时，经济主义分析最为优先重视的是国家社会和国际体系的组织和经济活动力，以及后者同前者之间不可或缺的联系。

在这种分析框架下，作为生产者和消费者的个人，其重要性要高于作为普通公民的个人，或作为一名文化产物的个人。社会的基本利益所在应是不断地增加物质财富的生产和消费，这被视作个人的幸福所在；而个人如果能够消费更多的物品，也将更加幸福。个人取得幸福和经济富足后，就一定能够在每个社会建立和平和和谐共处，社会的幸福就是构成这个社会的所有个人的幸福之总和。繁荣的社会就是幸福的社会，世界的和谐源自所有国家社会的繁荣。

根据这一逻辑，经济现象比政治、文化、社会和伦理问题更为重要，"国家和国际经济的运行"是政治和社会问题的决定性因素。国际和国家事件均可通过经济原因进行解释，其主要后果也是经济性质的，社会和政治层面的原因及结果被置于第二位。这样，通过对国家和国际形势进行经济角度的分析，就应该也能够为国家政策的制订提供依据，以便使其能够不仅仅应对经济问题，同时也能够应对特定的政治和社会性质的问题。

巴西社会的经济主义分析接受了经典经济学理论的前提。在分析问题时，这一前提将非经济因素作为外源性因素，从而将其单独分离出去。非经济因素被含蓄地视作稳定不变的或无足轻重的因素，因为从定义上看，现有的政治和社会体系的基

第一章 权力的主人们：宏观结构

础和运行都是"理所当然、合适和公正"的，只需通过微调来纠正可能由错误的人为干预所带来的小损伤即可。这种经济主义观是通过自由主义或发展主义策略来实施的。

1. 自由主义战略

旨在促进巴西发展的自由主义战略在本质上具有全球性和商贸主义特性。这种观点将世界和人类视为一个整体，将其作为分析问题时的优先和正确角度，因为国家的关切、民族主义以及国家在分析和解决经济和政策问题时考虑的恰恰在于冲突、战争和不平等现象的根源，因此，也是人类苦难的根源。

这种理论的创始人是科伯登①，一名曼彻斯特学派的经济家。在1850年，他强烈地主张，贸易的增长和国与国之间的经济联系除了在提高每个国家和整个世界经济体系的效率方面是不可或缺的之外，也对民族之间的和平有贡献。因此，贸易壁垒不仅降低了世界经济体系的效率，而且由于其引发了国与国之间摩擦和不正当竞争，也是造成战争的终极原因。

巴西的自由主义战略有"两个主要版本"。传统的版本最早源自反对殖民贸易垄断的斗争。这种垄断窒息了经济发展，是维系殖民社会长达300年之久的剥削的关键所在，直至1808年才结束。在这一年，摄政王与葡萄牙王室一起迁徙到巴西。在到达巴伊亚州时，他下令将港口向友好国家开放，这一措施引起了英国的反对，因为此前英国享有独家贸易特权，而这种特权随着1810年条约的签订反而得到了加强。

---

① 科伯登（Ricarhd Cobden，1804~1865），英国政治家。（译者注）

巨人时代的巴西挑战

传统的自由主义战略认为巴西应集中力量只对自身的比较竞争优势进行开发，借此变得高效和有竞争力。通过进口替代政策进行工业化的重复努力最起码也是一项错误，工业活动在过去、现在和将来都难以在巴西获得坚实的基础，面对最发达国家加速扩张的工业能力，巴西将不能有效地、在没有国家保护的情况下参与竞争。

这样，巴西国家和社会应全身心致力于发挥其在土地、辽阔的国土和气候等方面的比较优势来生产农产品，而在可能并有限的情况下，生产农产品的衍生品，发展有竞争力的农产品出口，并进口自身无法有效生产的产品。

任何对进出口贸易的限制及任何对汇率的控制都被视为是扭曲的、人为的；任何国家在经济领域直接或间接的干预，尤其是任何工业政策举措，都被视作是不公平的，因为这些做法会优先照顾某些领域和某些私人企业家，是错误的，它们扭曲了价格体系和经济结构，损害了多数消费者的利益。

"传统"版本的自由主义战略主张外贸优先、汇率自由和国家的无所作为，因为国家干预会扭曲贸易。同时，它还主张低关税和非歧视性关税。产生这种观点、同时也是这种观点最有影响力和流行的社会领域是中产阶级中的保守派、自由职业单位、农场主、初级产品生产者和进出口商品贸易协会、金融业和食利者们。此外，总体而言，在被媒体称为"消费者"的团体中，这种观点也很有市场。

"自由主义战略的现代版本"也叫作新自由主义，它认为今天的巴西经济或许在某些工业领域具有竞争力，并把这些领域

第一章 权力的主人们：宏观结构

叫作"利基市场"①。用来寻找和确定巴西具有效率和竞争力的利基市场的最好政策，就是实行有活力的贸易开放政策。这种自由化政策除了开放经济并使它对金融类或投资类的外资更有吸引力外，还可将巴西企业推向竞争，控制通胀，并且具有积极示范效应，迫使工业和消费者"实现现代化"。

这一现代版本被动地承认，巴西工业可以也只应该生产工业初级产品，也就是技术含量低下的工业品，而且主要是通过巴西丰富的原材料生产的产品，例如农业加工业和钢铁工业。持这一主张的人虽然"不情愿"，但也承认巴西的工业体系实在是没有竞争力，这一现状不是什么编造出来的事情。因此，正如同过去巴西不应"冒险"去发展工业一样，今天，由于自身工业能力和效率水平的低下，巴西不能也不应去寻求在尖端技术工业领域进行投入。这样的尝试只会带来令人遗憾的浪费，因为在这些领域，一方面，巴西从本质上来说是没有竞争力的，而另一方面，在不费劲又有好处的情况下，可以从世界经济"领军"国家进口这些高科技产品。

这种针对巴西发展的新自由主义战略坚定地主张在信息产业领域终止国家政策，并且认为无需重视生物技术和科研计划。然而，今天，这些领域不仅已经成为新型工业革命的主要特征，同时也成为了整个经济革命的主要特征，相关政策是高度发达国家政府经济战略的核心部分。新自由主义者们声称，如果真的有兴趣和可能性，在尖端工业领域的投资将自然而然地由外

---

① 利基市场（niche market），指那些被市场中的统治者或有绝对优势的企业忽略的某些细分市场。企业选定一个很小的产品或服务领域，集中力量进入并成为领先者，从当地市场到全国再到全球，同时建立各种壁垒，逐渐形成持久的竞争优势。（译者注）

国资本完成，后者将带来最先进的技术；即便不出现这种情况，最先进的技术也可由有相关需求的巴西公司在市场上进行购买。

根据传统或现代自由主义的战略，如果发展工业，应以自然而然的方式发生，而不应该像过去所尝试的那样去错误鼓励总体投资，努力在某些特定领域引入投资或对其行为进行规范。因此，工业政策存在本身就是对自由主义战略的诅咒。

2. 发展主义战略

发展主义战略承认外贸领域对巴西经济的重要性，但认为发展战略的核心应是通过刺激扩大国内市场以及巴西本身工业体系的多样化。

发展主义战略的出发点认为，来自最发达中心对初级产品的需求和消费并不能带来相应的收入增长，而由于这些产品受制于价格的突然和广泛变化，国家的进口能力和进一步的投资能力会受到影响，包括在基础设施领域的投资能力，这就会对内部就业、收入水平及国家的社会稳定带来严重影响。

因此，对初级产品生产和出口的过度依赖会周期性地削弱创造外汇的能力，而外汇则是进口巴西社会越来越需要的大量各类产品所必需的手段。这会带来严重的后果。

另一方面，发展主义战略认为工业加工能够产生附加值，培养劳动力，教育公民和造福社会。与此同时，人口的增长和快速的城市化进程，使得劳动力从事生产活动的就业机会的产生，必须集中在城市并且主要集中在工业领域或服务业领域，而后者实际上也是同工业活动紧密关联的。

然而，由于显而易见的原因，新生的工业总是竞争力偏弱，

第一章 权力的主人们：宏观结构

并受到来自传统生产者（和出口商）们各类正当和不正当的竞争，后者希望在巴西为自己的产品维持或扩大市场。人们可以看到，从殖民时期开始，巴西的传统供应商们，就一贯地以公开或隐蔽的方式来抵制工业化。要得出结论说通过国家行为就可以获得完整、可持续的工业发展是牵强的，尤其是在大型跨国公司出现后，世界范围内市场出现了寡头化和卡特尔化。

除此之外，一项技术越新，越不为人所知，其在相应的产品市场上的竞争力就越强，控制这项技术的公司的利润就会越高。因此，一些尚未广为人知的先进技术的拥有者并不会将这些技术出售，不会将其进行转让或出租，这样就更能得出结论来证明国家干预的必要性。

认为与"外国资本进行合作"是不可或缺的发展主义战略版本声称，巴西经济的快速发展取决于一定数量的资金，即储蓄，而巴西并不具备这些资金。外国资本可以增加巴西可用于投资的储蓄总量，而不必去改变国内储蓄利率和税率，也无需提高国家在经济中的影响和参与。在他们看来，这种影响和参与是不受欢迎的。外国投资还可以带来最先进的生产技术，而巴西通过其它方式是无法使用这些技术的。最后，跨国公司还可以采用现代的企业管理模式，向员工支付更高的薪酬，从而能够影响巴西公司的行为，进而产生重要社会效应。

针对那些认为外国资本会在巴西社会产生过度影响或对此类风险提出警告的观点，上述版本的发展主义战略声称，现代化的外国资本是以跨国形式出现的，没有祖国属性，因此表现得完全像民族资本。而且如果其活动可能会给国家经济安全带来风险的话，巴西国家总是可以行使没收等合法权利。

传统领域的企业家协会、作为供应商、购买商或特许经营商与外国企业相联系的企业、中产阶级部分行业，如通过某种方式与外国资本有联系的自由职业者以及对巴西企业能力抱有偏见的知识分子等，是产生这种版本的发展主义战略的根源。

主张"民族资本"在巴西工业的建立过程中"应扮演中心角色"的发展主义战略版本认为，为了获得水平越来越高、越来越全面的发展，仅靠外国资本本身是不够的。在他们看来，外国资本只会对经济活动中利润最丰厚、风险最小、回报最快的领域感兴趣。因此，尽管外国资本在初期能够带来好处，但它趋向于在境外而不是在巴西国内进行资本的积累，从而使巴西工业能力的增长低于实际可达到的程度。另一方面，只有通过自主研发和投资，巴西才能够获得在某些工业领域的特定技术，国家必须采取行动以便在尖端领域取得工业发展，也就是说要采取一项优先考虑民族资本的工业和贸易政策。在战略领域和环境下，不可或缺的是，由国家进行直接投资，并在尽可能的情况下与民族资本相结合。

最后，外国公司根据自身在市场划分方面的全球战略，不会对通过巴西向某些特定目的地进行出口有兴趣，这就会限制巴西贸易行业在拓展产品种类和市场方面多元化的可能性，也会影响巴西外贸创造外汇的能力。与此同时，在全球范围内的市场争夺上，外国资本掌控的公司均受制于其控制者所在国家政府政策的影响，这可能会导致政治干预和摩擦。

发展主义战略本国版本的制订者和拥护者主要是国有公司的技术官僚、军事部门、某些与外界在贸易及资本控制领域没有重要关系的民族资本工业公司以及具有民族主义倾向的知识分子团体。

总之，无论是强调贸易中心角色的自由主义战略，还是强调工业角色的发展主义战略，其焦点都针对经济问题，将经济问题置于所有问题之上，而没有对国家政治问题和巴西的国际利益问题给予应有重视。最近几年来在政府决策核心层面经济学家们占据了主导地位、长期的外部危机等等，都是产生这种经济主义研究的焦点和重心的原因，这种现象主导、掩盖并弱化了近二十年来巴西对国家政策层面的讨论。

世界的政治观

与经济主义观相对应，关于巴西和世界形势的政治观认为，国家的最高利益是确保人民能够不断改善民生和维护领土安全。对某些国家而言，对安全的关注会超过其自身国土的范围，延伸至地区甚至全球范围。

然而，经济活动并不比政治活动次要：只不过在国内层面，经济活动应由社会和国家通过有各社会团体参与谈判的政治程序所确定的规则来加以规定；在国际层面，则是通过与其他国家的谈判程序加以确定。因此，用于"确定司法模式"、从而为企业公司行为进行规范的国家和国际政治活动应最为优先。除经济问题外，政治活动也确定了国内所有的个人、公司、社会团体和机构之间的各类关系，包括在政治、宗教、家庭等等领域，从而对社会生活中具有关键重要性的活动加以约束。对外方面，国与国之间的政治谈判活动则确定了国际体系的司法架构以及国家、个人和企业之间关系的各个方面，如贸易、投资、

巨人时代的巴西挑战

资本、劳工流动、环境、军事等等领域的规则，在这些框架内企业、个人和国家机构可以"开展国际活动"。

在政治观看来，组织世界、将各种利益在国与国之间进行分配并规定权力与义务的各类规则是由国家来制订的，这些规则是对各种大小企业所开展的活动进行规范的"必要模式"的组成部分。然而，由于并没有一套唯一的、能够绝对公平和平衡地在国与国之间进行收益和成本分配的规则体系，所以这些规则都是通过国与国之间的谈判来达成的，其中又必然包括对权力的行使。在这些谈判中，较低的层次上也有大型企业和非政府组织的参与。这样，谈判和国际关系是通过行使权力来决定的，从不由逻辑推断来确定，不管这种推断是笛卡尔式[①]的、不偏不倚的，或是某种善意的姿态和举动。权力有着经济、政治和军事层面，但毫无疑问，政治活动对公共和私营经济有着根本性的作用。

每个国家都会做出努力，以便通过上述谈判过程所确定的国际准则能够尽量使各自社会从中受益。这样，当一个国家在国际舞台上以事关某一主题的某些特定规则的捍卫者形象出现时，其背后的原因是因为这个国家更多期望这些规则能够造福自身社会、公民、机构和企业，而不会是出于对其他国家利益的考虑。有时，一个国家提出的有利于其他国家的一些建议只是一种谈判策略，目的是为其实现自身的最终目标而获得支持。

世界的政治观在实施后，又会产生自由主义、改革主义、

---

① 笛卡尔（Rene Descartes，1596～1650），法国哲学家、物理学家、数学家、生理学家，解析几何的创始人，也是欧洲近代资产阶级哲学的奠基人之一。（译者注）

军事和外交类型的战略。

1. 自由主义政治战略

自由主义政治战略起初认为,在社会上的政治和经济权力的分配是固定的,而这种分配可以做到适度公平和公正,因为任何社会团体均无力对规则的制订和执行产生决定性的影响,以致能够组织有利于自己的社会。这样的话,在进行对比后,我们就可以看到,自由主义政治战略是建立在与经济自由主义的核心相类似的前提假设之上的,后者认为自然的经济体系的特征是规模相当的生产和消费单位之间进行自由竞争,没有国家干预,而相关的生产和消费单位规模应保持在较低的水平,使其无法对价格产生影响进而按照自己的意愿去操纵经济体系。

自由主义战略希望建立和维护"正式的民主体系"。这一体系的主要特征是国家权力以(行政、立法和司法)独立、和谐和相互合作的分式彼此分离,通过自由和定期的选举来选出民众代表;另一特征是其法律体系能够有效地保护个人的民事和政治权利,如新闻、集会、结社等自由;还有一个特征是其法律体系能够确保市场力量的自由运作,因为这被视为是民主的关键所在。

在国际范围,自由主义政治战略认为国际体系是由平等的国家构成的,权力相当,只要各国都实行民主,国家彼此间是愿意开展合作以造福人类和平和幸福的。这种战略尽管也承认各国间显而易见的实力差异,但认为强国不会为了自己的利益而行使其国力,而是会从整个人类的好处出发,不去欺压其他弱小国家。这样,对自由主义战略而言,巴西融入世界政治的理想模式是同其他国家合作，在和平事业和裁军领域走在前端，不去挑战大国——因为这些大国强大而且仁慈。由于"国力的缺乏"，巴西不应试图去担当主角，应该接受现有国际体系规则，因为只要世界各国都表现"文明"，这些规则对所有国家而言都是公正和有利的。

2. 改革主义政治战略

改革主义政治战略认为，在巴西，政治和经济权力被极端地集中，而政治体系基本上只体现了大经济团体的利益，这些团体从巴西社会特有的经济和社会分化中受益。因此，进行有效的改革，以求纠正分化、脆弱性以及推动社会发展，进而建设一个更公正繁荣的社会，这在一个自由主义、正规和传统的政治制度下，将是一项异常复杂和困难的任务。改革主义战略"分为两种：民主和专制"。

民主的改革战略主张社会组织民众运动，有力地向政治体系和国家施加压力，从而通过立法和公共政策，减少不良效应，改变造成收入和权力集中主要机制的行为，但不彻底地触动财富的分配。

民主派改革战略的主要旗帜包括：改革税收体制，减少其累退性[①]；改革教育制度，加强其公办、普遍性和世俗性质；保护人的经济权，尤其是保护发展权、工作权和就业权；消除贫困；主张制订立法以便在政治和行政管理过程中限制经济权力

---

① "累退性"主要指纳税人的税负随着收入的增加而负担变小，从而不符合量能纳税原则。（译者注）

第一章 权力的主人们：宏观结构

的影响等。

改革主义政治战略的"专制版本"源于一种观点，即认为如果要避免政治和社会混乱，从而维持资本主义制度的话，巴西的社会改革是一个迫在眉睫的议题。正规的自由主义政治体系代表了自私自利、过时的寡头者们根深蒂固的利益，同时也受到社会团体和经济游说集团行动的影响，因而无法推动必要的改革。因此，只有宏观权力结构中有了因受教育而具备"超群才能"、因其出身而"公正无私"的阶级和领域的人，方能够成功应对这一任务。符合条件的有两种人：知识分子和军人。因为两者的社会职能和关注重点的性质，他们能够超越多个世纪以来从不公正的巴西经济和政治体系中受益的那些过时关切和利益。

改革主义战略认为，目前用于制订政治、经济和军事权力分配规则的国际体系直接源于殖民帝国体系，后者从地理大发现开始，长期以来从有活力的欧洲中心出发来组织资本主义地理扩张，而这一体系一直生存到20世纪的60、70年代。

这种国际体系一方面是由富有、军事上强大的、由前殖民中心演变而来的大国和发达国家构成的中心所组成，这些国家在超级大国（今天是巨型超级大国）美国的领导下，在第二次世界大战后对世界进行了重组，并在此过程中同苏联进行了对抗，与扩展中的社会主义进行了意识形态上的争夺；另一方面，组成这一体系的也包括贫困的、军事力量虚弱的、处于边缘地带的新国家，这些国家多由前殖民地演变而来。

这样，由于殖民体系的遗产和大国掌控下国际体系所采用的规则，政治和经济权力的集中过程得到了进一步加强，并建立了新的法律机制，维护和巩固了国际范围内宏观结构权力的霸权地位。

因此，对巴西而言，在国际范围内应通过斗争来改革这种体系，并在其中寻找到一个与其自身状况、当前和潜在利益更相符合的位置，要避免该体系制订一成不变的规则，以影响或阻碍巴西的经济发展，使巴西在政治或经济层面永远处于低人一等或脆弱不堪的位置。

在关于发展和巴西如何融入世界方面，以某种形式同自由主义和改革主义战略有着关联的特定政治策略，可以分为军事观和外交观。

3. 军事战略观

在巴西发展和如何融入世界方面，军事观最初认为，一个国家根据本国的传统、规则和愿望，在世界上生存的地方就是其领土所在地。一国领土是一个社会生存发展的天赋场所，是唯一能够让这个社会享有司法秩序、自身文化和传统并达到自己目标的地方。但国家领土总是会受到来自外界的各种威胁，从而影响人们平静地进行上述享受。

要防范外来势力对领土的侵犯，最终取决于能否有效地使用武力，无论其是威慑性质或是实际使用的，而这又取决于能否自主地供应武器装备，包括能源、装备和军火。如果这种供应取决于外部，就无法长久确保，就会减少国家在决策和执行政策方面的自主权，从而损害巴西民众的利益。

总体而言，军火供应是工业性质行为。因此，工业发展对行使旨在保护领土的有效军事行动具有关键性作用。巴西领土

第一章 权力的主人们：宏观结构

的特征使得这些装备应该包括适当数量的各种车辆，这就意味着巴西必须拥有军工、造船、航空和汽车制造工业，以及基础供应工业，如能源和钢铁工业。巴西在军事方面的传统关切在于发展军火工业，并由此发展所谓的基础工业。之所以关切，其历史原因可追溯到巴西军队在巴拉圭战争中曾面临困难。从上世纪初开始，巴西逐渐地坚信，拥有自己的工业体系是很重要的。这种信念在第二次世界大战时得到了加强，因为当时巴西军事方面的准备不足显现无遗。

最后，由于巴西在海外没有大量的移民或投资，使得巴西的主要关切基本限于本土。但现在随着在海外移民和经济利益的增加，巴西的利益关切也开始扩展到海外，武装部队的功能将发生转变。根据这种假设，有必要现在就开始进行规划，因为军事行动能力，包括供应体系等，是一项取决于长期准备积累的工作，而不能临时抱佛脚。

关于巴西形势及其如何融入世界的军事观有"两个主要版本"：反共主义和民族主义。

狭义的"反共主义版本"认为，从内政和外交角度看，最重要、最具战略性的国家问题是保护西方价值观。对西方世界的保护应超越任何其它国家目标，即使这么做可能会给巴西的主权带来限制，这些限制可能也是必需的，因为如果共产主义在国内和国际上获胜的话，国家的主权也不复存在了。所以如果对维持国家主权很关键，最好对主权先加以限制。对巴西而言，面对苏联异常强大的军事力量，在最终意义上，只有在美国领导下，并且同这个国家在国际政治领域结盟，才可能使得保护西方价值观的各种努力变得有效。这么做是不可避免的，甚至是心甘情愿的，因为这些价值观对巴西来说是如此的宝贵。

美国如保证向巴西军队提供军备物资，那么巴西军人对巴西工业发展的关切就变得不那么重要了；与此同时，在经济领域，采取自由主义战略就变得可行甚至超过可行的程度，成为了一种同美国保持友谊和合作的姿态，而这将可能带来重要的政治红利。

军事战略观的"民族主义版本"认为，尽管巴西在同美国保持传统友谊方面有着基本利益，但巴西不能确保美国在任何条件下都会愿意根据巴西军队认为必要和合适的技术要求和数量为巴西提供军备物资。因此，工业发展，尤其是事关军事能力建设某些特定领域的工业建设，是不可或缺的。为了获得这种发展，应始终欢迎来自美方的合作，而这种合作是可以实现的。

从某个特定时刻开始，军界评估认为，国际共产主义和内部叛乱的危险被高估了。结果是无论在巴西还是在邻国，这种对共产主义威胁的高估导致了极端的镇压活动，这从长期来看将是带有破坏性的，因为其产生了公民社会对军人的不满和不信任，对军队的形象造成了严重损坏。这种不满和不信任可能会导致人们过于热衷地去控制和削减军费开支，进而会损害军队在履行国土防御方面扮演关键角色的能力。

4. 外交战略

关于巴西如何融入世界的"传统外交战略"认为，在国际范围，巴西的当前处境与其政治经济潜力之间，存在一种不平衡。因此，巴西的关键利益所在是避免世界权力结构的冻结，必须不去履行不平等的协议,尤其是那些带有永久性质的协议。

根据这种观点,国与国之间主权平等的原则使得巴西能够更好地在国际关系和谈判中维护自身利益;不干涉第三国内政原则非常重要,因为干涉会制造有利于强国的先例,有损巴西;自决原则至关重要,为了保护国家利益,有必要维护在制订内外政策时的自主权。政策的变化和政权的更迭可能在任何国家发生,因此巴西应自然地接受这些变化,以维护自身利益,而不管在理论上对某些政策或民主政权有着何种偏爱。

根据这些基本原则,巴西的地理形势、周边众多邻国、漫长的海岸线、美国对外政策在南美的战略利益以及巴西与美国之间在政治和经济上关系的历史重要性等,都是具有最根本和特定重要性的考虑因素。

考虑到巴西公众对其他国家的国际行为和对巴西对外政策行动的各种扭曲理解,还有民众所能产生的影响力,有必要采取一种认真、谨慎的态度来对待公共舆论。公共舆论有时还会受其他国家政府的鼓动。同时,要避免在执行对外政策时出现剧烈摇摆,因为这种做法可能会在国际上损害巴西在其对话者面前的可信度。

所谓的"现代外交"战略观认为,冷战结束后,在国际范围内具有重要意义的现象包括:经济全球化进程不可避免的扩张;政治和军事冲突的结束(某些边缘地区除外);目前这个历史阶段美国无可争议的单极霸权;此外,还有民族国家和边界线的逐渐消除。这些现象使得国防和国家主权变得无足轻重。在现代外交议程中具有重要性的新议题是人权、毒品贸易、恐怖主义和巩固国际法体系,以消除货物和资本自由流动的障碍,确保惠及大众、繁荣、公正的新全球化经济运转和发展。

在"现代"外交看来,国与国之间在主权上的平等、不干预原则和自决权的概念变得相对和有弹性。因此,对巴西来说,根本的战略应是,总是寻求作为一个"正常"国家,成为主动执行国际条约的典范,这将使巴西在大国和巨型超级大国面前成为负责任的一员和被优先考虑的对话者,能够从大型跨国公司和国际金融体系中更多地获得(经济)利益。

传统上,根据其优先考虑的主题,外交战略有两个主要的流派。第一种流派强调政治主题,并可以进一步划分为世界外交或多边外交和地区外交,而地区外交又可以划分为西半球外交和南美地区外交。第二种流派认为一个国家的政治影响力取决于其经济实力。因此,努力提升巴西的经济实力是绝对的优先目标,包括对外交来说也是如此,因而国家的外交应该在对外关系中重点突出经济议题。

通过对合作/冲突/竞争/和解的混合使用,外交战略恰好将国内权力宏观结构同世界范围内的权力霸权结构联结了起来。在此任务引导下,通过对巴西的经济和政治发展进程和旨在维持宏观权力结构的行为做出解释或引导,每一个历史时期的特定外交战略均不断地同一种或其它种占据主导地位的战略结合在一起。

各种战略观之间的争论

巴西的权力霸权宏观结构自殖民时期开始出现,由经济、社会、政治、军事和高层官僚集团相互勾联而构成。在其内部,因为以上所述，各种关于巴西和世界形势的不同观点以及关于如何引导社会和国家发展的不同战略共生共存。

这些观点，虽然产生于某些团体，但却被其他团体中的阶层分享。在不同情况下，在或长或短的时间段内，这些次团体间的政治组合把握了权力霸权结构中心的控制权，其中部分原因是因为当时的国内和国际形势能够"验证"这些关于巴西和世界的观点以及其相应主张。

但在某个时刻，在占主导地位的战略观和现实情况之间会产生严重的不协调，进而导致危机。通常情况下，这种局面是由外部原因而造成的，这主要是因为巴西对国际经济和政治的长期依赖性和脆弱性。每当此时，另一个先前并不处于权力宏观结构中心位置的团体就会打造并传播一种新的形势解读，而且，因为这种解读更有"说服力"，会被权力宏观结构中的重要阶层所慢慢接受。这种接受使得新的占主导的团体能够从政治层面组织起由不同社会和职业团体内次集团组成的联盟，进而通过合法手段或武力来取得权力霸权机构中心的控制权，并在此过程中与中产阶层和边缘阶层中的一些团体积极结盟或获得其合作，获得其对自身观点和相应政策的认同。这种为了获得政治支持而形成的对形势的新解读，能够汇集不同基本战略观中的因素，虽然并不总是那么具有连贯性。

在离社会体系中心"最远的人群"中，即中间阶层和处于权力霸权宏观结构边缘的人群，可能也有一些集团和社会群体会以同样的方式去提出不同的观点、形势解读和相应的政治行动战略。这些观点既有主张面对强权而采取听天由命态度，进而以极端方式为对权力霸权结构的无条件服从进行辩解，也包括主张在架构"内"进行工作以推动实施部分政策的,而这些政策一般是务实主义的,甚至也包括主张与权力霸权结构进行对抗的战略。

"宿命论"认为,对中间阶层和在边缘地带的被压迫阶层而言,最好的战略莫过于接受巨大的社会不平等现象,因为权力霸权结构掌控着整个社会且它有着强大的报复能力,因此与社会不平等现象做斗争徒劳无效。对这种霸权进行的威胁只会进一步加剧施加给反对者和不服从者的压迫。

"实用论"认为,权力霸权结构实际上也厌恶社会不公平现象。目前这种现象之所以还存在,只是因为人们对它作为一个整体给社会造成的恶果以及该现象给权力结构自身利益所带来的风险认识不足,另外也源于一些心理偏见,而这些偏见应通过解释和说服工作来加以消除。另一方面,处于边缘地带的最弱势群体的处境如此恶劣,使得消除贫困和保护人权成为了紧迫任务,其紧迫性超过了改革造成各类权力集中现象机制任何其它努力。这种观点似乎也启发了由社会中间阶层人员组成的非政府组织。这些非政府组织的战略就是同政府共同努力及合作以消除暴力和社会分化,但它们并没有去直接面对核心关键问题以及造成分化和暴力的根源。

"对抗"战略的出发点是认为权力霸权结构连结了经济、政治、军事和意识形态体系,利用了权力集中机制带来的好处,以至于只有通过直接的斗争和夺取权力才能够瓦解和改造这些机制,从而分散权力。这种对抗战略可能在一些具有全面目标或局部目标的组织间得到执行。在那些具有全面目标的组织中,上世纪70年代的巴西国内游击队运动就是一个例子,这一运动

第一章 权力的主人们：宏观结构

旨在通过武力全面夺取权力。持有局部目标的组织旨在通过强力的政治行动来对抗权力，从而去争取实现部分目标。这似乎就是无地农民运动希望通过土地改革来进行斗争的性质所在，其战略一方面是入侵农场庄园以便强行征收没有开垦的土地，从而去触动私有权问题，这也是权力霸权结构的核心问题；另一方面则是试图组建私有的生产单位，融入资本主义生产和农产品销售市场，而并不把夺取政权作为自身的目标。

在这一进程的特定阶段，在霸权宏观结构内部的团体以及中间阶层和边缘团体所奉行的主张之间，偶尔会有交汇点，前者有时会接受后者提出来的某些建议以满足其急切的诉求，以化解危机，或是"吸收"后者提出的某些建议，以便更好地组织其维护权力的战略或为某些特定的政策寻求支持。

处于权力霸权宏观结构中心位置的，是国家法律的强制工具和"说服"工具，包括那些占据权力位置的人员行使的部分权力，通过源于税收和官方贷款的收入进行资金分配以及职务、荣誉分配等。

在霸权结构内，某一团体一旦聚集了对关于巴西和世界形势解读的足够"共识"，在占据权力中心后，会立即寻求与霸权结构内其它团体的结合，拉拢这些团体的思想家或领导人，从而或使其归顺或将其剔除出去。这种结合非常重要，首先这对初步控制政府、立法和司法体系中（也包括联邦的各州）的各种强力和说服工具非常重要，其中包括"此前"控制权力的团体的代表和拥护者。其次，这也是为了确保能够获得构成权力霸权结构的社会阶层的积极支持或容忍，如乡村大财主、大工业主、大商人、大银行家、大众传媒的老板、高级公务员和军官等，尤其是有关阶层的思想家和政治领导人。

占据主导地位的团体同样会试图去获得中间阶层和边缘阶层的支持和容忍，对其进行拉拢，甚至会在必要时鼓动出现一些能够理解其政策的边缘团体的出现。如果这些同权力宏观结构和社会整体进行的组合成功了，将使该团体能够担当整个社会唯一有效且合法代表的角色，并可以言之凿凿地声称，没有什么看法能够替代其关于形势解读，也没有任何政策可替代其政策，如此便可将其霸权思想作为唯一的思想进行传播。

霸权结构中，没有加入到"新"的中央团体中去的势力将被排除出物质和精神奖励体系，并会被整个社会通过官方言论、学术评论、媒体宣传等加以敌视或嘲笑，可能会成为"被淘汰"的个人或团体，而没有屈服的中间和边缘团体将被大肆打压。

处于霸权结构中心的团体对社会传媒控制得越牢，就越能够争取到体系边缘团体的支持或容忍，就越能更好地维系世界范围内权力霸权结构对自身的支持，其观点解读就会变得更举足轻重和无可辩驳，哪怕它施行的政策产生了平庸乃至负面的结果。

国内层面的权力霸权结构和世界层面的权力霸权结构间的关系是分析巴西社会内部形势演变的一个核心要素。首先，因为自被发现开始，巴西就与世界经济产生了深度的融合；其次，国际权力霸权结构考虑到巴西处于霸权结构中心国内集团的政策对自身实现长期目标"有用"，就从意识形态、政治和经济领域或多或少地支持了巴西的这些国内集团。只要国内权力宏观结构中心集团没有去挑战、干扰国际力量的对比及其自身目标的实现，并向其臣服，就会得到这些结构的热烈欢呼和支持，

第一章 权力的主人们：宏观结构

只要对它们来说这么做是有好处的。当这种情况不复存在时，根据有关国家的脆弱度，国际霸权结构将会或多或少以明目张胆的形式做出反应，以便寻找处于国家权力中心集团的替代者。

自 2003 年开始，巴西社会中出现了不同寻常的新历史现象。这是因为，通过宪制方式，来自于边缘阶层和社会体系中间阶层的一个政治团体掌握了权力霸权宏观结构的法律－国家政权中心的重要部分，尤其是行政部门，并与宏观结构中的某些团体组合在一起。对过程控制权的争夺，是在要求推动权力分散这一历史性政治目标的边缘团体与来自权力霸权宏观结构的传统团体的代表之间展开的。后者的目标是寻求维持政治和经济权力的集中机制，为此运用了意识形态拉拢机制以吸纳边缘团体成员或使之中立，以保持其对尚在行使权力的部分国家结构有效控制。在这个实质是意识形态斗争的交锋过程中，上述各种战略相互对峙，而具有自由主义全球观的技术官僚结构之间的组合扮演了主导角色。这些团体在制订和控制公共政策过程中没有去触及政治程序，并努力去执行货币主义政策，强调对通胀的严格控制，但没有优先考虑就业和基础设施建设问题。

要反思什么样的巴西社会发展战略才能成功和在有效时间内应对四大挑战时，应从对巴西民众处境的分析着手，将他们作为可就业劳动力和政治公民进行分析。在暴力冲突频发、难以预见和不稳定的国际环境下，四大挑战是：如何逐渐但坚定不移地消除不正常的社会分化现象、消除长期的对外脆弱性、发挥巴西的潜力以及巩固有效的民主体制。就业和技术两大主题的重要性也由此而生。

第二章 蜂窝：人口和失业

> "这些是我的看法
> 在涉及地主和资本家们的方面
> 这些看法依然未变
> 但我相信
> 用机器来取代人工劳动
> 总体来说给工人阶级的利益带来了损害。"
>
> ——李嘉图①

关键问题

对任何一个社会而言，劳动力就业战略都是一个关键性问题。根据各自的人口增长、城市化进程、人口规模、民众间和地区间收入差异、劳动力素质和公共社会基础设施等因素，每个国家的具体情况又会有所不同。

发达国家和欠发达国家

在发达国家，人口增长率一直很低，有时甚至是零增长或

---

① 李嘉图（David Ricardo，1772~1823），英国杰出的经济学家。（译者注）

第二章 蜂窝：人口和失业

负增长。总体上，这些国家的移民政策都歧视低素质的劳动力人口，而优先照顾高素质的劳动力。这种政策导向对巴西会产生严重的后果，因为一方面它阻碍了剩余劳动力进行移民的自然趋势，这种情况已经在墨西哥出现；另一方面，则会造成所谓的"人才外流"现象。

发达国家劳动力的一个特点是具备高水平职业素质。通过教育指数，比如说人口中受教育水平的构成比例等，就可以看出这一点。另一个特点是医疗卫生的水平和标准高，这反映在人均预期寿命、某些疾病或某些致命疾病种类的根除率以及婴儿死亡率等指数上。

除了拥有牢固的基本社会基础设施外，高度发达国家还建立了广泛和牢靠的失业保险救助机制，能够在经济衰退期间以及技术性或结构性原因导致失业期间向工人提供扶助，虽然近年来这些机制在很多国家受到了终日沉迷于财政预算平衡的正统经济学派的攻击。

如果人口和劳动力具有上述特点，那么工业政策也好，技术政策也好，都会把劳动力因素供应的稳定乃至减少作为一个前提。总的说，与自然资源相对应，这些政策会把劳动力因素作为一个"固定因素"来考虑分析。

基于这些原因，发达国家能否实现产能增长这一战略目标，取决于通过增加每个工人所支配的生产资料数量和他们的效率来提高生产力。在短期内，通过引进新设备和新型劳动组织技术来提高生产力的尝试会带来"技术性离岗"，产生失业。新的生产方式减少了使用劳动力，改变对劳动力的要求，这种现象是难以避免的。在高度发达国家，工人"社会扶助网络"，如失业保险系统、公共卫生和教育系统等，能对劳动力离岗所产生的冲击起到缓冲作用。

在发达国家，劳动力就业战略并不把不断增加就业机会作为首要目标。其第一大任务是要"促进"劳动力素质和工作岗位要求相"匹配"。尽管在个人层面，工人的素质会有所变化更新，但工人的素质从绝对意义上说是处于静态的，而工作岗位的要求则是通过技术发展和应对社会新的需求来加以确定的。出于这一考虑，发达国家的一大关切在于以技术发展为标准来改善针对劳动力的教育体系，也就是说"生产"劳动力的体系。技术的发展，自然而然地会去试图不断减少劳动力的使用，而从历史角度看，当前技术正以前所未有的速度在发展。

目前，科学发明和技术创新的一个主要特点是，它们是"生产过程的组织化"的结果，而不再是依靠科学家和研究人员的单独努力和奉献。这种组织化的过程需要复杂精密的设备和高昂的成本，通过挣高薪、有专业、汇集于大型公司和科研中心的科技人员去操作。那些大型公司和科研中心在这种"生产过程"中投入了大量的资金，并得到了国家直接或间接的大力支持。

发达国家的科研体系包括了对教师和研究人员的培养、实验室的运作以及公司、大学和国家间关系等各个环节。这些环节加在一起，构成了科学发明和技术创新的创新体系。虽然具体形式会因各个国家的实际情况而有所不同，但发达国家的科研体系在各个环节均得到了良好的组织管理。无一例外，它们都是有组织的体系，内在关系具有活力，运转流畅，并且在关于技术创新对经济和社会的重要性认识方面，能够反映出社会共识。

另一方面，发达国家的工业/企业结构具有高度整合的特点，并且在总体经济中，本国资本与外国资本相比具有相对重要性。而在巴西的工业体系框架内，外国资本占工业/工业产值比例（或外国资本占国内生产总值比例）很可能要比发达国家的数据"高得多"。在研究工业、技术政策导向和就业问题之间的关系时，上述现象是非常重要的，因为高度发达国家的多数企业家和工业企业的主要技术都来自于他们自己的国家，而如果他们的总部设在其他国家时，他们就得考虑那些国家的技术或利益了。

在具备上述劳动力、技术体系和工业/企业结构等方面特点和条件的发达国家，人们可以认为，采用一种能够彻底"放开"市场力量、不去寻求纠正市场的不完善之处、交由私有企业去决定需发展何种工业活动和使用何种技术的政策，原则上具有获得成功的最佳条件。

由于无需去制造不断增长的、数量可观的新就业机会，再加上劳动力本已相对缺乏以及本土拥有已建成的、发达的技术/工业/商业体系，这些因素自然而然地导致了人们去研究和利用如何能够减少劳动力使用的技术。与此同时，社会公共网络能够为暂时离岗的劳动力提供扶持，而不会对社会秩序产生政治、社会和经济影响以至于危及国家的社会和政治稳定。

然而，通过技术创新、有组织的生产导致了市场的建立和被垄断，并影响到了国与国之间的收入分配和相应的权力分配。在上述效果的影响下，发达国家政府坚持要求欠发达国家采取尽可能自由化的政策，而自己则坚定地干预本国经济，对自身认为具有战略意义的领域进行补贴，保护受到外界竞争挑战的领域，并资助了大量的技术研发项目，以便能够"创造"比较优势或保持原有的优势。

概括而言，在发达国家，科技研究战略的制订是以其国内的就业形势为基础，而这种就业形势又是由这些国家劳动力特点和社会公共制度的特点所决定的。这些特点和环境，使得发达国家至少在工业和服务业领域可以奉行一种以保护市场力量自由运行为主张的意识形态（而在农业领域，国家的保护和干预可通过文化和政治原因来进行解释）；与此同时，以国家安全、偶尔出现的失业、技术进步的需要或抵御来自国外的不公正竞争等为借口，发达国家也可以实行一种非常积极的工业和技术政策。

然而，在巴西，人口特点、工业体系以及社会和技术系统是另外一种情况。在这种情况下，如果像新自由主义经济理论所主张的那样，实行一种将国家与经济发展过程完全分离的政策，将会产生极端严重甚至是灾难性的后果。

科技与暴力："劳动力"的四个范畴

关于巴西社会的严重边缘化和暴力问题，一种非正统观点认为，在某种程度上，根据自身的素质技能，所有的劳动力都是为了生存而寻找"工作"，而在这个为了生存的过程中，人们将会处于某种"劳动力市场"架构，这种架构会为人们提供一定数量的"就业"，而这一数量在每个范畴内时时刻刻都在变化，因为它取决于经济的增长情况和国家行为。这些"就业"

第二章 蜂窝：人口和失业

可以大致上分为四个"范畴"。

第一个范畴指的是建立在当时被社会承认的合法活动基础之上的就业，以及受到法律规范的就业。这些活动在伦理道德上甚至可以不是值得提倡的，比如说制造和销售酒精类饮料、武器或色情杂志等。重要的是，它们被法律所承认，并且是合法的。第二个范畴是指那些在国家服务部门内的工作，可以分为两类：一类是那些执行公共职能（包括国有企业）所必需的工作；第二类是那些"不必要"的、产能低下甚至为零的一些工作，它们的作用只是扮演了某种"失业保险"的角色、具有一定社会效应而已，但如果这种"失业保险"永久存在下去的话，就会严重的欠妥。这两种国家提供的工作，有可能通过政治影响力获得，但这并不会改变它们的特性。第三个范畴是指那些受到法律承认和允许的工作，如成衣制造等，但从事这些工作的条件和要求没有相应的法律规范可遵守。比如说，成衣制造可以是在家庭、地下进行的，为的是进行"非正规贸易①"。第四种范畴是指非法活动，它们没有得到法律的允许，在任何时间和地点都会受到法律不同程度的惩罚，如色情业、幸运博彩等。根据法律的规定，这些活动可以是犯罪行为，也可以不是，要看法律如何处理它。最有名的例子就是美国的禁酒令，该法令规定酒类的生产和销售都是犯罪行为，会受到国家的惩处。而该项法律废除后，酒类生产和销售活动重新成为合法，而与其相关的就业也重新成为合法就业。在第四个范畴内，劳动就业关系是非正式的，没有组织架构，是不可预见和暴力

---

① 在巴西，通常把"非正规经济活动"说成是"灰色经济活动"。（译者注）

型的。

　　需要强调指出的是,所有劳动就业人口的一分子,在其寻求生存的过程中,都会以一种或另一种方式去寻找"就业"。也就是说,去寻求扮演一种能够获得报酬的角色,这其中包括去行乞和偷窃,这种情况在城市里尤其明显,因为在那里要想务农为生明显是不可能的。劳动就业人口会按照上述范畴的排列顺序来寻找"就业",倾向于能够找到前两个范畴内有组织、合法的工作,因为这些工作得到社会的认可,较为保险,少受"雇主"的独断专行的对待,少受暴力、工作和报酬的不可预见性的影响,也少受国家的强力打压。

　　目前巴西劳动力的特点主要是平均职业素质技能较低、集中于城市地带以及卫生、医疗和居住条件恶劣,同时劳动力数量的年增长率较高(尽管比上世纪 60 年代至 80 年代要低一些),由私营领域创造出的、合法范畴内的就业机会供给远远低于需求,或者所提供的就业岗位对素质的要求同劳动力人口的实际"素质"水平不相称。长期以来一直存在一种高素质劳动力相对不足而低素质劳动力过剩的现象。这种局面在经济衰退或停滞期间,还有缺乏积极的工业、技术和就业政策时更为严重。

　　既无法在私人公司里找到合法范畴内工作,也无法在国家部门里找到合法范畴工作的劳动人口中的那部分人,一般来说都是职业素质最低和医疗、居住、卫生条件最恶劣的人群,处于"去社会化"的处境中。这些人为了生存,不得不去从事非正规活动范畴内的工作,并由此去从事边缘、犯罪活动,这些领域对职业素质的"条件"要低得多,而"雇主"也不"要

第二章 蜂窝：人口和失业

求"提供"介绍材料"。

所有国家都存在收入集中的情况，并且随着全球化和新自由主义政策的实施，这种集中还在加剧，但巴西的财产所有制结构和就业结构使得国内的收入集中现象更为严重。而且国家本身也成为了一个巨大的、导致收入集中的机制，尽管有时国家也试图开展一些行动，并公开宣称这些行动是为了惠及最贫困老百姓而进行收入再分配。新自由主义的意识形态前提是，理想的"国家"模式是那些劳动力市场完全自由化的国家，因此政策的目标应是消除国家作为雇主（私有化）和规范制订者的角色，减少国家及其机构在劳动力市场的第二个范畴内开展活动的可能性，同时弱化国家作为技术领域调控者的角色，这对第一范畴内的就业数目具有关键性作用。这种源于新自由主义的意识形态已经渗透到了巴西社会上抱着各种不同政治倾向的政治领袖精英的脑海中。

由于没有行之有效的收入再分配计划，"公共社会扶助网络"的活动更多地被交由非政府组织的"志愿者"来完成。当出现像经济衰退期间那样严重的失业现象时，更多的人不得不去通过第四范畴内的活动来寻找"就业"，而这些活动的"组织化"程度正变得越来越高，以便为社会中的某些团体提供"服务"，如地下赌博、卖淫、拉皮条、贩毒等。另一些人则会通过抢劫、盗窃、绑架等手段去开展"强行收入再分配"。受这些行为殃及的不仅仅只是高收入阶层，而且越来越多地影响到包括从中产阶级到尚未边缘化的低收入人群在内的所有民众。毫无疑问，在这一"工作范畴内"，财富收入会以更加暴力的方式集中到那些有组织犯罪集团首领的手中，而不是那些贫民窟里的中间人和小头目，而后者往往是被系统清剿和消灭的对象。

暴力、就业和国家

关于一般就业的另一个问题涉及到农村，那里仍集中了约20%的巴西15岁以上人口（根据巴西国家地理统计局的"城市"居民标准，这一数据也许还会更高）。只有采取有力、广泛的，包括信贷、技术支持、销售、运输等方面的农业改革政策，才能扭转不断增长的土地集中、乡村暴力、囤积土地等现象，从而改变农村人口不断流向城市、造成城市结构性问题不断恶化的局面（如住房、卫生、交通、医疗、教育、污染等），并减少其对本文分析城市就业问题所造成的影响。另一方面，没有什么迹象表明城市人口会主动回归乡村去从事最低限度规模的农村经济活动，哪怕这些人处于失业状态。但是，在本章中，我们要分析的仅仅是城市就业问题。

从上述四个范畴的活动中，我们知道，所有城市人口，无论其素质高低，均"必须"找到一个合法或不合法的工作，借此获得自身生存所不可或缺的收入。根据这一理解，可以找到最大限度有效的、旨在刺激合法范畴内就业数目的国家政策。国家政策应围绕就业问题，建立在充分运用生产要素的基础上，而不是以经济增长指数、财政平衡或巴西经济融入世界体系等问题的为主要考虑因素。

在第一个范畴内，也就是从事合法、符合规定之活动的就业范畴内，目前的公共政策一直以来都默认这样一个前提，即认为在技术、工业政策和人口就业之间没有重要的联系。最近

第二章 蜂窝：人口和失业

几十年来，关于工业和技术政策的决策都源自于一种幻想，认为工业政策，或哪怕根本没有这种政策，都会自然而然地产生"一切"必要的就业机会；还有，就是最好从国外进口技术，或是除了进口技术外别无其它经济可行的抉择，因为要么没有可以替代市场上现有技术的办法，要么这些替代办法的研发过于昂贵和耗时。在巴西工业化初始阶段，当时的乡村和城市人口分布状况曾使人们可以不必如此关注就业水平问题，因为当时大家相信新的工业单位所产生的就业机会将能够吸引城市里的劳动力。简言之，巴西的技术和工业政策优先考虑的是技术的"自由"进口，偏向于鼓励进口而不是国内技术的创造，包括私营公司的国内技术创造。过去，对技术转让过程进行引导和管理的尝试，其主要目的是为了减少贸易中滥用和限制行为。从上世纪90年代开始，经济政策认为这样的导向和监督只会对技术转让、也就是技术的购买带来阻碍，因此，应该摆脱任何对其特性或其贸易条件的控制。

上面所说不应被视作是在为开发一种劳动密集型的替代型技术进行极端的辩解，并不说是劳动密集型的技术比能够节约劳动力的技术要优越，或是拒绝使用尖端技术可以使巴西经济在国际上更有竞争力。

外债造成的金融纽带使得巴西经济高度融入了世界经济，巴西工业体系的技术相对落后（这种落后并不适用于巴西工业体系的每个领域，比如说巴西对美国和欧洲出口飞机和汽车就是一个特殊例外），还有巴西的工业/企业结构的特点，使得巴西不得不通过许可证或结合进口资本货等方式来引进技术，这样可以进行工业品的生产和出口，产生外汇来偿还债务和投资，从而继续进行工业体系现代化的长久努力。

很自然，必须要放弃那种认为进口高级消费品可以推动产业现代化的想法。制造和生产高级消费品的国家声称，通过进口这些产品，会给巴西本国的产品树立榜样从而推动巴西经济的现代化。如果说巴西本国的许多生产商不是那些掌握着最新生产技术的大型跨国公司的分公司，不必在"看到""现代"产品之后才会受启发去把它们在巴西的工厂进行现代化的话，上述论点或许还有些意义。作为工业和技术政策的一项重要工具，贸易政策应优先有利于生产的现代化而不是消费的现代化，也不应成为对付通膨的脆弱而效果适得其反的工具。在消费品进口方面的自由主义政策无法成为对付通膨的长期工具，也无法在国内市场建立竞争，因为国内市场的大生产商最终可能成为完全或部分的进口商，正如同过去所发生的情况那样。"自由主义"的进口政策会浪费外汇用于满足部分社会团体的肆意消费需求，而不会对生产技术的提高产生任何效果，这些技术只会退化。在经济缓慢增长的形势下，进口政策只会带来工厂倒闭和生产替代这种倒行逆施的效果，进而导致就业机会的减少。1990年至2002年巴西的经济政策可以称为"从进口替代到生产替代"的政策。贸易政策应成为产业体系有规划的现代化的一项工具，尤其在资本货生产领域。资本货的生产体系现代化是巴西拥有内部、内源性产业活动的持久现代化过程的唯一方式，而这是第一世界国家经济的一个核心特征。

然而，最先进、最现代化、最资本密集型的技术标准将决定某种特定的工业模式和就业机会的增长乏力。这种模式能带来就业机会，但并不能从数目上满足第一范畴内劳动就业岗位

第二章 蜂窝：人口和失业

增长的需要，从而间接导致增加了对接下来两个范畴内"就业"的需求，也就是国家提供的和非正规经济行业内的就业岗位，最终可能导致对第四范畴就业机会需求的增长。劳动力中的边缘分子，面对众所周知的、合法的收入再分配体系的缺失，会去刺激非法活动的盛行，这可能会产生一种社会环境，导致出现通过犯罪和暴力来进行收入"分散"的努力。国家的失职或很多情况下国家通过暴力形式处事，使得在城市边缘地带那些缺少公共服务的地区，犯罪组织可以去建立平行的社会结构来"填补"国家留下的真空。

有人以为，只要放弃政府的规范和管理、实行私有化和经济开放，就可以在巴西这样一个有着强烈自身特点的国家复制发达国家的工业体系。根据这种想法制订的被动型工业和科技政策会在"劳动力市场"的各个范畴内产生严重后果，也就是说，会刺激非法活动、边缘行为和暴力的增长，带来政治和经济体系的不稳定，进而造成国内和国外投资的缩减，导致由私营领域创造的就业机会的减少，在几者间形成一种恶性循环。

然而，由于一方面有必要在不破坏现有工业体系的情况下来使用最现代化的技术，另一方面又要面临城市和低素质劳动力供给不断增长这一难以改变的现实，因此在经济政策的核心部分实施一项积极的就业政策以应对这一趋势，就变得刻不容缓。

这种就业政策应"引导"私营领域的工业和技术政策，以及国家和非正规经济领域的就业政策。这种就业政策应事先规划，提供一些低生产率的就业机会以便满足低素质人群的就业需求。因为，哪怕对整个工业和技术政策都进行调整而只使用

巨人时代的巴西挑战

劳动密集型技术,这些人现在和将来也都不会在私营企业找到工作。仅举一例,刑满释放人员便是一个典型的例子。

从就业政策应为多数人提供合法就业机会这一宗旨出发,国家需要制订一项包括"两个貌似对立方面"的工业和技术政策。第一个层面主要是通过制订规划用于刺激来自巴西本国和国外的私人投资,将其投入到具有国际竞争力水平的行业,从而获得必要的外汇来偿还债务,通过有控制地进口资本货来吸收技术,降低生产成本,使巴西的出口贸易得到扩大和多元化;第二个层面应以鼓励私营领域去创造更多的就业机会为目标,吸收人口中素质较低的部分人群就业(这些人的劳动素质不可能在中短期内得到提高),这样就能减少这些人对通过从事第四范畴内的工作来获取"薪酬"的需求,即避免他们通过边缘和犯罪活动去谋生。

要对巴西工业不同领域在国际水平层面上的生产率进行比较,从而找出巴西工业门类中"具有竞争力"的"利基"所在,这并不是一件容易的事。首先,每种产品的市场都受到了内部和外部因素的扭曲;其次,巴西本国经济仍处于欠发达的状态;第三,巴西经济近几十年来一直处于停滞。但与此同时,考虑到巴西的幅员,如果有全国的政治决心,巴西几乎在所有领域都可以具备竞争力,只有少数几个特殊领域例外,如大型客机制造等。不过需要指出的是,在中小型客机制造领域,巴西已经具备了非常强的竞争力。引入国际竞争力标准,有助于我们明确工业和技术政策层面中的指针和特定项目。这一政策的目标虽然也包括了满足在创造外汇方面的需求,但其长久目标主要在于建立巴西工业的比较优势。

第二章 蜂窝：人口和失业

在由私人企业创造的就业岗位范畴内，工业政策必须优先鼓励它们建立采用尖端技术的公司。这一类公司必定得到保护，这是由此类公司的规模和这个领域的激烈竞争所决定的。同时还要优先照顾那些能够吸收大量劳动力的劳动密集型企业。技术研究政策同样要得到适当的引导，以便能够优先照顾上述两个领域：一个是与较现代化的工业行业相匹配的较先进技术领域，如信息工业等，以便能够在国际上打造出具有竞争力的产品；另一个就是可以大量吸收劳动力的技术的开发，尤其是那些致力于国内市场的工业行业，即那些产品不是在国际上销售的行业。面对高素质劳动力的缺乏，私营企业会很自然地倾向于采用能够节省劳动力、资本密集型的技术。在微观经济层面，企业的这种理性行为使得国家必须通过积极的工业和技术政策进行干预，目的应在于鼓励从宏观经济层面创造就业机会。

在科技政策领域，初期措施是将人员境外培训同强化巴西本国研发中心这两项工作相结合。通过在境外科研中心对人员进行培训，可以有效地吸收同资本密集型生产技术有关的科技知识。由于显而易见的原因，就像此类知识基本上由发达国家主导一样，此类科研中心也多位于这些发达国家。与此同时，事先加强巴西本国科研中心的建设，可确保被送到境外进行培训的巴西奖学金生们在回到国内后能够学以致用。否则，如果国内连他们在境外接受训练后而学会使用的设备都没有的话，会导致鼓励他们留在国外，甚至回国后又再度出国。

要贯彻加强科技研发中心的政策，巴西应把招聘具有国际水准的国外师资人员机制作为主要的手段，还有就是通过强有力的刺激措施来促进实验室和公司企业之间的联动。在境外人员培训方面，被培训的对象应只限于来自那些业已经过重组、有资格的科研中心的研究人员，而且只限于那些已经在巴西取得博士学位、有一定年纪的人员。通过吸引师资力量到经过强化的研究中心进行教学，能够在付出比选派零星学生出国培训更低成本的情况下，更多地获取知识。而这些外国教师通过在巴西生活和授课，可以将他们的理论知识同巴西的实际情况进行对比，并由此打造出能够考虑到巴西实际情况的新型知识。如果他们没有在巴西生活过的话，将很难做到这一点。这样，来到巴西的外国老师能够将源于巴西的第一手情况融入到他们此前的知识体系中，而不是由巴西的留学生们将他们从国外老师那里学到的理论框架拿回来去适应巴西的情况。这种建议并非别具一格，因为这同1946年在圣若泽多斯坎波斯建立航空技术中心的战略思路是一致的，而这一思路为巴西航空工业公司的诞生提供了条件。

发达国家之所以为来自欠发达国家人员提供培训项目，是因为根据概率法则，它们可以有更多的机会以灵活和自愿的方式从这些国家招募到涌现出来的能力超群的人才，这也成功地说服了发达国家的议会为这些项目拨款。这种招募，一方面"强化"了发达国家自身的研究体系，另一方面则实际上削弱了发展中国家的竞争力，因为这种做法使得发展中国家无法在自身的产业（和政治）进程与最具潜力的个人之间建立合作联系。从奖学金中获益的巴西科研人员在巴西自身产业和研究体系内磨合得越好，他们所在的科研中心的装备情况越好，他们回到巴西并学以致用的可能性越大，那么巴西人才流失的可能性就会越小。

除了培训高素质人员外，还必须向尽可能多的学生提供潜力巨大的外语科学知识库。必须由国家同私营领域进行合作，共同建立一个系统规划，对最重要的、最新的科技作品进行翻译，这其中包括在专业刊物上发表的高水平科学文献。要翻译的不应只包括英语和法语的，同时也应包括德语、俄语、日语和中文。

同时，要创造必要条件以便能够在社会上推广科学精神，加强社会对科研活动的认可。因为，这对唤醒学生对科学知识的兴趣而言，是不可或缺的。要做到这一点，作为策略的一部分是表彰巴西科研工作者的工作成果，为其颁发奖励和授予公共荣誉。另一种作法是在不同教育和职业培训层面举行有奖公开竞赛。如果不开展针对精密学科师资人员的培训和再培训计划，将无法培养出掌握知识的中坚力量，而这是科技可持续发展所不可缺少的条件。

至于那些无法被私营企业界和非正规领域所雇用的人群，只有国家才能够为他们提供工作和"职业"。这种工作或"职业"，不应通过永久性的雇用纽带进行，而是应通过劳动力招聘计划去发展公共服务业，这其中包括从垃圾收集开始直至修建公路、服兵役，把这些作为将他们"社会化"的渠道。创造这类就业机会，应招聘，并将他们纳入劳动力，而不使他们成为国家的"乞丐"。

至于第四范畴，需要通过系统性努力来瓦解已经深深植入公共预算体系内的收入集中机制，这一机制的最主要表现形式便是优先照顾赢利创收型的金融领域。要做到这一点，必须要逐渐建立强有力的收入分散制度。这些制度可以弥补由于使用进口高科技而带来的收入分化集中势头。随着劳动力的供应不断增长，这些制度将变得不可或缺。要想有效和文明地遏制边缘和犯罪活动，只有坚定地执行一项就业扩张和收入分散政策。

将资源集中于初级教育，将其作为分散收入的一项长期战略，实际上只是一种救济型和声东击西的作法，而且如果继续只是使用"外行"的教师，加上辍学率居高不下以及由于对知识不能加以社会运用而造成的知识流失，这样做能慰藉"慷慨的"心灵，但却无助于人力的培训，反而浪费了公共资源。

在抑制第四范畴内的"就业"时，目前的做法是不文明、无组织和野蛮的，所用手段是对贫困人群进行肉体削减。"敢死队"① 的犯罪行径，或是建议实行死刑制度、降低刑罚适用年龄下限来对绑架等进行收入再分配的企图加以更严厉处罚等，这就他们打算做的。劳动力数目绝对意义上的增长，对"寻找就业机会"现象的不理解和上述遏制举动的暴力性质，进一步加剧了暴力氛围，加大了社会对国家暴力行为的接受度。另一方面，死刑虽然能够遏制部分犯罪行为，但它的出发原则是认为有些人是无可救药的或者有些人有"天生犯罪倾向"。即使这一原则是真的，那它也只适用于一小部分人。可以肯定的是，死刑无法解决所有的问题，因为有些犯罪行为无法用死刑来处罚，比如说抢劫。在第四个范畴内，司法、刑法、警察和监狱制度的改革刻不容缓。目前，这成了罪犯"培训和完善"的制度，社会也许还"同意"这种说法，因为在实际上大家没有做出什么举动来对这些制度进行改革，而所提出的建议总的说来是进

---

① 指执行私刑的组织。（译者注）

一步加剧了社会暴力的恶性循环。

像墨西哥那样通过向外移民来减少本国劳动力数目,从而降低对"就业"需求的作法,从必要的规模角度来说,对巴西并不具备可行性,因为巴西同活跃经济体之间的距离较远,而且这些国家对外来移民的限制越来越多,只有少数特殊情况例外,如过去欧洲和现在美国在农业领域吸引移民的做法。与此相反,移民恰恰会把人口中最有主动性(虽然可能素质并不高)、身体最健康、最年轻、甚至有时是职业素质较高的劳动力个体带走。长期看,移民会降低劳动力的平均质量,削弱国家力量,虽然这种做法会在中短期内给巴西带来可观的侨汇收入。

技术、就业和人权

有观点认为,为了克服通胀而必然产生的经济衰退或经济过缓增长是造成失业的原因。只要通胀得到控制,抛开政府的管理,实行私有化,任由劳动力市场自由运行,就可以让私营企业雇用社会上现有的所有劳动力。很不幸,这种观点是错误的。

与发达国家经济体的情况相反,巴西经济的特点是,如果国家不通过积极的、以"就业"政策为必要基础的工业和技术政策进行灵活介入的话,巴西经济将无法进行自我调节,也就无法在生产过程中进行有效的资源分配和收入分配,而这恰恰是建立一个富有活力、民主和非暴力社会的重要因素。

虽然在采用何种技术标准和创造就业机会之间有着明显的联系,但人们在讨论巴西经济时大多将它们忽略了。对这种忽略的一种解释，可能是很多经济学家往往通过理论模式来分析同技术和工业政策有关的问题，但这些理论框架没有从劳动力供给不断增长的角度去考虑就业问题，而是将劳动力作为一个静止不变的因素来考虑如何将其进行再调配。这样制订出的工业和技术政策本应是正确的，而在那些劳动力因素保持稳定或增长缓慢、劳动力素质较高、享有良好医疗条件而且拥有稳固工业/科技政策和社会基础设施的国家，这些政策也确实没错。另一方面，人们普遍相信现代技术的积极效果和私营企业在创造所有所需就业机会的能力，而很多人却无法接受这么一种观点，即在某些情况下，国家通过工业和技术政策对劳动力市场进行干预甚至可能是不可或缺的。那种不切实际、主张政府行为远离技术和工业领域的观念，可能会导致巨大的错误，带来巨大的社会成本。在就业领域，对劳动力市场采取过于"灵活"的作法，并不会带来就业的增长，反而会降低工资薪酬标准、加快劳动力的更替轮换、就业困难以及使企业增加利润。

　　修正技术和工业政策的"放弃"态度，以及在劳工和就业领域的倒退状况，正变得日益紧迫，因为政治、经济和社会制度能否维持生存和保持稳定，取决于它们在为多数民众提供足够的生存条件和便利方面能否得到一致及和平的认可。否则，即便工业体系中的某些特定领域可能会取得较高的竞争力水平，即便社会中的少数群体能够获得高收入，但社会形势仍将会朝着一种危险的方向演变，会使可能通过合法经济活动进行获得利润并以和平方式分享它这一资本主义的核心本质变得无法实现。

　　从历史角度看，绝大多数巴西人均是未将就业作为主要目的和优先考虑对象的经济政策的受害者。由此产生的后果是，他们也成为了日复一日、带政治性质的侵犯人权行为的受害者，这体现在诸如进入司法机关的权利、政治参与权、实际言论自由以及经济性质权利等诸多方面，如获得就业机会、饮食、医疗和教育权利等。在一个像巴西这样的欠发达国家，涉及权力宏观结构、人口和劳动力的问题，均同人权及侵犯人权问题有着紧密联系。

第三章 奴隶主的豪宅和奴隶的窝棚：人权和权力

"人们无法描述在巴西的奴隶作坊里，
当一名奴隶是什么样的情景。
在这个世界上，
没有什么工作，
也没有哪种生活，
比它更像是耶稣受难记。"

——安东尼奥·维埃拉神父

权力的集中和侵权行为

权力过于集中是造成侵犯人权现象的根源。要从根本上理解造成各类侵犯人权行为的原因，以及在制订旨在促进和维护人权的有效政策时，都必须认识到这一点。大多数巴西人的人权都受到了侵犯。这种侵犯不仅体现在公民权、政治权和个人权上，也体现在经济权、社会权和文化权上。此外，还体现在第三个层次、更为广泛的一些权利上，如发展权等。

高度的权力集中只能依靠各种侵犯人权的行为才能持续。这些侵权行为可能是由国家推行的系统性、蓄意的举动，如在

第三章　奴隶主的豪宅和奴隶的窝棚：人权和权力

一些国家所实行的死刑；也可以是民间组织行为，如在美国的三K党和德国的新纳粹集团。这些侵权行为可能是时而发生的，由滥用特权的国家公务人员（诸如在里约热内卢，警察在坎德拉里亚教堂外屠杀儿童①）和没有公共职务的个人（如在巴西利亚的中产阶级青年纵火烧死土著印第安人高尔迪诺②）所犯下，也可能表现为由种族歧视和其它歧视所引起的日常、形式广泛的各种侵权。

但凡权力集中的程度越高，以及作为被侵犯对象的社会运动或个人行为在推动权力分散化时表现得越团结、越有战斗性，上述侵权情况就会越严重。有关群体和个人，对于试图掩饰、辩护和美化像巴西这样一个极度不平等社会的社会关系的真正本质的阶层和个人来说，这些侵权行为就会更明显、更变本加厉。

目前，人们所看到的侵权或许源于发生在过去的权力集中，这种集中已经得到了事实上的克服或是已经合法化，但它在一种"象征性"权力的集中过程中形成了种种成见和偏见，又为目前各种侵犯团体和个人的行为"进行开脱"。

在独裁或专制政府统治期间所发生的对政治权利的侵犯，如针对个人生命、人身安全、言论自由、少数民族公民权等的暴行，其根源恰恰就是这些政权体制下典型的政治权力集中以及它们的受益者为了维持自身所享有特权而对那些试图改变权

---

① 指1993年7月23日，几名警察开枪打死了睡在教堂廊檐下的7名儿童和1名青年。（译者注）
② 指1997年4月20日，5名中产阶级青年往露宿在公共汽车站边的印第安人高尔迪诺身上浇了1公升酒精并放火点燃，导致高全身95%烧伤致死。

力集中状况的组织和个人所采取的打压。很多情况下,在当前民主体制下的侵犯权利行为,很多情况下是以前那些政权的做法的残余。这些做法延续了下来,并反映在警察、当局和政府人员的行为举止上,这些人都曾沾染了专制主义和独裁时期的恶习。

在巴西,针对由穷人和奴隶后代构成的多数民众的警察暴力行为令人发指,这些暴力行径遭到了媒体时不时的曝光和谴责,也受到了民间组织的揭露和谴责。然而,从政治权利角度看,另外一些行为同这种暴力行径所造成的破坏是相当的,只是很少有人从这个角度去对它进行分析而已。这些行为的个体性不那么强,但这并不意味着它们就不应该受到谴责,不意味着它们不那么可怕,因为实际上它们所造成的后果更为广泛,并且同样使多数社会团体受到损害,而这些团体由于缺少权力而更为脆弱。

这些反民主行为一般来说侵犯的是政治权利,但它们也同样体现在公共政策领域。当行政部门扮演了立法部门的角色时,比如说政府超出巴西联邦宪法规定的范围而滥用临时行政法规的制订权,或罔顾法律而执行一种将成千上万的公民置于非人条件的监狱管理政策时,这些做法同样侵犯了公民的政治权利。司法机器的缺失、冷漠和迟缓,进一步加剧了国家行为漫无目的的状况,使得穷人和被社会排斥在外的人成为暴力和侵权行为的受害者。

传媒领域的权力集中源于公共权力部门在特许权发放制度方面实行的扭曲性做法,这些制度实际上是殖民时代配发制度的一种现代版本。与新闻业早期发展阶段的情况截然相反,信

第三章 奴隶主的豪宅和奴隶的窝棚：人权和权力

息资料的现代化生产和传播方式，如互联网等，使得任何一个个人在理论上都可以生产和传播他的思想。但在实际中，只有那些大型私人企业集团才能控制信息市场，因为只有它们拥有制造和运作信息所需的大量资金，包括对那些设备复杂技术的掌握。这种传播权力的集中对政治权利造成了严重的损害，它通过操纵公共舆论，对选举进程和政府施政施加影响，在很多情况下对各类偏见进行传播，以及对包括经济权力在内的各类权力集中现象进行辩解维护等等。

在成人男性层面的经济和政治权力集中是造成侵害妇女、儿童、老人和同性恋者的民事和经济权利的根源。这些侵害，源于某些文化态度，而这些态度在很多情况下又源于宗教传统，以所谓"上帝意志"的名义把妇女、儿童和同性恋者当作在道德方面低人一等的群体。

通过公法和私法，这些宗教传统在过去得到了合法认可，并融入到了教育体系当中。直至20世纪，法律还剥夺了妇女的选举权和被选举权，从而在政治上置其于低人一等的位置；而在经济和社会领域，家庭权利经常剥夺妇女继承遗产的权利，让男性作为一家之长来行使家庭经济管理权。在很长一个时期内，家庭权利允许父母和丈夫将反叛的或"有伤风化"的女儿和妇女送到修道院和收容所，这种做法加剧了妇女的恐惧感，使她们更为屈服。另一方面，直到最近，在诸如美国的某些州和一些阿拉伯国家，同性恋和鸡奸仍被法律视为犯罪行为。

由于社会歧视机制在法律上被确立，妇女被人为地搁置到低人一等的社会地位上，使她们更相信自己不如男性，"默许"自己的权利被侵犯，包括暴力侵犯，从而继续充当受害者角色。

法律、歧视性的公共政策和女性因害怕暴力而产生的"默认"态度，很大程度上造成了女性在职业、经济和文化等方面素质的相对低下。由于难以获取知识和取得经济独立，同时无法享有政治权利，使得对女性进行职业培训也变得"没有必要"，这样也是为了强化关于女性"低人一等"的成见，同时使男性对权力的集中永久化。

这样，那些宗教的戒律和传统就显得更为正确了。它们声称女性"低人一等"，为歧视乃至暴力行径和针对妇女的违权行为进行辩解，有时还借口说是惩罚女性反抗"理所当然"状况的"不正当"叛逆行为，因为这种状况是宗教、道德、良好风俗和法律所认可确认的。

历史上，最严重的侵犯人权的制度莫过于奴隶制和殖民统治了。这些现象刚刚被人类所废除，但在某些地区仍留有重要的残余影响。奴隶制和殖民主义这两种现象之间有着密切的联系，产生并确定了各类成见、偏见和世界观，并从文化层面传承给了前奴隶主和生活在前宗主国的前殖民精英的后代们。这些源自于过去历史的成见，当然还有那些旨在维护延续至今的具体利益之举动，造成了那些在集体和个人层面侵犯他人政治、经济和社会权利的行为，而那些曾经是殖民地的国家以及奴隶和土著后代们则成为了这些行为的受害者。

直至联合国成立后，非殖民化和反种族歧视的现代斗争才获得了更大的活力。从1945年直至最后一个大殖民地纳米比亚取得独立为止，或直至南非总统曼德拉宣誓就职为止，这一事业才通过武装斗争、谈判或授予的方式使100多个国家脱离了殖民主义、尤其是种族主义的枷锁。种族主义的认知基础是压迫

第三章 奴隶主的豪宅和奴隶的窝棚：人权和权力

者和压迫者都认为被统治民族在种族、文化、道德和政治方面均要更为低劣。

无论是美洲的传统殖民主义，还是更近一些帝国主义在非洲和亚洲的扩张，两者都产生了相似的后果，即一方面形成了发生在世界各个地区、侵犯个人人权的根源，尤其是种族歧视；另一方面也形成了侵犯饱受霸权权力结构内新帝国主义侵略和压迫的国家之政治和经济权利的根源。长期以来，一系列由中心国家（其中部分国家是前宗主国）发起的、针对前殖民地的武装干预，严重损害了前殖民地人民的权利，举例而言：在越南使用橙剂、凝固汽油弹等武器进行攻击、在阿尔及利亚实施酷刑、在越南和伊拉克投下大量炸弹等等，不一而足。

巴西在不到一个世纪以前才废除了将奴隶视为一种物品的法律。该法律允许奴隶制的存在，对那些试图废除奴隶制或企图从这一制度中逃脱者施以惩罚。这一法律也将政治、经济和社会权力集中到了白人奴隶主的手中。由于废除奴隶制并未带来相应的经济权力的分散，也没有赋予黑人有效行使政治权利的能力，政治权利仍集中在前奴隶主手中，使他们能继续从个人层面去干各种侵犯前奴隶们权利的行径。

前奴隶的经济地位低下，同社会和家庭脱节，在文化和政治上属于依附地位，这都有助于维持种族先天劣等论的各种成见和偏见，先是被白人用来为奴隶制进行"辩解"，后来又被用于为侵权本身和推行种族歧视进行"辩解"。

殖民征服，将印第安人或土著人沦为奴隶和加以灭绝以及对他们的土地进行强行征用，使得权力大大地被集中到欧洲白人殖民者手中，因为在那个时间和空间范围内，土地是经济和政治权力的主要储备手段和来源。在司法领域，通过暴力手段而取得的权力集中被合法化，同时针对那些进行起义和寻求权力分散的印第安人或土著人的侵权行为也得到了合法化。法律和体现在经济、政治、文化领域的歧视，促成了各种各样成见的形成，而这些成见又进一步加剧了歧视，将土著群体保持在了目前这种低人一等的地位，而在实际中那些侵犯他们人权的行为则得以逍遥法外。

现在的反犹太教的源头，存在于西方损害犹太团体的经济、政治和社会权力集中。犹太人团体依据圣经戒律而采取的自我隔离和生存之策、自认为自己是天定之民族、其经济活力，尤其是在被《新约》所禁止的钱财贸易方面的活力，使得他们成为了统治者和权势人物的眼中钉和受害者。同时，犹太人在判决耶稣时所扮演的角色又使得他们被愚昧落后的基督教信徒大众们所鄙视和仇恨。在中世纪宗教裁判所时期推行、并直至不久前仍在部分国家施行的反犹太教法，对这种权力集中进行了"合法化"。这样，在信奉基督教的欧洲国家和信奉天主教、倒行逆施的殖民地宗主帝国里，犹太人没有政治权利，不能完全行使公民权，也不能公开信仰自己的宗教。举例而言，在巴西殖民时期，犹太人不得在巴西定居，而一旦他们被发现从事自己的宗教活动，将被处以严惩。直到1963年的第二次梵蒂冈会议①，天主教会才正式承认犹太人无需对耶稣的遇难承担"罪责"。

---

① 第二次梵蒂冈会议（II Vatican Council）是罗马教皇约翰二十三世召集的，会期为1962年10月11日至1965年12月8日。（译者注）

第三章 奴隶主的豪宅和奴隶的窝棚：人权和权力

对犹太人的迫害高潮出现在纳粹德国和在其他国家出现的法西斯运动时期。这些活动通过身份鉴别、分离和人身消灭等手段策划并执行了针对犹太人的灭绝计划。这一滔天罪行被称为犹太人大屠杀，共有600万犹太人被害，而其发生的主要地点恰恰就在西方世界文化和经济最发达的国家之一德国。虽然在反对迫害犹太人的斗争方面取得了进展，但过去由法律所确定下来的各种成见使得一些广为传播的、经常是明目张胆的针对犹太人的偏见在西方世界延续至今。

经济权力的集中和城市化，尤其是从工业化时期开始的城市化，带来了工会、政治和民间斗争，这些斗争旨在寻求权力的分散。而权力集中制度的受益者们对这些活动所做出的反应，导致对工人进行经济和政治压迫，严重侵犯他们的人权。然而，工人们通过斗争，逐渐建立了关于劳动和工资的广泛经济社会法律规范体系，克服了一些由于权力集中所造成的最恶劣劳动条件，如妇女甚至怀孕妇女从事重体力活、童工、不良和致命工作条件、每日劳动时间无限拉长等现象。

具体到农业领域，由大农场主等某些社会团体所把持的经济权力之所以能够继续被这些团体所垄断，依靠的是它们对没有土地所有权的农村劳动者进行长期侵权。而随着受害者们开始进行更有组织、更有效的斗争来反对这种权力集中，一些从规模上看较为严重的事件仍偶尔在巴西的不同地区发生。

从美国的里根政府和英国的撒切尔政府时代开始，认为企业竞争力和效率的提高以及失业率的减少取决于劳动力市场是否"现代化"的这种主张得以盛行并几乎占据完全主导地位。实现这种现代化要通过对劳动立法进行修改，使其更为"灵活"，这在实际上等于废除了工人们长期以来努力、时常需要通过流血斗争所取得的社会权利。在那些几乎是完全取消了劳动者保护法律的国家，国民收入中工资收入部分的比重下降了，因此也造成了收入和财富分化的加剧，使其更多流向了资本持有者。这种对社会权利的取消或"灵活化"处理等于侵犯了经济和社会人权。

上述典型情况虽然只是一种简要的描述，但却使我们能够了解到侵犯人权的"永久共同机制"。各种形式的权力集中有时会同时发生，体现在不同领域和范畴内并且相互依存，它们被法律所确认，针对部分特定人群，从历史上强化了这些人的卑微和赤贫处境，造成了个人和社会团体间的差异。各种成见由此而生，并被用来为歧视行为和权力集中进行"开脱"，并使其长久下去，甚至影响到被压迫者自身的思维定式，以便承认对被压迫者权利的侵犯，而让侵权者免受法律处罚。

正如发生在纳粹德国的情况所证明的那样，侵犯人权现象并非只是人们的教育或文化问题，而是权力集中制度下受益者们为了创造、增加或维持其所享有特权而采取各种举动所造成的结果。

在过去，包括在现在，法律曾经并继续将各类歧视性的状况加以确定，原因仅仅是因为政治权力的集中使得多数的立法者成为了垄断经济和社会权力团体的"代言人"。权力集中制度的既得利益者们把这种情况体现到了构成国家机器的各种规章和机构中，使得法律和国家机器成为了进一步加剧权力集中的工具。由于最初就存在的高度分化现象，权力集中会变得对被压迫和受害团体更为不利，虽然也有个别人能够在社会上取得

第三章 奴隶主的豪宅和奴隶的窝棚：人权和权力

上升并"逃离"这种处境，而这也被用作证明所谓的社会流动性理论和教育乃"解决之道"的"证据"。另一方面，"负责"执行法律的人过去是，现在也是通过政治程序而挑选出来的，而在这一过程中权力集中制度的受益者们通过同一程序的各种机制可以施加巨大的甚至是主导性的影响力。

每当人们认为现代社会的政治、经济和社会组织是正确无误的时，哪怕这种认识并不是那样清楚，他们就会认为非政府组织有着一种理想主义、个体主义和扶助的性质。根据这种社会观，针对个人或国家行为所造成的滥用权力或侵权行为，应重点通过说服教育来改变个体的思想，从而对有关行为进行纠正和预防。同时，也要通过政治和社会压力来惠及受害的人群和个人，这样所产生的效果将在长期内得到体现。

非政府组织在维护人权方面的个案举动无疑是值得高度赞赏的，但它只带有微观政治性质而没有触及问题的核心。而在问题的核心层面，侵权行为的产生比其解决之道要更为持久和快速。同时，由于没有考虑如何去消除权力集中机制，非政府组织的行动反而可能会给这些机制的存在提供掩护，从而分散转移了本可用于扭转这种局面的种种努力。

以邪恶、侵权者和侵权现象源头的面貌出现的国家，以及以正直、慷慨、无辜形象出现的民间社会，这两者似乎形成了一种对比。但它忽视了一个事实，那就是如果国家的法律反映并巩固了集权体制，那么其必然产生的集权和侵权现象的实际源头恰恰就是民间社会本身。实际上，通过立法和国家的强制力，唯有团体的集体介入才能促成权力分散体制的建立。只有打破集权机制，用分权机制取而代之，才能有效地改变造成各种侵权现象的总体状况。这项任务要求人们对法律和国家架构进行调整，而为了达到这个目的，反而需要对国家架构进行强化，这听上去似乎有些不可思议。

所以，目前的人权斗争应包含两个方面：从微观层面与侵权行为进行勇敢的斗争，要求对受害者进行赔偿和对施害者进行惩罚；同时，要在不同范围内开展斗争，以制订能够分散权力的公共政策。

新自由主义和侵权

以杰里米·边沁①、约翰·洛克②和亚当·斯密③为代表的英国自由主义学派的学说是在一个同现代工业化、城市化和高技术化社会完全不同的社会和时代背景下产生的。在那个时代和社会里，他们的学说和政策主张代表了在经济和政治领域的一个重大进步。在某种程度上，新自由主义试图重振古典自由主义的观点、学说和作法，尤其是在经济领域人，但他们把大萧条的教训忘在了脑后。古典自由主义也被视为经典经济理论。现在的自由主义也由此被称作新自由主义，但实际上这个"新"字并无什么新意可言，而只是意味着回归从前。从经济学角度看，特别是从其对人权事业所产生的效果看，新自由主义是已

---

① 杰里米·边沁（Jeremy Bentham，1748~1832），英国功利主义哲学的创立者，经济学家，法学家。（译者注）
② 约翰·洛克（John Locke，1632~1704），英国的哲学家，英國经验主义的代表人物。（译者注）
③ 亚当·斯密（Adam Smith，1723~1790），英国著名的经济学家，古典政治经济学的代表人物之一。（译者注）

第三章 奴隶主的豪宅和奴隶的窝棚：人权和权力

经死亡的、陈旧和不符合当今时代特点的教条的一种复活。

新自由主义政策会进一步加剧各类对人权的侵犯行为，而正因为如此，三种层面的人权都同样受到了这些政策所产生的倒行逆施后果的影响。

新自由主义一个隐性前提是商品市场、服务、资本和劳动都以自由竞争为特点，也就是说参与上述活动的单位很多，彼此能力相当，能够自由获取知识。概言之，任何一个单位都无法根据自己的利益来决定市场价格。因此，新自由主义认为市场力量的自由运行是资源最佳配置、取得最大生产率和最大产量、进行收入的最佳分配、取得最高福祉和最快技术进步的最好形式。

因此，新自由主义强烈主张将国家的角色降低到最低限度，经济活动应尽可能地不受规范，国家要尽量不干预经济活动，尤其不要直接从事经济活动。新自由主义经济政策的重点在于对经济活动不加规范、修改劳工法律、推行税制"改革"和实行其它强烈有利于企业的作法。如果在个人和社会团体间最初就已经存在巨大分化的话，新自由主义会迅速加剧现有的收入和权力集中状况。如果说时有发生的一些侵权行为还会理所当然地被送交给人权委员会和法庭进行处理的话，这些涉及面大得多、恶劣得多的新自由主义政策却成为了被人们赞扬的对象。

在政治领域，新自由主义认为自由化民主是政府管理的最佳手段因为就如同在经济领域的行为人一样，所有公民都可以享有相同或相似的政治权利，对所争论的问题享有同样程度的信息，且大家都没有能力去明显地影响政治程序。而且，就像市场一样，自由的政治运行产生了最好的、最公平的政策，能够促进民众的总体利益。在政治层面，新自由主义主张削弱国家的角色，不承认经济力量和社会传媒对政治进程所产生的影响力，阻碍分权工具取代"合法的"集权机制，而且与此相反，它使得集权过程变得更为暴力，后者又产生了侵权的行为。

在国际层面，诸如鼓吹自由汇率、资本自由流动、贸易完全放开和不受限制等主张的新自由主义政策，将在外围国家里垄断权力的集团同处于国际体系中心位置国家内掌权者勾联起来，加快了它们在各自国内层面和国际层面集权的过程，助长了外围国家里侵犯人权的氛围。

国内外集团在执行新自由主义政策时相互之间串联，使得外围国家的资源加速向国际体系中心国家进行转移，加固了外围国家和中心国家内经济和政治体系中的寡头政治结构。这样，在中心国家里，尤其是在那些无序、悲惨扩张的大城市周边地区产生了失业、社会排斥、边缘化和暴力，从而阻碍了经济发展和收入的调节分散。而在外围国家，数以千万计的人受到了这些政策的剧烈影响，而这并不是因为他们的政府"不懂"这些政策（因为这些政府都在不遗余力地执行新自由主义政策），或是因为本地社会"天生的弊端"（如果说本地社会有什么错的话，就是过于天真地相信新的"中央神话"：全球化与和平）。种种新自由主义政策为在外围国家里一直潜在的专制主义的再度出现创造了条件，因而它们一直就是侵犯经济、社会权利以及政治权利的各类最严重现象的根源所在。

第三章 奴隶主的豪宅和奴隶的窝棚：人权和权力

对权利的侵犯和公共政策

通过侧重教育、"改变思维"和保护个别受害者来促进和保护人权的策略，并没有触及到问题的核心所在，即已经被法律认可和群众心理所接受的权力分化。

一些特定的侵犯人权行为受到了或多或少的处罚，这当然是值得肯定并且是非常重要的。但与此同时，必须从集权机制着手来应对这个问题。这些机制体现在公共政策领域，也体现在政策的制订、执行和司法处罚等层面。公共政策的实行，主要是通过司法规范的制订、执行和处罚以及资源的分配来进行的，它把形成的共同决定通过国家来为整个社会制订合法、正确的行为准则。

每一项公共政策"本身"，既可以为集权的既得利益团体和集权的受害者集中权力，也可以为他们分散权力。举例说，交通法规既可以为车辆拥有者集中权利（或特权），也可以将其进行分散从而有利于尚未拥有车辆的那部分人、行人（尤其是那些交通事故的受害者）和绝大多数民众。需要强调的是，这种情形在从银行业直到教育界立法的所有领域都会出现，法律规定可能会而且经常会加重那些成见和偏见。

同样，正是在对"公共政策"的制订和执行进行"检讨"和"详尽的讨论"的过程中，出现了促进权力分散的机会。因此，在最广泛的、最具有集体代表性的政治舞台上，争取人权的最有效斗争将能获得真正的胜利，也就是说能够根除造成侵犯人权现象的最深层次原因。

人们通过各个层面的、在环保领域的斗争造就了相关法律机制，这些法律要求在开展某个工业项目前要进行事先评估，以衡量其对环境所造成的冲击。同样，在制订公共政策时并在其得以实施之前，也应就这些政策对人权事业可能造成的冲击进行事先评估，这是一种妥善的做法，并且是可以做到的。

与保护可能会受人类活动威胁的动植物相比，人权、政治权、经济权、文化权和社会权必须在道德层面得到更高度的重视。因此，政府有义务从不同侧面就其所建议的各种公共政策提交人权评估报告，而议会和社会则应对这些评估进行讨论。

只有社会和它合法选出的代表对每一项公共政策都进行了有标准可循的分析之后，才有助于出台可以分散各种权力的公共政策，才能更有效地促进和保护人权。

政治和经济集权机制，以及在维持这种机制过程中所带来的侵犯人权行为，同就业和收入分配问题有着紧密的联系，因而也与社会上所采用的生产技术特点和国家的技术政策有着紧密联系。这些问题通常被各类社会和经济分析所忽略，在这些分析看来，技术是"中性"的，而技术进步总是具有积极意义的。

第四章 他们不穿晚礼服：就业和技术

"竭世枢机，似一滴投于巨壑"

——德山宣鉴禅师[①]

竞争力、技术与市场垄断

技术能力可以被定义为如何开发、生产和销售某种产品或服务的知识，以及将这一知识转化为经济活动的现实可能性。我们有可能拥有在某一制造行业生产某种产品的先进知识和技术方法，但却不掌握生产同一行业另一种产品的相关知识和技术。我们有可能掌握某种技术的理论知识，但却不具备使这一技术达到理论上能够达到的结果的物质资源。

了解提高竞争力的目的以及竞争力与技术进步之间的关系，有助于我们了解经济发展的过程，把握经济发展"内在的不平衡性本质"，探明垄断市场的持久企图，搞清经济发展与国际收入分配也就是权力之间的关系。

[①] 德山宣鉴禅师（782~865），龙潭崇信禅师之法嗣，俗姓周，简州（今四川简阳、资阳一带）人。幼年即出家，20岁受具足戒。对律藏和性相二宗经论颇有研究。经常给信众讲《金刚经》，时人称之为"周金刚"。（译者注）

需要强调的是，考虑到经济发展带来的体制性变化，经济发展（甚至是单纯的增长）与自由竞争或自由市场彼此难以相容。尽管人们非常希望实现自由竞争或自由市场，但它们仅在理论上存在。

任何要素和商品市场的自由竞争都是指经济体系达到最高生产水平、资源配置最佳化、利润最少、收入分配最合理的理想状态。但是，无论在哪一个特定市场，要想实现自由竞争，其中一个条件就是所有生产者都掌握相关生产技术或者至少有条件得到这些技术。对于大部分农业市场和处于工业发展初期的市场来说，"全面"了解掌握这些技术都是相当正确的。早期与生产技术相关的生产资料，比如纺织设备，相对而言较容易仿制，获取相关知识还未受到法律上的有效禁止。由于不存在专利一说，在亚当·斯密和大卫·李嘉图等资本主义经济理论奠基人所处的时代，全面了解和获取技术是相当正确的。当时人们认为技术知识有着关键性作用。当时的英国法律——尽管事实证明其作用不大——禁止工人和技术人员离开英国前往美洲就说明了这一点。

自由竞争模式是一种生产方式不发生变化、生产者满足于获得最低利润的静态模式。当变化非常慢时，静态模式是积极的。或者说，变化发生得越慢，静态模式就越能够反映实际情况。但是，由于技术变革不断产生，当今时代其变革速度又日益加快，加上生产者没有理由去满足于仅获得最低利润，静态模式同现实的差距就变得越来越大，它在制定经济发展政策中所起的作用也不断下降。同现实最接近的模式，应该是市场中的生产者积极、持续地寻求减少竞争者的数量，这可以通过商

第四章 他们不穿晚礼服：就业和技术

业并购方式，通过倾销方式，或者通过技术创新方式。前两种减少竞争者数量的方法已日益受到各国的国内反垄断法、反倾销法和世界贸易组织规则的禁止或控制。与此相反，第三种方法则受到知识产权保护法的鼓励，使得以鼓励技术创新与推广为由而进行的"暂时垄断行为"在事实上"得到了合法化"。

经济学家熊彼特[①]曾经从将技术创新引入生产体系的角度，试图从理论上阐述经济增长的原因。随着一个企业家将新的产品或新的生产过程引入市场，市场平衡就会朝着有利于他的方向发生改变。他创造了一种垄断状态，并由此获得了巨额利润；但是，他的创新迟早会被仿制者所复制，于是市场会重新回到多个生产者共存、产品趋同等自由竞争模式的状态。这种回归使静态理论的原理在短期内对价格的形成和各种市场的平衡继续有效。不过，至关重要的是，随着对新技术知识推广的限制，随着新的竞争者在进入市场时面临着天然和人为的障碍，以及产品和生产过程的创新不断加速，市场回到完全竞争的状态正变得越来越难。市场也就总是处于不完善状态，也就是说，"竞争的不完善变成了现实世界的规则"。

这样一来，技术进步增加生产、减少成本的目的就同新自由主义理论的核心理念完全相反。新自由主义认为，完善的市场竞争是可能达到的理想目标，而完善的市场竞争则是各种力量自由博弈的结果。技术创新的目的是提高企业竞争力，减少每个市场上的竞争者数量，这从根本上与新自由主义理论的目

---

① 熊彼特（Joseph Alois Schumpeter，1883～1950），奥地利经济学家。（译者注）

标背道而驰。

把劳动分工、专业化、技术进步和比较优势等概念综合起来，我们可以阐明国际经济的历史演变。国际经济的特点是生产、贸易的巨大发展和国际上财富的高度集中。经济发展进程从根本上说是不平衡的，这是因为人们不断追求生产方式的变革和新产品的创新，以便占有更大的市场权力，使企业更长期地在市场上获取更多利润。平衡模式和自由市场模式在经济体系的演变过程中并不存在，这一模式只是在获取某些数字和意识形态结果方面显得有用，尤其是在价格理论方面。现实生活中，经济体系的演变以增长和不平衡为特性。在增长过程中，竞争力是最核心的概念。这里所说的竞争力并不是指在一个竞争的市场上每个企业对价格都拥有同等的影响力，而是指每个企业都希望变得更具竞争力，希望拥有更大的市场权力，以便能够影响价格，进而获取更多利润。

在此分析中，还应该强调并区分原动力的静态比较优势。静态比较优势来自于自然因素。尽管如此，它们并不是完全静态和永久的，特别是在欠发达国家。因为欠发达国家并不完全了解自身的自然资源储量，其劳动力素质还不完善，机器设备不够先进。特别是在矿业领域，变化可能会发生得非常突然。积极的比较优势来源于在经济活动中购买和运用科技知识（不仅是进行研究）。这些优势不仅表现在工业领域的发展上，在今天还更多地表现在农业方面。农业已经开始"工业化"，其对没把握的大自然的依赖性在下降。人类通过生物技术、气象学以及对气候的控制，加强了对农业生产过程的控制。不过，与工业和服务业市场的高度稳定性相比，目前农产品市场仍具有较

第四章　他们不穿晚礼服：就业和技术

高的内在不稳定性。农产品交易所的存在、价格的波动及它们所引发的投机行为就说明了这一点。

加工业是经济增长的代表，它建立在技术的基础之上，人类对它的干预占主导地位。企业竭力避免竞其争对手在某一时期内垄断某一产品市场，是推动工业制造业发展的动力。企业第一步是要打破垄断，随后试图成为垄断者，以便为自已谋利。如果一家企业能够为一种新产品创造出一个市场，或者进入一个现有的产品市场并获得市场份额，它自然而然地就具有了生产这一产品的比较优势。

比较优势可以从国家层面来进行估算，但只有在企业层面它才具有更大的经济价值。理论研究认为，一个国家是否具备生产某种产品加工机床的比较优势并不重要。由于企业数据资料不全，各国数据收集标准不同，比较国与国之间的比较优势很难，而且这些研究往往是马后炮。不过，人们倾向于说，一个能够生产和出口某种产品的国家具有比较优势，反之则不具备比较优势。

因此，企业、特别是工业企业，不会甘心采用仅有利于某个特定企业的特定比较优势模式，而是会不断地寻求为自身创造比较优势，不断地寻求开拓新的市场，或者进入和控制原有市场。企业完全不会被滞后的经济研究报告牵着鼻子走，任由其来确定谁具备比较优势，或者哪些国家可以并应该生产某些产品，而另一些国家则"不可以并不应该生产某些产品"。

垄断、优势和收入分配

从企业层面（微观经济）过渡到国家层面（宏观经济），我们可以发现，正是由于国家不甘心于某种特定的比较优势模式，或者正是由于她们希望维持这种模式，才使得国际市场从未呈现过自由竞争所确定的条件。

国家通过各种方式改变自身的特定条件，以便保护或获取生产某种产品的比较优势。有时候这么做是因为国家出于战略考量（确保民用和军用基本原材料的供给，如钢材等）或出于时局的考虑（为维持纺织行业的就业），认为保持在本土生产非常重要。有时是因为需求大于供给，价格和利润可以更高。

在我们更为关注的后一种情况下，这些利润可以更高的产品正是那些生产难度更大的产品。有的是因为原材料稀缺；有的是因为生产技术更为复杂，只有少数国家的少数企业能够掌握；有的则是因为需要事先投入更多的资本和技术（通过机械设备的形式），而不是所有国家的所有企业都能够做到这一点，而且这些技术也没有公开。精细化工、尤其是药物和药品行业就存在这种情况。对于巴西这样贫困人口众多的国家，这具有非常重要的经济（和政治）意义。

每个企业在技术方面的一切努力和每个国家在生产要素方面的相关政策，都是为了改变某个特定时期内产品比较优势的现状（这可以通过某种商品的生产和出口能力表现出来）。这一目标主要是通过改进生产要素的特征来达成的，而这并不会使市场变得更有竞争性，而是会减少竞争性。

第四章 他们不穿晚礼服:就业和技术

在现实的而不是理论上的资本主义经济体系中,每个企业的典型(理想)状况不是在其产品市场上进行自由竞争(尽管在劳动力和原材料市场上是这样),而是尽可能减少其竞争对手,从而形成寡头垄断市场。

每时每刻都有一些国家拥有生产某种产品与服务的比较优势,这些产品与服务都是需求旺盛,供应不足。通常这都是一些拥有生产新产品能力的国家(拥有几乎天然垄断的情况除外,如南非的钻石生产),并处于科技发展的前沿。

正是由于这些国家在世界比较优势体系中所享有的条件,她们的国民收入水平更高。这并不仅仅是因为她们拥有经济理论中所说的高生产率。美国、德国、日本等国家之所以能够占据今天的位置,是她们政治意愿努力的结果。这些国家的领导人明白其国家所处的地位,知道这些比较优势既不是天生的,也并非一成不变的,而是任何国家都可以"获得"的。因此,她们主张其他国家不能也不应该使用国家权力来改变各自在瞬间比较优势体系中所处的地位。这些"当今发达国家"宣称,首先,欠发达国家并不是处于劣势,而是拥有"其它"比较优势;其次,欠发达国家应该接受市场的自由竞争,避免强行干扰市场,不要为其企业创造比较优势去改变其生产要素特征。

这样一来,这些在国际经济体系中因其在某种产品与服务生产上拥有比较优势而占据优势地位的国家,一方面主张在国内和国际市场上把生产要素的自由竞争作为最好的经济发展政策,另一方面也在积极进行开展科研工作,寻求产品和生产过程的创新,以便减少某些特定市场上的竞争。换言之,打造没有竞争者的市场,从而能够为自己制定更高的价格,获取更多的利润。

　　高度发达国家经济政策的核心理念在于：可以改变生产要素的特征，使这些生产要素更加高效，减少成本，改变比较优势模式，获取更大利润，最终使世界财富再分配有利于本国人民。这一过程主要取决于通过技术创新来改变生产体系的能力。

　　有人认为，创造科学知识的能力与社会经济体系无关。但是，由于科学家们在进行科研时越来越要依靠精密设备，上述看法已经越来越少了。其实，经济体系的特性是技术创新能力中最具决定性的因素。这种能力与四大条件紧密相关：机器设备工业，包括自身特点化学工业；对人力资源系统化、有指导的培训；对科技的长期投资；从社会、政治与机构体制层面对科技活动的重视。这不仅应体现在口头上，而且要体现在预算资金分配、税收政策和赋予的社会地位等方面。上述条件应该同时具备，才能产生持久不断的科学发明和技术创新。

　　任何新技术的产生都要以科学知识和机器设备工业为基础，这一点从生产过程的演变就能得到印证。在技术创新的过程中，首先是以生产过程中出现的"问题（或挑战）"为开端。出现问题之后，在国家现有的、可利用的科技知识的帮助下，人们开始为有关问题寻找技术解决方案。找到可行的技术方案后，需要再次借助现有的科技知识来完善有关技术并不断进行验证，直到开发出新的设备，或是对现有设备进行改造，以便把有关"问题（或挑战）"的技术解决方案纳入到生产过程之中。与此同时，纯粹的科研将扩充现有知识体系，为技术创新过程提供便利。

　　所以，科研工作开展得如何，取决于是否拥有一套机器设

第四章 他们不穿晚礼服：就业和技术

备工业体系，以便能够生产出技术创新所需要的新设备，在化工领域亦是如此。如果没有新的设备，就无法解决生产过程中出现的问题，无法改良原有产品，也无法利用现有产品去发明新的产品。除非一个国家"甘愿"其生产体系永远落后于其他更为发达的国家的生产体系，而这将导致国际上的竞争缺失。另一方面，仅仅有科学知识的生产体系（大学、试验室等）和包括机器设备产业的工业体系，也无法保证持续的创新和现代化。因为所有上述环节必须紧密相连，要有社会机制把它们有效地联系起来。在这一方面，外国跨国公司的资本所发挥的作用非常重要。使用机器设备的工业应该在经济上同"本国的机器设备产业"相联合，而不是与第三国的机器设备产业联合。也就是说，生产出来的机器设备要有市场，而不是发生因某种企业联系诱使需采购机器设备的企业向其他国家购买的情况。否则，科学研究与技术研究就只会在经济与社会真空中进行，其成果将无法融入生产过程，人员培训、试验室的建立等在技术创新方面的努力都会被浪费。

一个国家的工业可以部分地使用进口生产设备。不过，首先，有一些高精机器设备完全受到限制，要么无法进口，要么其使用受到高度限制，比如超级计算机、特种机床等设备。由于军事原因或其核心技术原因，这些设备的使用受到严格限制；其次，建立机器设备的国有工业体系是培养高素质劳动力和高级工程师、实现机器设备产业创新的唯一途径；第三，这将有助于这些机器设备更好地适应本国"环境"；第四，相关工业的存在可以降低社会经济、政治在面对外部压力时的脆弱性。

总之，对于政府和企业而言，发展科技以及发明创造新产品和新方法这一目标,是与提高单个企业竞争力、减少市场竞争决定性又自然地联系在一起的。在全球化和世界经济政治力量对比发生新调整的背景下,对一个国家来说,提高本国尽可能多的企业的竞争力,将意味着能够改变世界收入分配(指流量,不是法规)和国与国的相对权力分配。若非这样,就无法解释企业会如此热衷于保守其工业机密,工业化程度高的国家会如此热心通过越来越严格的国际知识产权规则来限制技术的传播这种情况。

上述过程反映出了国际经济往来过程各方中对财富份额的争夺以及各方在规范相关经济往来的国际经济秩序调整方面的斗争(而这又对财富分配总体模式具有决定性作用)。而这些过程的复杂性和相互关联性尚不尽为人知。

全球化背景下的现代化

围绕对世界财富分配体系进行重组的斗争,在全球化和技术加速发展的背景下,从外部看,巴西现代化与发展战略的首要目标应该是不断提高自身在国际劳动分工中的地位,并在世界财富分配中获取更大份额。巴西航空工业打破了所谓巴西因根据自身比较优势去集中精力投资和发展低精密度工业生产技术的论调;其次,巴西应该同其他南方共同市场和南美国家一道,共同提高自身在国际经济政治体系中的重要性,以便在国际经济政治秩序调整的过程中发挥更大影响力。得益于巴西的人口与自然资源条件,上述目标有可能实现。巴西不应接受二流国家的地位。在建立世界财富分配新体系的斗争中,在国际

第四章 他们不穿晚礼服：就业和技术

政治体系的重组背景下，巴西实现上述两大目标的努力会受到一些国家的抵制。而巴西及南美国家地位的变化将对这些国家产生影响。

从内部看，在全球化、财富分配体系重组和技术加速发展的背景下，在满足了建立价格平稳、外债存量下降、科学技术研究部门与机器设备产业相结合等初步条件后，经济现代化政策还应该考虑到外部储蓄相对匮乏、获取最新技术难度大等因素。

为市场引入新产品的技术创新，有可能获得巨额利润，占据较大的市场份额。其拥有者将小心保护这一技术创新，拒绝向其他人转让技术，因为技术的转让将意味着竞争者的产生，会增加供给，降低价格和减少自身利润。为此，技术拥有者永远都将努力加强对其知识产权、特别是工业知识产权的法律保护，通过延长时间和空间来自动实施它并在登记注册时减少提供相关信息。这是最新一代的技术，它能够决定市场权力，并有利于财富分配朝着向有利于拥有这些技术的企业及企业总部所在国家的方向发展。包含最新技术的产品当然可以购买和进口，但生产最新产品的技术知识是不能购买和进口的。当然，如果某项产品技术又出现了新的替代技术，我们也可以去购买此项替代技术出现之前的旧技术的使用许可权。仅仅购买机器设备并不意味着能够买到其中所蕴含的技术，外国投资也不代表获得了技术。或许劳动力生产效率有提高，技术知识会在工业产业其他部门推广。但是，在许多情况下，购买技术对市场所产生的效果通常会受到地理和出口等因素的限制。

总之，对任何技术政策来说，如果它幻想把鼓励技术进口作为提高竞争力的主要工具，是错误的。技术知识——还有今天的科学知识——正在受到严密的保护。同时，对科学技术知识生产的根本要素，即吸引人才的竞争也日趋激烈。目前，由于害怕知识外泄，高等发达国家大学中的一些高级精密科学课程禁止向外国学生开放。同时，这些大学又通过吸引外国学生项目来"引进"特别优秀的外国学生，并将他们纳入本国科学界。在有利于生产过程变革的科技知识领域，任何人力资源培训政策如果优先考虑在国外培训和完善人才，而不是在巴西境内设立高级人才培训中心，那它就无法有利于巴西的发展，反而会使巴西在技术上更加落后，竞争力下降，或是难以达到更高的竞争力水平。

有人说，"由于技术的飞速发展和其本身的复杂性，再加之没有哪个国家能够在技术上完全自给自足，进口技术本身并不是消极的"。这种说法值得反思，因为这种说法与外围国家的问题有着许多关联。但是，只有当我们努力开展系统性、有针对性的研发工作，能够对进口技术进行有效吸收、完善和适应时，这种想法才有意义；只有当自身的科技研发工作非常显著时，这种想法才有意义；只有考虑到地球是一个"自给自足"的整体，不能把对待一个中小国家的标准照搬到巴西这样一个"大陆性的国家"，而是要考虑到巴西的国土面积、资源、人口、资本和知识规模等因素时，这种想法才有意义；只有当迅速进口技术的可能性与幻想不会对科技发展战略造成影响，把追求尽可能多的自主权视为科技发展战略的主要目标时，这种想法才有用。

第四章 他们不穿晚礼服：就业和技术

关于技术政策的误解

对一个庞大的外围国家来说，在研究对其适合的科技政策的主要要求时，最好首先简要地介绍一直以来巴西在科技政策上所犯下的主要错误。这些错误对巴西的经济社会发展、国内广阔市场的建立和民主社会均造成了严重损害。

经济发展在本质上是一个通过引入新的生产组织方式与机器设备，对生产体系进行变革、生产新产品的过程。这些生产方式和机器设备可以提高个体生产效率，并进而提高劳动者、企业家、资本家和其他社会阶层民众的收入和生活水平。在某种环境下，如果这种变革过程要求改变主导生产活动与经济交易成果分配的法律规则，将会影响到各社会阶层的利益，并导致政治上的冲突以及对这种改变进行抵制。

发展政策的核心是技术问题。也就是说，其核心是确定并实施对欠发达国家来说最佳的新技术引进战略。通过这一战略，生产效率的提高要体现在"日益广泛"的社会阶层收入与生活水平的改善。不过，在巴西，改变了生产体系的新生产方式与机器设备都是经济政策的"当然"结果，这尤其表现在工业、农业和外贸领域，只有石油工业、巴西农牧研究公司、航空工业、铀浓缩等几个重要的特例除外。

在巴西历史上，科技政策很少受到高度重视。科技项目很少与国家在其他领域的政策，特别是工业、外贸和教育政策相协调。国家或企业的研发资金在国民生产总值或预算中所占的比例、授予巴西本国发明的产品和生产方式的专利数量、各研

巨人时代的巴西挑战

究中心之间的缺乏协调和解体等都可以证明这一点。比如说，虽然巴西是世界生物质能最重要的来源，占到了世界总量的20％，但在生物质能领域，当发达国家正大力引导化学工业从事这方面研究时，巴西却只是从最近才开始实施鼓励本国企业开展相关研究的政策。

由于巴西经济政策对技术问题及其与发展关系的忽视，导致巴西的财富分配与赤贫人口处于世界最差水平，甚至对巴西的和平的社会共处带来了风险，因此，上述问题未引起人们的重视。不理解这些问题的另外一个后果是巴西经济增长缓慢，并长期面临通货膨胀、停滞和对外脆弱性。

不理解科技政策的重要性，主要是因为对发展与技术的关系存在以下错误观念：

"错误一：技术创新是偶然性较强的过程，是体系更为发达、拥有比较优势的国家的专利。同时，通过不同国家间相对价格的波动，技术创新在世界经济中的传播是一个自然的过程。对技术创新与传播的自然过程进行干预是无用甚至有害的，这将降低世界范围内资源配置的效率。"因此，新旧技术的传播取决于在技术创新过程中占据领先地位国家的领导人的意愿。新旧技术的传播同样也取决于研发并拥有技术专利的企业的意愿。其结果是，为了最有效地将新技术引入欠发达国家的生产体系，最好的方式是吸引拥有技术的外国企业的投资，同发达国家开展项目合作。

"错误二：从就业角度看，引进新的生产技术对就业水平的影响是中性的，原则上将导致就业量的净增长而不是减少。"基于这种中性的影响，进口技术与生产技术之间差别不大；即使

第四章 他们不穿晚礼服：就业和技术

有差别，进口技术的优点也更多一些，因为它可以节省技术创新生产体系所需要的大幅投资，避免回报的缓慢和不确定性。

由于人们接受了上述关于技术问题本质、传播及其同发展过程关系的错误理解，在制订经济政策时，技术政策被放到了次要位置。

把技术问题外源化以后，围绕经济政策展开的讨论便被外部市场与内部市场、国内储蓄与国外储蓄、外国资本与本国资本、工业与农业、政府与私营企业、开放与闭关自守、进口替代与竞争性融入等伪矛盾所主导。

于是，1990年以前的巴西经济政策明确或默认了上述有关技术与发展变革的错误观念。巴西航空技术中心、巴西农牧业研究公司和阿拉马尔试验中心①是仅有的几个例外。1995至2002年制定的有关政策则全盘接受了这些错误观念，对国家经济和社会造成了更加严重的影响。

"要把技术战略视为发展政策的核心问题，首先需要对上述错误观念作出回应"。

"技术的发明和传播并不是自然的过程"。一项尖端的生产技术专利可以在市场上造成对一项新产品的垄断，使企业获取巨额利润。这种事实上对世界财富的分配，导致工业化国家，特别是美国采取种种战略来寻求避免或延迟工业产品市场出现新的竞争者，以免像在日本、韩国和（中国）台湾那样出现仿制品。这种政策的推行，一方面是建立在欠发达国家应该集中精力发展农牧业等具备比较优势的产业，放弃不切实际的工业

---

① 阿拉马尔试验中心成立于1988年，主要从事核能技术开发。（译者注）

发展计划等论调之上；另一方面，工业化国家还积极施压，制订国内和国际规则来限制他人对技术的使用，保护专利与工业机密，增加传播和应用新技术的难度。理论上，科技的传播本应是自然和不可避免的，但事实上却日益受到限制和人为操控。

在发达国家，对技术发明进行干预，不仅没有被认为是无用功，而且被纳入了经济战略的核心。随着发达国家向有组织的技术创新研究和生产计划投入巨额资源，对其进行资助、鼓励和引导，技术创新过程不再是一个自然的过程。由于受技术所有者所设置障碍的阻挠，不能再指望技术自然传播。一个国家越落后，其企业实力越弱，制订技术吸收和创新政策就越不可或缺。

只有当技术传播不会为本国企业在更高利润产品市场上带来新的竞争者时，拥有技术的国家才会有兴趣传播技术。更高利润产品是指那些价格弹性小、需求收入弹性大的"新产品"。

为了加大技术创新传播的难度，保护专利和工业机密的法律体系为技术创新的传播提供了合法的垄断权。这使得只有在能够获取经济利益、不面临新的竞争者的风险、有关企业已经发明了更为复杂的新技术的情况下，技术专利所有者才会愿意传播技术。可以被公众所掌握的技术，是不会影响到其所有者对有关技术和利润最高市场的控制权的，只会带来工业"初级产品"生产者数目的增多。与此同时，某领域居主导地位的企业收购发明了某项尖端技术、但却不具备转化相关发明所需之资金及销售网络的中小企业，已经成了司空见惯的现象。

在巴西的大型跨国企业对其生产过程进行了严格监控。出于显而易见的区位优势考虑，它们通常只在母公司所在国或更

第四章 他们不穿晚礼服:就业和技术

加发达的市场建立研究实验室和尖端技术中心。出于企业利润考虑,外国投资通常只会引入同分期支付的机器设备相结合的上一代技术。通过吸引外国投资来"吸收"尖端技术,只有在相关企业无法通过产品出口开拓市场时才会奏效。通过直接投资进行技术转让的这种现象过去在西欧出现过,目前在美国也有发生,比如日本企业的技术"移植"、受反倾销调查和贸易补偿权利制约的企业所做的技术转移等,但这些都是美国和欧盟施行贸易保护政策的结果。

"不加区别地引入劳动力增长率低、失业保险社会覆盖面广的国家所发明的新技术,肯定会对巴西的就业状况造成负面影响。巴西每年需新创造200万个就业岗位,这还不算因劳动力社会化程度低,现代企业无法雇佣的劳动力存量逐年递增的数目"。

进口政策和技术生产政策之间有着实质性的差别。要实现真正的技术转让,本国建立的技术创新生产体系(科技人员培训中心、研究中心、实验室和设备生产工业)必须吸收生产过程中所蕴含的知识,并以相关科技知识为基础,能够生产有关产品并能进行新的技术创新。否则的话,通过外国投资进口技术仅仅只是"移植"技术,相当于建立了一块"技术飞地",通过在工厂工作的工程师和工人缓慢地传播技术知识。这只是把生产地点由原来的国家转移到了巴西,而不是"有活力的技术转让"。如果仅增加外国直接投资,虽然它能提高产能,并有望增加生产和收入,但这并不意味着巴西本国技术能力的提高。如果外国投资增加了,但本国技术创新生产体系却受到了削弱,那么生产上的增长将意味着本国自主创新超越该技术阶段、研发更先进生产技术能力的弱化。这样一来，只有长期地依赖外国直接投资才能实现本国技术水平和竞争力的转变。同时，巴西想始终保持国际竞争力参与国际市场和外资不愿向本国转移的产品生产市场的可能性也会被破坏。通过外国投资进口技术，如果投资数量不足，或吸收劳动力不足，就无法创造必要的就业，也不会利用与本国现有生产原素相适应的技术。

强有力的技术政策的缺位，对任何国家都将造成巨大伤害，对巴西尤其如此。在人口、城市化率、消费市场、工业体系一体化水平、劳动力素质等方面，巴西都具备开展技术研究的基本规模条件，并拥有进行创新生产的体系（研究机构、化学工业和机器设备工业等），尽管这一体系一直受到了经济政策的限制和削弱。上述因素在有活力的技术转让过程中不可或缺。这一技术转让过程是指不依赖外部、在本国经济体系中进行技术创新并不断引入与本国生产要素总和相适应的新生产方式的过程。

如果不对"本国的科技生产体系"进行坚定、持续而紧急地"保护"，在"自由"竞争的国际市场上，巴西将注定永远是价格收入弹性低的初级农产品和工业品（钢铁、纺织品、肉类、鞋等）以及需求不断下降的矿产品的出口国，同时也是技术更复杂的产品、机器设备和高技术产品的进口国。在被寡头垄断的市场上，这些产品的特点是价格收入弹性高。这也就意味着为了进口每一件产品，巴西将需要更加努力地出口，从而导致本国产品价格不断下降，进口国则可获得更多利益，巴西也就这样把实体资源转移到了国外。

在国内，经济将面临劳动力市场吸收新增劳动力困难不断

第四章　他们不穿晚礼服：就业和技术

加大的难题，这将带来人们所知道的政治上和社会上的后果，发展速度将受制于巴西吸收外国投资的能力，从而增加了不可控的外来事件对本国所造成的脆弱性。

技术政策的优先侧重

科技发展政策应该坚持并坚定地优先考虑以下几个方面：对精确科学教师的培养和再培训；在教学体系中立即增加精确科学的授课时间；强化科学及工程领域的优秀高校研究中心；通过向企业提供财政优惠政策，建立并扩大高校－企业研究中心；使用稀缺资源对已经就业的劳动力进行培训，并不间断地对劳动力进行一般培训（普遍教育体系）；最后一点是通过法律规定去鼓励有效地使用在巴西向外国人授予的专利。

将科技知识转化为生产活动不能做无用功。这种转化可以体现为组织方式的变革或生产设备的改变。如果不创造、改变或重新设计机器设备，我们就无法创造新的产品。结论是，一国可以通过进口含有最新技术的产品，比如汽车，来实现消费习惯的现代化。但是，如果没有能够生产、检测新产品的机器设备工业体系，就不可能实现真正具有竞争力的最新版的现代化。因此，一国可以通过进口上一代生产设备即已经得到推广的技术来实现生产体系的现代化，但是，如果不着眼于加强和扩大机器设备工业体系，就不可能真正地扩大能够长期参与国际竞争的本国生产体系。

所以，在工业政策方面，第一基本指导原则是必须像日本和欧盟那样制定一项充满活力的工业政策。对一个工业体系不够完备的欠发达经济体来说，任何认为没有政策就是最好的工业政策的幻想，也就是说对所有工业部门都一视同仁，不去特别鼓励某一领域部门的作法，将导致巴西的工业无法达到一定的国际竞争力水平，在吸收就业方面无法与每年进入劳动市场的青年人口的增长速度相适应。这一工业政策应包含培训和研究环节，旨在通过对巴西生产要素进行质的改造来创造新的比较优势。国家越相对落后，外部国际环境越困难，这一政策就必须越坚定。

除了上面有关机器生产工业的观点之外，还应该集中精力在微电子、信息技术、精细化工、生物技术等领域制定专门政策。微电子和信息技术对工业、农业、服务业等所有经济产业生产率的提高都有影响。精细化工和生物技术则对农业、卫生和环境具有影响力。如果不坚持不懈地努力促进上述产业的全面发展，巴西将注定永远处于相对落后的地位。

制订"商业政策（税率）的基础"，是要意识到这一政策应该极具选择性，即应制定差别足够大的税率，以便为经济发展的战略性部门提供保护。这种观点承认不同的经济部门处于不同的水平；部分生产部门具有战略性，如能源原材料、生物技术、信息技术、微电子等；市场具有不完善性，因为其他国家已经制定了占领市场的战略。有一种想法认为，只要通过某些手段，如反倾销立法，就可以遏制其他国家的某些不正当贸易行为。但这种想法所蕴涵的一种幻觉是，认为巴西已经拥有了相应的分析机制，能够对市场上出现的有关情况做出准确快速的辨别，同时还拥有足够的政治力量来使用这些机制。此外，虽然像美国这样的国家有可能使用对外来竞争来源地进行控制

第四章 他们不穿晚礼服：就业和技术

的保护型政策，比如说"自愿"限制出口协议等，但这样的政策在巴西就不会那么灵了。

作为南方共同市场成员，对巴西来说，关税政策是一个很复杂的问题，其主要引导原则应放在加强本国经济、鼓励提高本国经济竞争力、保护和拓展战略领域、扩大巴西企业活动的基本地域空间等方面。具体政策方面，应该寻求坚定地维持在制订配额方面的法定自由，避免在世界贸易组织内被削减或过多地被归并掉；同时还应逐步减少业已出口巴西产品的进口关税，并通过有竞争力的方式来维持和扩展机器设备领域。

外资政策应以一种审慎的态度作为基础，必须考虑到巴西经济对外领域和内部社会形势的一些软肋，要意识到可支配的国际资本和巴西经济吸引外资能力的性质决定了外资不会永远都以过去那样的方式那样涌入巴西。政策的基本原则应定位为要加强本国资本积累过程，做到这一点要通过鼓励加强用于产业领域投资的储蓄，还要加强本国资本的企业。

同时，必须在引导外来资金进入优先侧重领域方面拥有和保持自主能力；必须拥有和保持行动自主能力，使进入的资本或贷款能够产生必要的外汇，以满足利润汇出和支付贷款利息的要求；必须采取措施来鼓励工业企业的分散，减少工业污染；此外，还必须根据所采用的相关技术、在开展研发活动以及技术创新产品的注册、运用等方面所做的承诺情况，对相关投资给予鼓励优惠措施。

所采用技术的总体特性，也就是所谓的技术标准问题，一方面同就业问题有着深刻联系，在另一方面也同资本积累过程有着密切联系。在上述三个领域所做出的经济战略决策对彼此都会有重要意义，而三者一起，将能够决定任何一个政府的经济政策之总体战略的成功与否。一个国家的资本及其积累过程同世界经济有着密不可分的联系，也与国际权力体系密切相关，而这将是本书下一章节所探讨的主题。

第五章 炼丹术士：资本与国家

"尽快唤起你对现实的了解，因为它是反着的，反着的，反着的，反着的。这种现实，来自排队中的人群，乡镇、贫民窟受压迫的人民，也来自创造和摧毁美好事物的金钱力量……"。

——卡埃塔诺·维洛佐[①]

资本的规则

首先，由于资本市场的无序及由此带来的危害导致的不稳定，将可能给世界经济特别是外围国家带来不稳定；其次，有在国际层面上对私人资本流通进行规范的可能性，以便减少资本的反复无常，将这些资本引导到生产行业，以降低其投机性的禀赋，这是近期、当前和未来经济争论中的两个最为重要的课题。

从1990年开始的那个时期，巴西"曾被说服"，在全球化时代，最具价值的是资本，是资本的效率和竞争力。当国家和

---

① 卡埃塔诺·维洛佐（Caetano Veloso, 1942~ ），巴西现代著名音乐人，作曲家。这是卡埃塔诺创作的歌曲"快乐，快乐"中的词句。（译者注）

主权可能成为糟糕的过去的遗物时，对就业的关注本应是政府的最高任务已经过时和不必要。基于此，如果对各种资本流动进出不加任何限制，同等对待，那么，越来越多的资本，就可无所不能地解决所有的问题。

出于对资本之间平等性的相信，巴西推动了极端无序的资本流动，对外国资本甚至给予优惠。与这种资本极端无序流动相伴的还有广泛开放的贸易政策。进口的不慎和出口的被动性，再加上到1999的汇率升值政策和迄今为止的高利率政策，成为这一时期政策的特征。尽管从2003年起外贸出现了顺差并得到较大的发展，但应该看到，这种顺差只是由于初级产品价格的上升、进口增长缓慢和制成品出口扩大的结果。这些政策的综合结果是巴西对外的脆弱性，巴西迄今仍在拼命摆脱它；在国内造成的后果则是经济的低速增长、失业、暴力和政治上的不稳定。

由于资本的反复无常性导致1999年巴西经济发生严重危机，探讨外国资本和本国资本在巴西经济中的作用，成为十分紧迫的任务。然而，由于当时国际上并没有在大范围内发生危机，对资本流动的调整建议，在资本输出国的利益面前就没有取得什么进展，资本流动的反复无常对它们的影响正面的多于负面的。

但是，詹姆斯·托宾[①]或由某个国际货币基金提出用税率来规范流动资本的建议，无论是现有的还是"改革"后的国际货

---

① 詹姆斯·托宾（James Tobin，1918～2002），美国经济学家，1981年诺贝尔奖获得者。（译者注）

第五章 炼丹术士：资本与国家

币基金或者主要是由外围国家的政治家们和经济学家们提出的改革建议，在可预见的未来不会实施，因为，在事实和法律上，控制国际货币基金组织的国家对于这种改革和强加给它们本身资本的规范并没有表现出多大的兴趣。

这样一来，外围国家——现在被误称为新兴国家，但实际上仍然是欠发达国家，如果要想防御国际金融系统——不管是公共还是私人金融系统——的运作可能会在未来给社会和国家带来极为严重的风险和损害，都必须设法通过本身的政策去做到这一点。这些政策应该从朴实和持怀疑的态度去了解本国资本和外国资本之间的区别出发，特别是后者对经济和社会造成的后果出发加以制订。对于投机性外国资本，讨论应限于国家的任何发展政策决不能立足于吸收这些资本之上，同时为防止其行动产生的有害结果，需要对它在国内期间课税，并尽可能最大限度地减少其在经济体制中存在的风险。保守经济政策的国家，如智利，已经这样做了。所以说，对外资课税并非新闻，也没有引发无法克服的对抗。企业寻求外国资助，主要是考虑国内外利率较高的差别，因而，应对旨在为创造和节约美元收入的行为进行调整和限制，并对私人在国外的债务设定一个总的限额。

了解外国直接投资资本和本国资本的区别，了解它们对经济的不同效果，这对资本的各项政策，对于未来巴西在国际上的地位和社会长期发展的前景将是至关重要的。

当今，外国资本在投资和贸易方面主要是大型的跨国公司，在资助方面主要是大型银行，在投机资本方面主要是大型的社会养老基金。绝大部份大资本公司在发达国家设立本部，那里是国际经济体系中心及霸权机构中心。

了解外国资本和本国资本之间、技术与就业之间、社会凝聚力和暴力之间、主权和从属之间、中心和外围之间的关系，对于了解排斥性的和不对称性的全球化进程至关重要。巴西也是进程中的一员。只有这样，才能制定相关的政策，使巴西在全球化进程中的积极方面获利，并防止消极面可能产生的影响。

但所有这些问题都是相互关联的，所有的问题都与全球金融市场的构成、与大型跨国公司及其它们的政府推行的政策相互关联。它们所强制推行的规则，目的在于巩固资本的完全自由流动，无论这种资本是投机性的、融资性质的，还是直接投资。这种资本市场的自由化政策的目的是将原有的社会主义地区和已经建立了相对先进的工业体系、在跨国公司的力量和利益面前已经拥有部分自主权的欠发达国家的外围地区纳入全球资本主义制度政治和经济政策战略。

世界贸易组织关于扩展贸易投资相关举措的谈判，美洲自由贸易区的谈判，经济合作发展组织内关于多边投资的协议，以及国际货币基金组织的调整计划都是它们总战略内的战术动作，其目的就是要推动那种自由。而此种自由从根本上和在逻辑上是有利于资本过剩国家的，也就是有利于资本输出者、它们的企业和它们的劳动力和社会。

为了使其战略取得成果，关键是要使外围国家所有的精英们和所有人都相信，外国资本和本国资本同样有利于当地经济和社会。资本输出国的多数经济学家和他们在外围国家的弟子们都持这种论调。

对于一些极端的辩护士来说，外国资本更优于本国资本。

第五章 炼丹术士：资本与国家

他们认为，外国资本可增加国家用于投资的储蓄，可转移技术，更新企业管理方式，提高竞争力，扩大国家的产品对国际市场的准入。因而，他们认为没有理由制订法律和政策，按照资本来源歧视资本和企业，而是应该给予它们、即给外国人提供比给本地投资者更为优惠的条件，这样恰恰可吸引外资在高风险地区直接投资，如外围国家，巴西也是其中之一。

尽管这些论点是由经济学家、政治家和媒体反复宣传和坚持的，但潜在的危机使得逐一分析这些论点变得紧迫。分析的前提是，本国资本和外国资本之间的关系，是因国家的经济社会结构、其所处的经济发展阶段的不同而变化的。资本和劳动之间的关系、外国资本和本国资本之间的关系，以及应执行的相关政策与高度发达国家应该有所区别。在发达国家，人口（和劳动力）增长非常缓慢，而欠发达地区，如巴西，每年有近200万青年劳动力需要进入正规劳动市场，寻找职业。

外国资本、储蓄和资本构成

论点之一："欠发达国家如巴西的本国资本，一般都倾向于寻找更加保险的、回收更快的投资机会。这种倾向得到证实后，外围国家总是希望增加税赋或者公共债务（内外债务），或者利用通货膨胀机制资助它们的投资，提高其在资本构成中的比例。外国资本可能允许增加其拥有可支配的储蓄，用于在欠发达国家的投资，包括这种资本拥有的最先进技术、特有的企业管理经验的经营活动。这样，这不仅对广大民众，而且对国家降低了代价，加速了发展，减少了政治困难，是对这不仅仅是对广大民众，而且对经济精英来说，就可以较少的牺牲和较少的政治困难，使国家加速发展"。

在现代社会中，个人的物质福利源自他们靠自身收入购买并能够消费的财富数量和质量。这种收入可以来自其本人的劳动，也可以来自私人或国家的转移。如我们将转移忽略不计，一个人的消费能力直接与他的生产能力挂钩，与劳动与资本之间分配生产结果的市场结构挂钩。

生产能力取决于个人的职业素养及拥有的机器设备数量，而整个社会的生产能力，取决于劳动力的数量和质量和资本积累，其中包括自然资源的蕴藏量。

认为教育本身可以提高个人和整个社会收入水平，也就是提高经济福利，从而本身就可以提高生产能力是一种误解。教育过程有三个目标：首先，完善个人的文化、精神和智力，从而充分开发其潜力，更好地享有人的本性，为社会和人类进步做出贡献；其二，培养公民参与社会和政府的能力；其三，为经济体系培养生产产品的个人。在这里，我们只涉及其"重要性居次要地位"的最后一个目标，培养生产产品的个人。在资本货质量和数量不足的情况下，经过努力，个人良好的教育（经济教育）增加了熟练的劳动力的供给，在市场的各个环节降低了（或保持了）工资，但提高了生产效率，增加了产量和利润。

因此，发展进程（应理解为基础设施建设，包括社会基础设施建设、减少不平等和在生产链条中填补空缺）和增长（增加产量）的核心问题是扩大现有生产能力，也就是扩大物质资本的投资，这样才能提高生产能力。相应地，就会增加就业岗

第五章 炼丹术士：资本与国家

位，更多地参与作为生产结果的工资的分配。

用于投资扩大生产能力的储蓄的相当部分可能来自工资收入和国家税收（或者来自货币发行）。然而考虑到近年来生产的逐步下降，工资额在总产值中所占比重逐步缩小，由于人均收入的下降，大部分人的工资用于消费，以及将社会上抵制用通货膨胀来资助投资的机制的状况，在外围地区的储蓄的大部分必须来自资本收入、也就是来自利润，这些利润是通过私人投资或者向私人投资征税并用于公共投资的。

因而，在像巴西这样的外围经济的国家，通过对经济中储蓄和投资项目的利润（剩余部分）的使用情况，我们可以对本国私人资本企业和外资企业作用的重要性进行比较。

发展中的外围国家典型的经济和政治的不确定性导致外国资本寻求在短时间内取得最高的利润，尽快地回收已经投入的资金，并在维持其市场份额进行不可或缺的投资后，将大部分利润汇到国外。大型外资企业的股东们在国外，而在外围地区的子公司，一般来说是资本封闭企业，也就是说，没有当地股东。实际上，还有一点要提及的是，跨国公司往往按（子公司或母公司）的本国法律管辖权来确定利润会计申报地点，在那里，一般所交纳的所得税率较低，因而对该国的税收收入产生负面影响。

因而，在该国家从事生产活动所产生的剩余利润资金总额，部分储蓄和投资以扩大生产能力，另一部分用于外国跨国公司发给在国外的股东的报酬。在此还要忆及，利润还应偿付银行预支的信贷，这样，跨国公司无须预先存款就可以投资。

与此相反，本国企业所产生的全部剩余资金原则上都用于本国领土的储蓄和投资。由于经济的衰弱和不稳定，本国资本自然会外流。但是，这种可能性尚未影响到本文的推断。

对用于投资和扩大生产能力的资金来源的分析揭示，私人企业是利用从银行——公共银行或私营银行，本国银行或外国银行——借的贷款资助了有时是大部分，有时甚至是全部投资。外资企业的直接投资是以风险资本的进入方式或者通过内、外贷款的融资实施的。在外部资助投资的情况下，其经营的结果无论是否盈利，企业在短期内，都要支付利息和本金。而在风险投资的情况下，只有从盈利时刻才开始往外汇出资金。

随着在巴西的外资企业从巴西的公共银行或者私营银行提取资金，即动用巴西的国家储蓄资助其投资，这些企业就开始向国外汇出在经济活动中所获得的部分利润，这样就会减少扩大生产能力的增长率和就业。外资企业在外围国家通过贷款融资或享受免税，其结果就更加荒诞。或者说，国家本身在帮助外资企业往外汇出了剩余的利润，还在帮助减少扩大生产能力。

外国资本和劳动力

论点之二："外资企业优于本国企业，理由是除了有助于扩大对劳动力的总需求外，还增加了这一要素的相对报酬，在新技术方面，能培养和提高本国劳动力的技能，给所雇佣的劳动力较好的薪酬"。

外资企业，在利用来自国外它本身的资本进行投资时，是以一种新的方式创造和扩大了生产能力，但是，并不一定扩大对于劳动力的总体需求。在许多情况下，新的外国投资会淘汰

第五章 炼丹术士：资本与国家

一个与之竞争的利用劳动密集型技术的本国企业，结果反而导致对劳动力总需求的下降。

当外国通过收购巴西企业直接投资时，该企业设备的现代化可能会导致劳动力的减少。同样，外资企业在原有的企业中，使用资本密集型技术对设备实施现代化后，外资企业的产能与以前是一样的，但它会使用更少的劳动力，同时降低所付薪酬的总额。

在近来外围国家现代化的进程中，提高现有设备生产能力或者将现有的设备现代化，在产量相同或有所增加的情况下，相应的是就业人数的减少，而使资本有更大收益、工资下降、收入集中和国内消费市场缓慢的发展。

通过寻求在外围国家投资的利润最大化，降低工资在外围地区所得收入中的比重，外国子公司为它所属的跨国公司的总利润率达到足够的程度做出贡献，这样就能够使跨国公司在其所在国实现低利润率，除此之外，跨国公司还要继续给它们的股东发放"可以接受的"报酬，同时维持跨国公司所在国的工人和职员的高工资。

最后，跨国公司所支付的工资高于当地的竞争企业的论点，应按外资企业和本国企业支付的工资总额及各自收入相比较的情况进行分析。尽管在同一职位的职工的工资外资企业高于本国企业，但跨国公司支付的工资部分在其收入中所占的份额小，外资企业对于就业、工资总额和总需求量的作用并不像论点中所声称的那样积极。

外资企业和科技开发

论点之三："本国企业，由于其规模小、进口技术的成本低、缺乏国家对私人研究机构的支持，一般很少投资于技术研究。外围国家只能拿出可支配资金的一小部分，绝对值很小，直接或者间接投资于科学技术研究计划。经济发达国家对外围国家企业技术转移的主要渠道是外国直接投资。科技知识像其他商品一样，在市场上有，只需要按价购买，或者只要吸引到拥有技术的企业，就可以把这个技术纳入本国经济体系。吸引外资可以使如巴西这样的外围国家，避免对科学技术研发的大量投入，实现'跨越发展阶段'，正如爱讽刺的正统经济学家所说的，最终也不用'再发明车轮'"。

毫无疑问，大型跨国公司是科技计划的最大私人投资者，它们有技术创新，可降低成本，制造新的产品，产生非凡的利润，促进它们在世界快速扩张。但这些科研活动和投资至今仍然集中在跨国公司所在国家的研发机构或者其他的发达国家。出于企业的原因，正如研究规模经济一样，需要有大量高素质的劳动力，要设在较大的市场。

外围国家如巴西，科研资金短缺，研究成果少，因而注册的专利也少。但即使外资企业在这里搞科技研发，并以公司的名义注册专利，在巴西或在任何一个国家使用，应向专利拥有人公司总部所在地支付或汇出专利费。另一方面，在外围国家的外资企业的子公司必须为母公司提供的技术支持、品牌使用和专利而向母公司支付费用，这也没有错。

第五章 炼丹术士：资本与国家

除此以外，当涉及到当地的供应商时，鉴于生产进程的地理和自然条件的限制，大跨国公司的子公司会采取某种技术标准，深化当地供应商对其的技术依赖。最后，当外国公司的存在导致当地经济体系技术开发的努力面临消亡或者失去活力时，外资企业就不再鼓励在当地建立机器设备工业，而建立机器设备工业是自主技术进步的关键所在，而后者则是唯一能够使本国具有竞争能力的企业在国际市场长期生存的关键。出于对专利技术扩散的担心，很多外资企业在外国的子公司将部分技术领导职务留给外国高管和职员，以保守工业机密（和财务机密），防止技术的"泄露"，防止技术真的转让被当地或者别国的竞争企业所利用。

关于技术转让问题是另一个论点，技术会"通过市场"转让，也就是说消费者在购买过去不了解的产品或者质量更好的产品时，会接触到此技术。实际上，消费者购买这类产品的事实仅增加了这类产品的进口，减少了当地同类产品的生产，但这并不意味它们会在该国增加新的投资生产这类产品，也不意味当地的企业家可以获准利用或者开发这类技术。这种关于技术转让的观点在巴西被用作附加论点，以说明作为巴西工业技术现代化的一种战略，外贸市场应彻底开放。

如果近几十年有大量的外资进入巴西，而且将大量的技术转让给了巴西，那么就会涌现出无数的巴西企业，它们以往吸收了外资"转让"的技术，并在今天在巴西市场和国际市场同外国企业展开竞争。

总之，外国资本必然会转让技术的神话反应了一种概念的混淆，消费者购买了用先进技术生产的产品，或者说在巴西国内生产这类产品（对工程师和工人是好事）和实际的技术转让，即本国企业和本国劳动力获得了新产品生产能力这三者不是一回事。这种概念的混淆阻碍了本国科技的发展，使得国家在技术水平上始终处于下风，导致经济竞争力的弱势。除此之外，巴西要不断地向外国支付外汇，在国际收支的经常项目中的"技术"一栏中始终呈现为赤字。

外国资本、企业现代化和竞争

论点之四："大型跨国公司，特别是美国的跨国公司的主要优势是在同其他企业的竞争中企业经营超强的组织能力。欠发达国家，由于没有经验、企业各式各样和资本积累少，缺乏这种组织能力。因而，外国资本和外资企业就以本身的榜样，加上逐步传播，帮助巴西的企业活动现代化，使巴西企业无论在国内或者在国际上更具竞争力、更加有效率。由于人口少，购买力低，或者收入高度集中，外围欠发达国家的市场也不发达，其中包括巴西。正如亚当·斯密所教导的，市场范围小，是劳动分工、专业化、生产率的提高和资本积累增加的最大的障碍。这样，商品的价格始终呈上升趋势（包括货币的价格），竞争仅仅局限在小部分企业之间，因而，消费者被盘剥，通货膨胀的压力持久存在。除去在增加就业和工资水平的提高、有益于劳动力的劳资关系改善方面起积极作用外，外国资本和外资企业会有助于增加竞争和降低价格、或者维持价格的稳定"。

现在，在外围国家，绝大多数外资企业都是某一个大型跨国企业公司的子公司，其组织、技术和金融的能力都超过同行业的本国企业。因此，外资企业在进入购买力低的外围国家市场的初期，总是趋向在它经营的特定领域提高竞争力，在吸收或者消灭了与它竞争的本国企业后，就减少竞争了。

另一方面，外资企业建立以后，由于其规模和与国际市场的联系，就对所经营的产品进口设置障碍。在外围国家市场建立寡头结构的条件具备后，就便于创造和汇往国外巨大的利润，减少为扩大生产能力所用的可支配储蓄。

在外围国家，利用降低进口税，作为控制形成寡头和控制价格的手段来反对上述倾向的想法是可行的。但要想取得成功，则取决于该国在经常项目中不断、持续地获得盈余、提高创汇的能力。利用货币升值吸收短期资金和大幅度提高利率为万一出现的贸易赤字融资的战略注定在中期内失败，并导致危机，正如1999年初巴西所发生的危机。

外国企业和外贸结算

论点之五："外围国家的本地资本企业，按照国际标准，一般规模小，其经营领域很少延伸到其他市场。相反，外资企业，一般规模大，拥有丰富的国际经验，其子公司遍布世界许多国家，建立了生产原料和产品的贸易销售渠道。因而，这些跨国大企业能够为'本国'的产品拓展国外市场，因而对经济中劳动分工水平、规模经济的利用和外汇收入的增加起到积极的效果"。

实际上，外资企业在外围国家的建立，经常会带来零部件和生产资料增加进口，其供货商往往是他们在国外传统的供应商，不管与它们是否有联系，总会增加额外的外汇的开销，而且使零部件和生产资料的当地生产者相互脱节，巴西的汽车零部件工业就是其中一例。

另一方面，一般来说，特别是在像巴西这样有国内市场的国家，外资企业从其总体生产和销售的战略考虑，它们建立的企业主要满足国内市场，也包括本地区规模较小的其他国家的市场，因此，外资企业就无需在这些国家再建立生产工厂。在这种特定情况下，外资企业很难将其产品用于出口，很显然，它们决不会将产品出口到它们业已建厂的地区市场。

另一方面，巴西外贸日益增长的部分，特别是制成品，一般是企业内部的贸易，也就是子公司和母公司之间的贸易，价格是根据不同汇率和税率申报的，是账面上的价格，而不是交易的实际价格。因而，出口收入（和外汇收入）可能会"减少"，而进口支出（海关收税），也可能会人为地"减少"，或者开大额发票，伪装利润汇出，一切都根据外贸企业的需要。

这样，一般情况下，外资企业的倾向是增加进口而不是增加出口，因而对外贸结算产生负面影响。外资企业对于国际收支总体上说也是负面影响，这不仅仅体现在个别外贸项目的结算上，而且体现在经常项目上，如利息、利润、技术援助、运输等等。

外国资本的政治后果

传统上说，相反的论点之一并非仅针对外资，而且针对经济的过度非国有化，因为它认为过度的非国有化导致经济活动

第五章　炼丹术士：资本与国家

的决策中心转移到了国外。也就是说，有关投资、进出口、技术利用和就业的决策不仅仅由大型跨国公司的子公司根据其所处国的特点和形势作出，而且也许主要是根据那些大型跨国公司的总体战略而作出的。

另一方面，外围国家政府应对、引导或者在可能的情况下，鼓励或者惩罚跨国公司的子公司的能力，远远低于在对付本国资本企业的能力，因为跨国公司子公司是得到其所属强国政府支持的。

经济发展的主要理论家曾经认为并至今仍然认为，面对巨大的分化和脆弱性，外围国家的政府应该在外围地区经济一体化、填补"生产空白"、发展、技术开发和推广、扩大就业等方面承担战略责任。上述决策中心的转移在很大程度上会影响政府履行这种职能的能力，从而延缓经济发展速度，加大外围国家和发达国家之间的差距。当然，人们可能相信，市场力量也许能较好地履行那些职能。在全球化的时代，市场的力量完全自由，但全球化是不对称和排他性的，如今已经得到明确的验证。没有任何事实表明这一切发生在主要的、称之为"新兴"国家的欠发达国家。人们所能看到的是，正是由于卤莽地试图将这种国际经济体系理想观"奉若神明"的东西付诸实践，结果是被特大的危机淹没。

与"经济决策权中心转移"相比，另一个人们关心更不够的问题是，国家生产体系过度非国有化本身的政治后果。巴西的多个工业部门的特征是大批外资企业的出现，它们中许多是大型跨国公司的子公司。子公司的领导人大多是在巴西居留时间相对短暂的外国高管。他们在子公司的工作只是在跨国公司工作生涯的中间阶段。在这些企业工作的巴西籍高管也有这种情况。

这些外国高管对巴西的了解仅仅是最近发生的情况，而且只是一些皮毛，因语言障碍，习惯的不同，因而一些高管把自己封闭在他们那一群人中就可以得到解释了。这种状况强化了他们对巴西社会了解的刻板性。这种刻板性在他们自己的国家司空见惯，甚至包括信息较灵通和有文化的部门。

现在，任何一个国家的政治体制要想有代表性和合法性，都应该透明地反映民众各个阶层的利益和愿望，不论是经济学界、宗教界或者专业界。此外，通过"真正的"代表出现在立法和行政程序中也存在困难，因为，外国公民不能够当选为议员，也不能在行政机构中任职，从而使外资企业子公司将通过游说集团与各个国家权利机构加强官僚关系放在优先地位，作为捍卫和促进自身利益的手段。巴西的工业界作为一个整体，其代表性在行政或立法机构中是不足的，或者仅以间接和不太恰当的方式有他们自己的代表。

在国内生产总值比重"低于"工业的经济和社会部门中，如农业和一些服务业部门、教育、卫生和银行，本国资本企业则占主导地位。与巴西工业部门比较，相对来说，它们在国家机构中拥有真正的"超级代表"。

由于在政府主要官员与工业以及其它经济社会部门领导人之间缺乏比较深刻和合法的沟通渠道，在巴西社会中包括在政治精英中的反工业的成见被夸大了。在制订规则和执行公共政策的政治进程中，经济各部门代表性的不平衡和这种反工业的成见，给社会造成了严重的损害。

第五章 炼丹术士：资本与国家

对本国和外国资本的公共政策

外国资本曾经对巴西经济的发展做出过卓越的贡献，特别是在农村农产品出口经济向城市工业经济转型时期。外资的贡献表现在经济的各个部门，如在咖啡产地港口和铁路基础设施建设，公路网的扩大，在政府融资和私人投资参与下，汽车工业的建立，消费品工业的建立等。在建立关键的基础工业，如异型钢铁工业，石化工业和机器设备工业方面，外资也有重要的参与。

外资对于巴西生产能力的形成做出了贡献。在历史上，在资本形成中，年复一年，外资成为总投资的一部分，另一方面，当涉及到本国资本因缺乏技术或因规模过大举棋不定而无法实施时，外资经常会起到战略作用。

此外，还必须指出，在巴西工业形成的多个历史时刻，国家的行动，为本国和外国私人资本的运作奠定了物质基础，如能源和交通运输基础设施建设等。在资本运作调节政策的实施、克服局部出现的瓶颈、为实现经济持续发展、不断提高技术水平和竞争力打下不可或缺的基础方面，国家的行动起到了决定性的作用。

如果没有国家投资的开拓行动，巴西今天就不会有经济运作所需要的电力和石油；如果不是国家的行动，巴西就建立不了机器设备工业；没有国家规范和鼓励的举措，就没有如今通过工业品出口实现了外贸非凡多样化的局面。

外资的贡献是在政府对外资和本国资本制订的鼓励政策、

规范和引导的积极政策下中实现的，二者都是具有深远意义和广阔视野的发展战略的组成部分。发展战略坚持不懈的基本目标是，在巴西建立了一个现代化工业生产结构。作为实例，对外资企业产品国产化率的确定，使巴西建立了本国供应企业或者在巴西投资的外资供应企业，带来了技术的完善和工业的一体化，还为各生产部门培养了一批工程技术人员。另一方面，鼓励出口和鼓励进口与出口相结合的政策迫使大型跨国企业对它们的国际市场分工重新安排，为在巴西建立的外资企业产品的出口开辟了空间，促进了创汇。

国家对外国资本不加规范的政策和被动性以及对本国（非金融）生产资本的荒唐忽视，导致了经济长期的相对停滞，这发生在巴西试图挤入第一世界的幻想时期。如果仍然维持这种观点，就不可能超越近20多年来的低增长的阶段。总是说恢复增长是不可或缺的，但它一再被推迟，离我们越来越远。

为了使外国资本对国家的发展能做出更大的贡献，法律和公共政策必须重新对外资企业的行为进行规范，引导它们发展国家所需要的优先产业，同时强化本国资本、巴西的企业家和企业。

一项资本政策取决于国家的财政能力，这不仅是指收税，而且指如何从战略上使用资金。从企业的定义来说，本国资本企业当然赞成减税，因为它们总认为税负过重，减少了利润。外资企业有同样的立场，甚至认为税收所支撑的本地公共服务并没有造福于其国民（很显然，他们在其他国家），而且，税收也起不到捍卫来源国的作用。所以，当强化国家时，外资企业就会把国家视作在当地社会主要对手。

第五章 炼丹术士：资本与国家

鉴于上述，大型跨国公司反对国家对经济的干预，无论是国家作为调控机构，还是作为企业家。因为在外围国家，国家是唯一的实体，只有她才能够应对特别的经济权力，吸收消化技术，或劝使跨国公司转移技术。因而，一项资本政策的制订和实行会遭到外资的反对，为此，外资就会寻求从思想上也反对国家的本国资本的支持。本国资本面临着不能在有效时间内意识到的风险，如果没有国家的支持，面对跨国公司，它们将会消失，正如目前巴西所发生的那样。

对本国企业，应该实施优先且有区别的对待，因为，它们对国家的资本构成做出了重要的贡献。另一方面，为实现加速扩大已有能力作为最大目标，应该推动劝导外资企业将在国内所获得的大部分利润再投资的政策。关于资本的政策，不能像以往那样，削弱和消灭巴西资本和巴西企业，也不能以从未有过的做法过分地优惠外国资本，就像1995—2002年期间在汽车领域和电力领域设立新的大跨国公司所签订的合同所披露的那样。

1990年开始的新自由主义使人神魂颠倒，在1995年再次盛行，导致1999年危机，并在此后长期延续，巴西政府在此期间所作的国际"承诺"给投资政策的制订和执行、以及对本国和外国资本加以规范造成了困难，但并未阻止它这样做。正如某些人所说，这说明了政府的"怠惰惯性"，他们还声称任何工业政策都不可行，也不可能实施。

上述政策可以而且应该把公共信贷区别使用和减免税收作为主要工具，而且以往也曾经做过。政府应该从符合下述条件的企业进行采购：

- 将利润的大部分用于扩大生产能力的再投资；
- 对巴西科学技术研究计划进行投资；
- 优先采购在巴西生产的零配件；
- 从社会、技术和环境保护角度向被确定为优先发展的部门投资；
- 应用有效率的劳动力密集型技术；
- 切实进入新的外国市场；
- 有外贸顺差。

这些政策中的一部分已经以不同的方式、通过各种手段在高度发达国家和中国得到实施，并取得了巨大成功，而没有受到任何制裁。为了使这些政策能够在巴西得到确定和实施，只需要使经济政策的战略现实一些。必须有这样的根本认识——在这样一个混乱的、不对称的全球化的世界里，巴西的发展应该将工业作为基础，努力发展科学技术，逐步减少其对外脆弱性，决不要沉醉于永恒和乌托邦式的农业专业化的雄心（尽管技术已经先进和"工业化"）和人们熟知的简单的技术工业之上。

惟一能够应对人口增长和无情的不平等挑战的是加速确定和实施发展战略。现在，当世界贸易组织在本半球谈判及同欧盟谈判进入重要阶段时，加速发展的战略变得更为紧迫。与此同时，出现了相同论点，认为消除了农产品出口障碍，特别是向欧盟出口的障碍，将使巴西成为农牧产品出口大国，因此巴西应始终"积极地"参加这类谈判。照此看法，巴西是在以从前的、有损于国家经济利益和需求的方式谋求融入世界经济一体化。其特征是，国际市场初级产品的价格，不仅经受过度浮

第五章 炼丹术士：资本与国家

动、不稳定的影响，而且长期以来一直呈下降的趋势，导致贸易条件的恶化，这一点连国际货币基金组织如今都承认。以农业为基础的发展及融入世界的战略，尽管"农产品加工业"已经相当先进，对开发巴西经济和政治潜力是远远不够的。

在世界贸易组织的多边谈判、美洲共同市场谈判以及同欧盟的地区间谈判，从谈判的倡导者——高度发达国家——的角度看，他们希望在外围国家的经济活动非规则化（并从法律上强化这种状况），目的在于阻止外围大国实施积极的发展政策。这类谈判仅仅是美国开展的广泛战略的一个方面，而且分成多边、双边和单边几个层次，在组织世界经济的努力中，她处在中心位置，拥有赋予她在霸权结构中领袖地位的特权。

研究权力的宏观结构、人口、技术和资本的特点，需要做出一些思考，尽管只涉及到巴西国土的一部分。在研究国土的关键议题时，不应该忘记东北部地区极独特的问题和专属经济区，即我们的海上"领土"。因为亚马孙地区占巴西国土面积的60％，它所面临的挑战比东北部地区和专属经济区所面临的挑战更加复杂，更加紧迫。

巨人时代的巴西挑战

第六章 失去的天堂：
　　　国土和亚马孙地区

"公共财产应该理解为是由全球治理代表所有人利益确定、加以促进或集体捍卫的财产。水、渔业资源、海上交通线、臭氧层、热带森林……"

——帕斯卡尔·拉米[①]

巴西各个地区

东南部的居民习惯视巴西人口和国土为易开发的"财富"，认为只是由于"腐败"和"缺乏效率"造成开发的困难。也有人认为因为巴西的"领土非常大，人口又非常多"，经常将它看作是一种负担。一般来说，他们没有意识到大陆性国土和人口众多的好处。

亚马孙地区的面积占巴西陆地面积的60%，约500万平方公里，但在此居住的人口仅占全国人口的11%，而且集中居住在贝伦和马瑙斯两个城市。世界上最辽阔的热带森林就坐落在亚马孙地区，那里有地球上最丰富的生物多样性，最大的淡水

[①] 帕斯卡尔·拉米（Pascal Lami），法国人，现任世界贸易组织总干事。（译者注）

第六章 失去的天堂：国土和亚马孙地区

库和稀有的矿产资源，其中绝大多数矿产资源至今尚未准确地探明，因为在地图上有地质标示的仅占亚马孙地区的10%。亚马孙地区的陆上边界线长11,248公里，占巴西陆上边界线总长的76%，与6个南美国家和法国[①]接壤。

与亚马孙地区比邻的是东北部地区。那里是巴西国土中最早有居民居住的地区。在200万平方公里面积的土地上（占全国土地面积的25%），居住着约30%的巴西人口。他们长期生活在半荒芜地方和城市边缘地带，至今仍然过着贫困的日子。那里的气候大部分是半干旱，降雨量不正常。对于这种挑战，有并不太复杂的解决办法，而且这个地区与其他国家之间并没有隔离带。尽管在东北部地区在经济地理组织方面有种种困难，但应对亚马孙的挑战对巴西来说也许是最复杂、最紧迫的，对巴西社会的未来是决定性的。因此，应该给予它至今还没有给予的最优先的关注。

亚马孙地区的国际环境

今天，与前不久相比较，国际环境对巴西，特别是对亚马孙地区的未来，有着决定性的影响。

首先，与亚马孙地区接壤的6个国家的政治、社会、经济和军事形势；第二，"控制"亚马孙地区的国际压力，它是由国际机构、非政府组织以及那些消费和生产水平难以为继、且拥有大量资金和技术的外国分散注意力战略来施加的；第三，国际

---

① 指法属圭亚那。（译者注）

上的毒品贸易及其对金融和政治体制的影响；第四，美国在邻国的军事存在和行动；第五，历届联邦政府紧缩的经济政策和反对开发倾向阻碍了落后地区发展计划的实施；第六，对砍伐亚马孙地区森林负主要责任的本国和外资大企业，政府有时故意不作为。

在所有这些因素中，最主要的因素也许是美国军事力量在该地区的存在、缉毒军事化和可能在巴西邻国发生潜在的和已有的国内冲突国际化。

邻国的形势，无论从哪方面讲，都是严峻的。在多年实施新经济自由主义、形式上的民主、收获货币稳定的梦幻成果后，这些国家经济和社会指数表明，导致纠纷在各处经常爆发并愈演愈烈的根源——结构性局势依然存在。巴西靠南部的边界形势，乍看起来，不会对亚马孙地区产生影响。但鉴于巴西和南部邻国经济的联系，为克服经济危机或社会不稳定可能发生的困难，通常会对巴西经济和经济政策产生深刻的后果，从而会削弱巴西国家在亚马孙地区的行动能力，也会影响其开始有系统应对挑战的能力。

南美洲国家的经济政策极为相似，因为她们都受到华盛顿共识原则的"共同启示"。华盛顿共识是学术界、大跨国企业、国际机构和美国政府提出作为解决拉丁美洲问题的办法：拉丁美洲国家经济应该开放和非规则化，采取诸如降低关税和汇兑自由、减弱国家行动的能力、彻底私有化、严格和无情的税收调整、固定的汇率政策、劳工市场的灵活性、消除为本地资本"保留"的市场，优惠对待外国资本等等。总之一句话：该共识主张在一切市场都要维护市场自由的游戏规则，向外国人和大

第六章 失去的天堂：国土和亚马孙地区

型跨国公司倾斜，而且适用于所有的地区。

在政治方面，该地区的所有国家都被劝导推动"改革"，提高联邦政府的政治权力，包括总统可以连任两届的可能性（也只能两届）；减少议会（和人民）的政治影响，使议会只具有"法人社团"性质，将立法权赋予政府，建立技术官僚机构；建立所谓的经济性质的调控机构；改革司法机构，并对它进行规范，将它纳入支持"新"政策的框架内；减少武装力量的兵力和影响，因为它的"民族主义"倾向可能有害于新自由主义战略的实施。

在南美洲和亚马孙地区，新自由主义政府实施的政策并没有涉及到经济问题的核心，即建立和发展国内市场和加强社会凝聚力。他们将希望建立在逆向进入国际市场上，试图回到初级产品出口的"黄金年代"和金本位的假稳定时期。阿根廷实施固定汇率的货币委员会就是假稳定的"新"灵童。各国经济对跨国公司的彻底开放和加速私有化削弱了本地企业，使脆弱的国家结构更加混乱。另一方面，暂时吸引了大批外资的进入，这给他们造成了幻觉。跨国公司收购了生产企业，并使之实现了现代化，但在很多情况下，他们的投资集中在服务业和非贸易行业。此外，在这一进程中，已有的生产能力几乎没有得到扩大，还造成了更多的工人失业，更没有能减少结构性失业；未能扩大这些国家的出口，反而增加了她们的进口，加深了她们对外的技术依赖。

从表面上看，本地区国家的政府，通过人为的严格税收调整、外资的进入和放开进口，在控制通货膨胀方面取得了成效。然而，这些政策却产生了以下后果：一方面，受高利率和无序的实际是无法控制的汇率制度、外汇合法外逃的规定的吸引，短期投机资本像强盗一样大肆进入；另一方面，由于受诸多豁免、信贷和"机遇"的吸引，直接投资趁机进入收购本地企业，造成了一个汇率和价格虚伪稳定的局面。从表面上看，上述经济政策的负责人或所谓"经济团队"，他们认为外国资本的进入犹如一种"捐赠"，或者是一种神奇诱导器，可提高创汇能力，这些外汇在将来可补偿不可避免的资本外流。

这样，每个国家少数眼花缭乱的中产阶级初始的幸福得到了保证，他们获得了自由和进口消费奢侈品的"权利"。这些中产阶级也曾经支持过原先建立自由经济模式的努力，甚至这种模式是与独裁政权相伴的。

贫苦阶层人民也受到新救济主义的食品分配的关照以及相类似"团结互助"计划的照顾。贫困阶层人民被赋予无限自由、有催眠作用和入侵"文化真空"、使人精神错乱的电视台所麻醉，受治标不治本的为人权而"斗争"的战略所欺骗。实际上，他们没有面对侵犯人权的真正原因，也没有面对穷人才是罪恶主要牺牲品的现实。

特权阶级对自己在第一时间内巧妙地、哪怕是短暂地疏远重新分配收入和财富的诉求感到松了一口气，他们转而崇拜货币稳定、宣扬要相信他们有能力解决欠发达的所有问题，并呼吁反对贫困。很多人将他们的企业卖给了让他们臣服的外国资本，"全家"融入了（或继续融入）第一世界，享用其教育（子女上著名的中学和大学），娱乐（博物馆、餐厅、音乐会、有线电视、迪斯尼乐园），和医疗（拥有最先进技术的医院和诊所）。他们所处的环境与过去住在城市的甘蔗、咖啡、可可园主非常

第六章　失去的天堂：国土和亚马孙地区

相似，将庄园交给管家，自己在海边或者欧洲过着豪华的生活。随着汇率的固定或者几乎固定，他们作为国家的债权人的收入因货币坚挺，十分稳定，他们将部分资本转移到国外，他们对政治和社会形势关心越来越少，甚至对经济、社会和严格意义上的政治危机难以持续的最终前景，他们也不担心。

经济体系会由于危机周期性地走向破产。究其原因，一方面是以由于以高利率的财政承诺、寡头对市场天文数字的高利润剥削、匆忙且腐败地出卖有限的资产储备和萎缩国内市场为基础的；另一方面，在相当长的时间内，没有能生产大量"新的出口产品"，也没有在非紧缩情况下产生贸易盈余。在危机快发生时，由于潜在的外汇短缺难以应对国际支付义务，被迫匆忙采取提前支持的行动。这些行动是靠国际货币基金出面组织的一个又一个一揽子金融援助计划进行的，其代价是更多地"开放"经济和加大对经济自主管理的限制。

这样，与巴西亚马孙地区接壤的邻国形势都呈现非常类似的特征：长时间的萧条或缓慢的经济增长，居高不下的对外债务、对外部浮动的高度脆弱性、国家机构出现松散和新的外部压力。这种形势迫使这些国家采取更加新自由主义和紧缩政策，结果是高失业率、有组织的犯罪和城市暴力、无法控制的城市膨胀，国家无能力关注社会需求和政治动荡加剧。

对"民主"政权的日益不满和令人不安，因为人民越来越看到，这些民主政权是形式上的和假人民的，从本质上是反民族的（全球化的），只是精英们和"温和"专制者的民主。该地区国家的民众世世代代都长期（不是偶然）生活在贫困线以下人数比例始终非常大，而亚马孙地区的贫困更为突出，他们的政治化程度极低,生活的主要目的就是过一天算一天。他们极少参与政治上的民主,即使参与,也是周期性的。日渐贫困的中产阶级也加入了贫困阶层的群体。中产阶级的独立存在和物质进步的前景也只是媒体的宣传而已。他们对相对贫困感到失望,对城市中心日益增加的贫困和暴力感到担心,使他们强烈地呼吁恢复过去的令人怀念的秩序和就业。

与当地权力结构相关联的世界权力中心,周期性地鼓动政治领袖的更新,以取代老朽的领导人,如萨利纳斯·德戈塔利①、梅内姆②、藤森③,这也是为了保证神秘和集中的经济和政治模式的生存。在这种伪更新中,世界中心"攻击"或帮助搞臭他们的已老朽的代理人、以获取穷苦的民众以及这些其他国家左派的好感。但这种缓和只是暂时的。这种经济模式与发展的需求之间的矛盾再次加剧。发展的需求,说到底是在技术体系资本日益密集的情况下,由人口增长和就业需求的不断增长来推动的。

在亚马孙,在全国范围实行的新自由主义经济政策扩展到该地区后,产生的后果更为严重,因为当地挑战的性质需要中央政府坚定的参与和计划。工业加工业和当地企业的生产的组织使得该地区越来越依赖发达国家高收入者的消费的需求,这其中有:毒品的生产和运输;宝石的开采和走私;为这些国家

---

① 萨利纳斯·德戈塔利(Carlos Salinas de Gortari,1948~),墨西哥经济学家和政治家,1988~1994年任墨西哥总统。(译者注)
② 卡洛斯·梅内姆(Carlos Saúl Menem,1930~),1989~1999年任阿根廷总统。(译者注)
③ 藤森(Alberto Kenya Fujimori Fujimori,1938~),1990~2000年任秘鲁总统。(译者注)

第六章 失去的天堂：国土和亚马孙地区

的中产阶级服务的异国情调的"娱乐"场所；以及伪装成生态旅游，破坏自然资源，包括偷盗生物物种；还有对人的摧残，在较大城市中，有组织的青少年卖淫，涉及到约30%的贫困人口。

亚马孙地区的邻国

在南美洲，经济增长和政治稳定的幻想已经破灭，现在正在收获民族自主（非自治）的发展计划被轻易抛弃的苦果。这种民族自主发展计划被大肆吹嘘参与竞争的融入"战略"所取代，而这种战略显示出的仅仅是附属于全球化和它虚假的现代性，特别是体现在消费方面。尽管领导人们对不对称的全球化及其机构，如世界贸易组织和国际货币基金组织有批评，但他们以往曾为全球化大唱赞歌。然而，他们还在实施与以往同样的政策，这些政策导致了目前的困难和痛苦。为了巩固新自由主义，他们将最后一张王牌押在了同美国开始谈判自由贸易协定之上。

哥伦比亚，其人口为巴西人口的26%，其30%的领土处于哥伦比亚革命武装力量和民族解放军"合法"控制之下，并为中央政府所接受。这些力量在那里执行的是国家的典型职能。这些游击队组织是1948年以后建立起来的。当年发生了著名的"波哥大佐"（Bogotazo）事件——起义者将武器上缴了，但随之而来的却是对起义者的大屠杀。由于土地所有权过度集中和政府暴力专横地对待农民，游击队组织在农村地区受到广泛的支持。美国和哥伦比亚之间签订的哥伦比亚计划的实施，规定哥

巨人时代的巴西挑战

伦比亚可从美国购买先进的武器装备，如军用直升机，用于根除可卡因种植园，但同样可以用来对付哥伦比亚革命武装力量和民族解放军，游击队被指控为贩毒的盟友，并可能向毒犯收税。美国向哥伦比亚派遣了上千名军事"顾问"。据估计，哥伦比亚占世界可卡因产量的30%，占"供应"美国可卡因消费量的90%。另一方面，近几年来，哥伦比亚的经济增长速度缓慢，失业人口占了人口的相当比例，往国外特别是向委内瑞拉的移民不断增加。国家还必须应对准军事集团即哥伦比亚联合自卫军的行动（甚至被指控在暗中鼓励他们），他们有计划地杀害工会、农民领袖和知识份子，与此同时难民到委内瑞拉和厄瓜多尔的人数增加。因此，哥伦比亚和这些国家的关系紧张。历史上，哥伦比亚同委内瑞拉石油产区归属和边界问题上就存在争执。近年来，哥伦比亚每年发生成千上万政治暗杀事件，因而，被称为世界上最为暴力的国家之一。

厄瓜多尔，人口约为巴西的8%，其中40%为印第安人，其中的20%不会说西班牙语，60%以上的人口处于失业或者半失业状态，约60%的厄瓜多尔人生活在贫困线以下。新自由主义政策强化了历史上就存在的收入过度集中，加深了经济的对外脆弱性。厄瓜多尔经济几乎完全依赖石油、香蕉和渔业出口。最近一次不惜任何代价捍卫货币稳定（以及在兑换时可获得利润）的努力是在2000年，突然宣布经济美元化，使厄瓜多尔经济随着国际石油价格而波动，结果完全失去控制。绝大多数印第安人对少数白人在历史上深刻的不满，在今天演变为日益增长越来越自觉的政治动员，能够将传统的寡头政治体制置于死地。当政府同美国就曼塔（Manta）空军基地用于军事目的签署

第六章 失去的天堂：国土和亚马孙地区

协议，以支持哥伦比亚计划时，就将厄瓜多尔卷入了哥伦比亚的冲突形势之中。

秘鲁，人口约为巴西的16%，经济政策加剧了历史上的收入高度集中，提高了失业率，由于光辉道路游击队的活动及其在农村的残酷的战斗方式，导致了城市化失控。社会和政治的不稳定并非是因为时局的关系，而是结构性的。这种不稳定随着藤森的继承人、印第安人出身的亚历杭德罗·托莱多①的上任而加剧。他在经济领域继续了上任的同样政策，尽管从表面上看，经济指数得到提高，但并没有反应在发展和就业上，导致民意指数的大幅下降。人民（印第安人）要求对搞腐败政治家（白人）的迅速审判的示威游行成为一种深刻和令人不安的新景象。

委内瑞拉乌戈·查韦斯②民主政府，在国际观察员在场的情况下，赢得了多轮选举，但却遭到国际媒体和学术界联合攻击，试图将他说成是疯子和独裁者。从拉丁美洲的历史经验看，国际上毫不动摇对政府的反对派给予支持，包括大量资金支持，正如在智利发生的推翻阿连德事件，美国最近已正式披露了这次行动。尤其是，它们通过选票，把已下台的精英阶层和政治上具有控制社会和国家传统势力的利益纠合在一起，后者集中掌握着石油的收入和分配权。另一方面，委内瑞拉和哥伦比亚之间存在着历史争端，由于执行哥伦比亚计划可能引发侵犯边

---

① 亚历杭德罗·托莱多（Alejandro Toledo, 1946~ ），2001~2006年任秘鲁总统。（译者注）
② 乌戈·查韦斯（Hugo Rafael Chávez Frías, 1954~ ），1999年以来任委内瑞拉总统。（译者注）

巨人时代的巴西挑战

界、对设在委内瑞拉（尚未证实）的哥伦比亚游击队核心基地追踪打击以及移民的加速，两国之间的争端可能加剧。这为反查韦斯政府的反对派运动提供了政治炮弹，并有可能发生游击战的危险。游击队的行动和反行动可能影响巴西的安全和对巴西边界构成侵犯。美洲国家组织和卡特中心卷入在委内瑞拉的全民公决，是本地区国内政治进程国际化倾向的一个迹象。这种倾向将逐步被视为"理所当然"。对南美洲来说，列强和外国参与南美洲内部政治冲突调停的努力，是在重复以往的做法。因而，每当媒体希望从政治上孤立委内瑞拉时，同时国际上就会有人对其内部政治进行密集的参与。委内瑞拉经济和国家主要依赖石油收入，结构性的失业和半失业涉及到众多民众，该国总人口相当于巴西的 15%。

玻利维亚，在历史上就是一个高度贫富悬殊的国家，这种形势在帕斯·埃斯登索罗①执掌玻利维亚政府后更加恶化，帕斯是南美洲带头实行新自由主义经济政策的，结果是失业和几乎军事化的方式强行铲除可卡因种植园，在美国的财政援助和顾问的支持下，用低赢利的作物替代可卡因种植，引起了民众的不满，导致印第安人积极动员起来，要求并逐步在立法机构有更多的代表权，并在 2006 年赢得了总统选举。印第安人主要集中在高原地区，搞经济开发有困难，而且分为不同的部落，语言也不相同，传统上与具有自治想法的圣克鲁斯地区存在矛盾。始终要求有一条通向太平洋的主权通道，是玻利维亚国内政治

---

① 帕斯·埃斯登索罗（Ángel Víctor Paz Estenssoro, 1907~2001），玻利维亚政治家，曾先后 8 次参加玻利维亚总统选举，并分别在 1951 年、1960 年、1964 年和 1985 年获胜。

第六章 失去的天堂：国土和亚马孙地区

无法回避的问题。对天然气新的依赖，从开采、出口和就地加工以及同巴西的管道连接，使玻利维亚的对外格局变得紧张。玻利维亚的总人口约相当于巴西的5%。

亚马孙地区人口少、面积小和生产落后的其他国家，包括苏里南（45万人），圭亚那（约80万人），呈现的是令人担忧的经济长期欠发达、潜在的政治脆弱的景象，而且继续处于外部影响之下，特别是苏里南，那里从历史上就存在边界冲突。法属圭亚那的情况不同，仍然处在法国殖民统治之下，被视为法国领土的组成部分，犹如圭亚那处在欧洲大陆一样。

亚马孙地区的军事问题

巴西亚马孙地区的安全问题中一个相对新的因素，是越来越多的美国军事顾问的存在和美国向哥伦比亚武装部队出售先进的武器装备，本来用于哥伦比亚彻底根除毒品的计划，但这些武器装备很容易且可能用于对哥伦比亚革命武装力量和民族解放军的作战。通过在哥伦比亚建立军事设施的美国军事存在，目前已经延伸到厄瓜多尔、秘鲁，看来还包括玻利维亚，可能会像发生在越南战争时出现的类似的进程，向其他国家扩展，并施加越来越大的压力，力图取得巴西和其他南美洲国家的合作，以使将反毒品和反哥伦比亚革命武装力量和哥伦比亚民族解放军斗争变为南美洲的军事联合行动，而不仅仅是哥伦比亚—美国的行动。哥伦比亚计划是美国保证在安第斯—亚马孙地区军事直接存在战略的组成部分。此外，还包括哥伦比亚的政治机构改革，特别是司法和立法机构改革，从而使美国不仅能够将哥伦比亚毒品贩子，而且能将哥游击队员引渡到美国，还可使农民大规模地迁移，而毋须进行土地改革。

哥伦比亚计划是美国在南美洲军事战略的三个侧面中的第一部分。其他两个部分，一是本地区的政府和武装力量采纳合作安全的论点和计划安排，二是本地区国家进行裁军，包括裁减常规武器。该战略目的是将美国军队和装备长期驻扎在南美洲，以便于美国可能进行的干预。这个计划至少始于1994年，即美国在巴西邻国的亚马孙地区实施的称之为绿色三叶草（Green Clover）和激光打击（Laser Strike）军事行动之时。

美国倡导的哥伦比亚计划远远超过宣称纯粹是为了反毒品生产的目的，它所产生的局势有这样一个功劳，即重新燃起了关于亚马孙地区和整个巴西经济政治发展战略的辩论。

巴西亚马孙地区的边界邻国的社会、政治和经济日益恶化和不稳定让人们隐约地看到几种假定的、但在未来是合乎情理的形势：外国游击队在巴西领土上的行动（偶发的或长期的）；外国军队，美国或者巴西邻国的军队偶然进入巴西追捕游击队员；在这种情势下，可能引发对巴西人的侵犯，以及来自邻国的数量不菲的难民潮。

巴西的陆上边界线长达15,600公里，在亚马孙地区的边界线长达11,248公里。巴西同玻利维亚的边界线长3,000公里，同秘鲁，3,000公里，同哥伦比亚，1,600公里，同委内瑞拉，2,200公里，同圭亚那，1,600公里，同法属圭亚那，700公里，同苏里南，600公里。与国际上相比，法国和西班牙之间的边界线仅长600公里，法国和德国之间的边界线长450公里。

为了守卫在遥远的、道路十分艰难的、大多无居住条件的

第六章 失去的天堂:国土和亚马孙地区

亚马孙地区的11,000公里边界线,即使为了达到最低的效果,也需要投入大量的资金。如果巴西社会和发达地区的政治领袖在这个紧迫问题上继续持近视或者"节约"的态度,中期内他们会对他们的疏忽所造成的结果感到震惊。因为,这些问题对巴西整个社会都会产生影响,即使远离亚马孙地区的、似乎与此无关的地方也不能幸免。

任何一个巴西人,如他担心在大中城市拥有先进和重武器的武装暴力和犯罪的日益升级,担心毒品消费在巴西公开和加速扩展,他都应同意必需对边界包括陆路边界进行有效的警戒。任何一个现实主义者都承认,这种警戒不应该由私人组织进行,而是应该由国家进行。在国家内,捍卫和控制边界应该由武装部队负责,警察协助。

在过去,由于国家组织有关部门的暴力和专制、腐败和低效率,造成了令人遗憾和痛苦的事实,社会对此不满是有道理的,它们的负责人作为个人应该受到惩罚,但现在应该关注的是社会必须履行"职能的需要",而这些职能又必须通过这些国家组织,以有效、公正和民主的方式来履行。北卡利亚(Calha Norte)计划和席万计划①,是管理和捍卫边界的重要举措。北卡利亚计划始于1985年,目的在边界地区驻扎军队以支持民众,防止和外国反叛分子进入巴西领土,控制非法活动,特别是走私和毒品交易。北卡利亚计划,在假设受到威胁时,由巴西与每一个邻国共同实施,使它成为双边一体化的强大工具,这样,可使边界居民和双方国家在政治上接近,在经济上实现一体化。

---

① Sivam (Sistema de Vigilância da Amazonia):亚马孙地区的预警体系。(译者注)

巨人时代的巴西挑战

席万计划拥有一套卫星信号跟踪系统，可以探测到非法活动和参与毒品运输的走私飞机、毁林和焚烧。对此计划，邻国也很有兴趣参加。

上述计划披露或可能造成效率低下以及事实上或想象中的腐败现象，并不意味巴西社会——包括那些远离亚马孙的地区对于巴西在这一地区的主权无动于衷的阶层——认为能够放弃这些计划。如何使国家的这些组织和计划变得有效，如何保证社会控制对捍卫边界政策的制订和实施是不同的问题，应该通过国会的常设管理机制在公民社会的协助下加以解决。

亚马孙地区的问题和边界沿线的不稳定，使得公民社会的某些阶层与巴西武装力量之间实行有效和解越来越重要，它在中长期内的变化情况对巴西社会是个关键问题。过去，特别是在国家残暴镇压游击队的时期，由于使用非法手段和暴力而造成的分离，不能永远继续下去。巴西社会需要持续努力，不断加强和推动民间组织与军队之间的团结，不要对可能建立一个没有武装力量的社会的乌托邦抱有幻想。地区外强国的行动，他们的兴趣在于让巴西社会解除武装，使巴西在其影响和国家目标面前变得更加脆弱，应该强调的是，巴西必需建设民主的、有效的、致力于保卫巴西利益的武装力量。

为保证边界不受侵犯，对在该地区的巴西居民安全实行有效的军事保护，以及巴西强烈摒弃在哥伦比亚所采取的可能损害巴西亚马孙地区的生态系统的反毒品和铲除毒品种植的方式，这些应该成为巴西政府和社会的优先目标。

毒品问题，其生产和贸易与在亚马孙地区建立的掠夺性和放任的出口经济开发"制度"密切相关。这一制度吸引了国内

第六章 失去的天堂：国土和亚马孙地区

其他地区的民众，资助了初期畜牧业的发展和后来的水稻和大豆种植的垦殖计划，导致了并继续导致森林的砍伐。土壤迅速失去了肥力，由于单一品种的种植和粗放的畜牧业造成失业，以及发现了金矿，把大批失业者投入到淘金业、毒品和化学品买卖之中。这些行业与黄金、宝石和武器国际走私网关系密切，他们根本不管有没有边界。另一方面，毒品贸易与国内和国际金融制度的规则和运行机制有很深的联系。实际上，这些规则"允许""洗钱"，也允许资金向大的金融中心和大银行合法转移。大的银行，特别是在税收天堂，对于打破银行秘密采取抵制态度，发达国家政府也不情愿对金融系统实行管控。因此，始终存在着竭力把承担腐败和罪恶渊薮形象的政治重负和反毒品斗争的高昂成本转给外围国家的情形。在巴西，如果私人银行不是必须向中央银行申报一定数额以上的存款，不对幽灵账户（俗称"甜橙"）实行有效的控制，这种不可或缺的边界控制将收效甚微。另一方面，中央银行如果不加大对私人银行、特别是在边界地区分支机构向国外资金流动的稽查，那么对边界不可或缺的控制也将收效甚微。尽管这些措施对反毒品贸易、反外汇外逃和反洗钱有好处，但只有有计划地不断减少失业、在边缘地区为青年组织社会活动、减少媒体的暴力宣传、以及使毒品消费非罪化，才能真正触及麻醉品需求的深层次原因。这样做要比贩毒者的诱惑复杂得多。这些原因也不会因根除毒品生产和替代种植而消除。结果将显示是令人失望的和毫无效果的，因为毒品生产地转移了，而且化学合成毒品生产已增加到占世界毒品消费总量的50%以上，化学合成的毒品包括抗抑郁药和兴奋剂，而这些毒品是在高度发达的国家生产的。

毒品贸易问题在政治上是一个严重的问题。其原因在于毒品走私的成员和代表已经渗透到政治体系，渗透到行政、立法和司法系统，渗透到市、州和联邦政府。必须分析在哥伦比亚和包括发达的毒品消费国在内的其他国家这种渗透机制的演变，这样才能更好地在巴西实施打击。打击对国家机构的这种政治渗透可行的办法之一是立法，要求凡是在行政、立法和司法部门任职的人或者这些机构的候选人都必须自动中止银行账户保密。政治渗透问题，随着巴西由毒品通道转变为日益扩大的毒品消费和扩散地，正变得越来越严重。

国际协定

亚马孙合作协定签订于1978年，是与拉普拉塔流域协定相对应的地缘政治的版本，也是对有效占领国土的军事计划的外交补充。有效占领包括修筑跨亚马孙公路（Transamazônica）和北方环形（Perimetral Norte）公路及建设国家卫星通讯系统。除了鼓励亚马孙地区国家之间的合作外，协议的目的还在于反对地区外强国的任何举动。这个协定有政治意义，各国批准该协议的时间有先后。巴西在1978年，厄瓜多尔、秘鲁、玻利维亚、圭亚那和苏里兰在1979年批准，哥伦比亚和委内瑞拉则在1980年批准。协定的目的，正如其条文中所述，通过可持续发展战略，支持成员国家之间的合作，确保该地区国家自主地执行亚马孙地区发展的共同计划，为保护环境作出贡献。一个具有重要意义的永恒事实完全证明，巴西同邻国合作的任何努力都受到安第斯山脉及其供养的亚马孙流域的水文地理系的影响。因

第六章 失去的天堂：国土和亚马孙地区

此，确定和实施同安第斯国家在技术、科学和经济（和政治）的合作计划是必不可少的。

亚马孙合作协定的成果一直有限，原因包括各国政府对具体计划的执行缺乏适当的资金。按照1998年的决议，该协定转为国际组织，并于2002年在巴西利亚建立了该组织的常设秘书处。有必要关注的是，这个新组织不要成为非政府组织和外国机构更多干预该地区事务的工具，从而通过表面合法的变相渠道，使亚马孙地区问题逐步国际化。

1992年在里约热内卢召开的联合国关于环境和发展会议，在很大程度上是发达国家长期运作成功的战略结果。这些国家很久以来就应该对毁坏环境负责，但在公众看来，她们试图将世界污染的"罪责"以及治理环境特别是温室效应的费用，转嫁给欠发达国家，特别是转嫁给拥有热带森林的国家。另一方面，它们直接或者通过授予非政府组织新的职能，试图增加对这些地区的干预水平。1989年密特朗总统甚至声称，鉴于亚马孙地区对于人类的重要性，巴西应该接受对亚马孙地区的"有限主权"论。欧盟委员会前委员帕斯卡尔·拉米在2005年主张对公共共有财富实行国际管理，其中就包括热带森林，欧洲贸易委员会委员彼得·曼德尔森似乎也持同样的看法。

国际会议行动的文件，如21世纪议程、关于生物多样化的议定书、关于气候的议定书和关于森林的原则声明，由于巴西和其他外围国家的努力，确认了对领土和自然资源开发合法主权以及共同但有区别的责任原则。这一原则明确地指出，大的污染源国家对环境污染负更大且主要责任，应该采取政策和措施防止环境破坏的加剧、促进可持续生产和消费的水平。然而，发达国家通过一系列的拖延花招，没有履行其义务，没有转移技术，没有以适当的方式为反环境恶化计划和推动可持续发展提供资金，却通过补贴在她们的国家内维持和鼓励掠夺式的生产和高消费水平，如美国的煤炭生产。她们力图使欠发达国家承担保护环境的义务，如减少排放的目标，以干扰欠发达国家工业化的能力。与此同时，荒谬的是，她们又将某些高污染行业转移到欠发达国家，然后从欠发达国家进口产品。美国是二氧化碳和其他气体的主要排放国，但她没有批准生物多样化协议，也没有在确定减少这些气体排放目标的京都议定书上签字，相反，还大幅度地增加排放。

另一方面，这些国家还力图把代价高昂的环境政策强加给像巴西这样的外围国家，这些政策要求国家采取坚定的、耗资巨大的行动。她们通过另外一些国际协议，力图将国家限制企业特别是限制跨国公司行动自由的任何行动变为非法。在多数情况下，这些跨国公司对破坏亚马孙地区的环境负主要责任。她们还通过国际专门机构"强加"或者鼓励严厉的财政调整政策，限制巴西为执行可持续发展的政策获得资金。

由于巴西和其他国家的努力，制止了一项关于保存森林的国际协议谈判。这一谈判的目的是要规定拥有大片森林国家的义务，但又没有任何迹象表明，工业发达国家准备为保存森林提供资金、技术和贸易方面的合作。相反，发达国家对热带森林产品的市场准入设置了越来越高的门槛和越来越多的障碍，而对欧洲国家和北美温带森林却采取保护主义的做法。

在环境领域所有的国际义务都需要大量的投资和各国的监督，这与经济领域内不断增多的试图限制国家的行动、减少国

第六章 失去的天堂：国土和亚马孙地区

家投资的国际规定相抵触。在这种两难的情况下，包括亚马孙地区国家的外围国家没有能力履行环境义务、没有能力执行"有效政策"的看法被强化了，因此人类的利益要求"文明的"中心国家可以对此进行干预，万一有需要，可将某些领土的区域，如亚马孙地区或它的部分区域置于国际控制之下，甚至可利用"印第安部落"为借口。这种说法与其说可笑，不如说是一种"阴谋"，因为它不时地在发达国家的头面人物和领袖的公开声明中得到证实。

国内结构问题和国际化

极端的不平等，侵犯人权和掠夺式的资源开采，无论是真的还是被"察觉到的"，以及长时间的缺乏解决这些问题的有效计划，被用作亚马孙地区国际化倡议的"正当理由"。这些倡议以亚马孙地区的特性对人类的重要性以及巴西的无能为论据，主张亚马孙地区应该被视作是"人类的共同区域"，因而，应接受国际上某种方式的管理。在这些对亚马孙地区的外国辩护士——不管是公共的还是私人——的良好意图之外，常常可以发现跨国公司（及其母公司所在国）在矿业、木材采伐、用于制药业和农业的生物多样性的利益，而且水的问题也因作为稀缺的战略资源越来越成为关注的目标。

根据"全球公民时代"的"现代"论点，他们试图证明，采用国际准则限制巴西对亚马孙地区主权是正确的。国际组织、非政府主义组织和舆论的思想制造者持续提出和宣扬"全球公共财富"的观念，称它是市场无法提供的，但对私人财富的生

145

产是至关重要的。亚马孙地区既然是为"全球"提供"好处"，可按一种"全球公共财富"来对待，因而，该地区的发展政策，就应该由国际大家庭跟进甚至拟定，这是国际大家庭的一项合法权利。

亚马孙地区国际化的论点在巴西人中也有信徒，这些人相信国家及其精英的低效率和"卑劣"，另一方面，他们相信国际机构和跨国公司和强国政府的效率和高尚。一些公司和政府已经随时准备同我们共同分享它们的"智慧"，换取他们获得政治利益和企业行动的空间。

巴西历届政府和精英们在减少各种社会和经济不平等、以及应对侵犯人权和环境破坏方面确实暴露出了无能，他们也部分赞同执行外国的"善意"劝告，为跨国企业开发巴西经济和劳动市场开辟了空间。然而，这一事实不能得出这样的必然结论：如将亚马孙地区交给外国政府和它们的代理人，使其国际化后，它们就会善待亚马孙地区；巴西人民也不会不向政府和政治经济精英们施加压力，让他们从不作为中醒悟过来。

在捍卫主权、减少贫富悬殊、反侵犯人权方面，采取自觉有效的政策而不是一般的救济措施方面，只有人民的压力才能抵消外部的压力，应对外国机构和政府以公开或伪装的方式将整个或部分亚马孙地区"国际化"、减少巴西社会在这块世代居住地区的行动能力的举动。

失去了亚马孙地区，巴西将会是另一个国家，其确保巴西社会和人民未来在国际政治、军事、经济舞台上较好地位的能力将会被极端削弱。一切表明，未来的特征将是权力集中、不稳定、权势者的专横和暴力、各类资源包括自然资源的短缺，

第六章 失去的天堂：国土和亚马孙地区

尤其是缺乏水这一不可替代的资源。

世界上的淡水由于人类的消费和工、农业的用途变得越来越紧缺，而高度发达国家没有减少水的高度浪费，特别是工业用水。在部分国家已经发生水短缺的现象，造成近东局势的紧张，而且在未来几十年这种局势将会恶化。另一方面，水资源拥有国和消费国之间相距遥远。巴西，特别是亚马孙流域，拥有世界淡水的14%，亚马孙热带森林是该地区水文系统的重要组成部分，亚马孙森林的减少直接影响水的蒸发、降雨和水的净化，因而影响淡水的拥有量。

此外，不能忘记的是，地球上70%的淡水在南北两极，许多国家和企业都在努力开发能够对其进行经济开发的技术，加拿大和格陵兰就在进行这项工作，在其他有可能供应水的领域也有重要的研究计划，以降低海水淡化工业流程的成本。

巴西亚马孙地区的法定领域面积为500万平方公里，占亚马孙地理面积（总计约700万平方公里）的70%，是巴西国土面积850万平方公里的60%。包括亚马孙地区的面积，巴西在世界6个面积超过700万平方公里的澳大利亚、巴西、美国、中国、加拿大和俄罗斯中居第五位。如果不算亚马孙地区，那么，巴西就将被归类于中等国家，也就是介于100万到350万平方公里的国家，失去大陆地域国家得天独厚的地位和广大的人口，这些大国包括中国、俄罗斯和美国。从面积、人口和国内生产总值看，在各类头10位国家中，只有3个榜上有名：美国，中国和巴西。

这些考量非常重要，一方面，表明了巴西经济、社会和国家的潜力，在地域面积（和拥有的自然资源）、人口（国内市场的潜力）和生产的多样化方面，不能够像人们常常去与智利、新加坡、葡萄牙和希腊相提并论，这些国家处在对国际市场的过分依赖、强国的压力及市场的浮动之中，另一方面，可以解释为发达强国对巴西的渴望、希望巴西裁军以及把巴经济从属于她们的一体化战略。

葡萄牙及此后巴西对亚马孙地区的主权（以及该地区实际的或者想象中的财富），遭到西班牙和继承她的国家的反对。在"占有地保有主义"两种理论的争论中，一种理论来自葡萄牙和西班牙之间所签订的占有协议的法律解释，另一种理论是领土的实际占有理论。那些西属国家，开始时是阻止葡萄牙接近秘鲁的财富，后来，特别是在巴拿马运河尚未开凿前的时期，是要保证其通往大西洋的通道。同时，英国人、法国人、荷兰人及后来的美国人都企图控制亚马孙河的入海口，从而控制进入该地区内地的通道，控制生产和贸易，甚至将他们在国内不受欢迎的人如美国南北战争后美国南部的美国黑人"移植"到亚马孙地区。

远洋轮船可以在亚马孙河航行到马拉尼昂与乌卡亚里的汇合处。此外，几乎所有的主要支流到主河之间有很长距离均可航行。与直接占有领土的野心（作为替代选择或者增加领土）相结合的是亚马孙河的国际化，为的是使沿河乃至其他国家的商船和军舰可以在亚马孙河自由航行。

在巴西帝国时期，亚马孙河（及其部分支流）的国际自由航行问题，是与拉普拉塔河的自由航行问题、前往当时的马托格罗索省通道问题、主权问题，以及巴拉圭、阿根廷和玻利维亚在当时确定边界问题相关联的。

第六章 失去的天堂：国土和亚马孙地区

亚马孙河和支流对沿河国家的商船和军舰或者悬挂任何国家国旗的船只（当然包括强国的战舰）自由航行的论点，帝国时期的参议员若泽·托马斯·纳布科曾予以辩护，他引证了在亚马孙地区巴西有必要保持与拉普拉塔河问题一贯的立场。所幸的是，国务委员会的委员皮门塔·布埃诺的意见占了上风，亚马孙河及部分支流只允许沿河国家的商船队自由航行。可以想象，如果允许任何国家的战舰自由航行的论点占了上风，那么今天，亚马孙地区实际上已成为国际领土。

里奥·布兰科男爵①，在他任外交部长前及任外交部长期间（1902～1912），成功地开展了广泛的外交努力，通过确定领土范围、国际承认，包括北部边境的边界划分等，巩固了巴西对所发现的领土和历史上被巴西人占领的领土的主权。里奥·布兰科男爵的努力，不仅消除巴西与邻国可能发生摩擦的原因，而且还与对该地区的特殊资源（不管是想象中的还是实际的）的经济开发的重要性结合起来。当时这些邻国对她们想象中的巴西霸权和扩张主义感到担心（在合作安全的论点下，目前仍然含蓄或明确地存在），她们过去曾随时准备联合起来反对巴西的倡议。巴西亚马孙地区那时有大量橡胶生产和出口，橡胶在鼎盛时期是巴西最主要的出口产品，1912年橡胶占巴西出口收入的40%。

选择国际仲裁来决定边界问题把强国的名誉卷入其中，选择强国是各方所达成一致协议的结果。这样做，结果要比与邻

---

① 里奥·布兰科男爵（Barão Rio Branco, 1845～1912），巴西外交官、历史学家，1902年曾出任外交部长，解决了与玻利维亚、秘鲁、哥伦比亚、荷属圭亚那的边界纠纷。被尊称为巴西"外交之父"。

国的双边谈判的更为确定。如果是双边谈判,无论结果如何,总会受到后来的政府的反对,指责前政府的无能或者卖国。

开发亚马孙地区的挑战

亚马孙地区,由于收入和财富过于集中、由于人口日益集中在少数几个大城市,同时又分散在河流沿岸内地的很小的居民点,导致地区的市场密度低(两个最大的中心城市除外);由于电力供应的短缺和不正常,由于脆弱性和多样性及对地区不同生态系统相对缺乏了解,又由于掠夺式的自然资源的开发,其经济和社会发展面临重重困难。

亚马孙地区环境的破坏,在历史上与该地区为满足国际市场的需求而不加控制的经济开发、对劳动力的残酷剥削、很少在该地区保留财富、未形成内部市场、社会松散,以及当地居民的贫困紧密相关。这种形势,随着运输手段的进步和先进生产技术的引进,特别是粗放型的农牧业先进技术的引进,变得越来越严重。

橡胶业的第一周期给一些城市带来了短暂的财富,如马瑙斯。马瑙斯剧场的传奇被人羡慕,吸引了成千上万的东北部人前往那里建橡胶园,导致大量印第安人的死亡。但在该地区没有橡胶加工业,在巴西也没有。自从三叶橡胶苗木被走私到马来西亚以后,巴西的橡胶生产被从世界市场上排挤出来。割胶的农民,只得投靠了橡胶园主或者非法的占地农。橡胶业的第二周期,是日本占领马来西亚和美国对橡胶供应的巨大需求后发生的。再次导致从巴西东北部地区向亚马孙地区的移民。在

第六章 失去的天堂：国土和亚马孙地区

二次大战期间，产生了短期未加工的原料出口，但并没有给人民生活条件带来长久的改善，也没有改变收入和财富集中的状态。战后，由于国际上对巴西亚马孙地区的橡胶需求下降，橡胶采集业停滞和倒退。这些周期，鉴于其采集业的特点并非掠夺式的开发，因而亚马孙地区并没有大片森林被砍伐。

为给第一世界的人民提供更多的蛋白质，国际上对于肉类需求扩大；1973年至1979年的石油冲击所导致的外汇危机和实现外贸盈余的需要；农业机械化技术的发展，以及在美国反古巴和反游击队的刺激下，出于对国家领土一体化的军事关切，综合这些原因，促使巴西政府制定了一项计划，修建与垦殖计划相协调的公路，制订庞大的免税、减税计划，并对农业提供高额的信贷。随之，巴西企业和跨国公司大量购买土地，将南部地区和中西部地区的垦殖农迁移到亚马孙地区，机械化砍伐森林密集进行，牧场和大豆农场纷纷建立，由于没有进行轮作，土地变得贫瘠，农药大量使用，后来又将占地农和以往的垦荒者赶出那个地区。

巴西国家的农业研究计划主要针对出口农作物，而不是用于维持生计的农作物，信贷计划主要资助密集使用农药和机械化的作物，特别是大豆的种植，这样，导致稀树草原和亚马孙地区的土地被大片开发，森林被大量砍伐，环境遭到严重破坏。

被从农业驱逐出来的劳动力为城市吸引并继续涌向城市，导致城市无序地快速膨胀，有的人则成为手工淘金人，有的人从事贩毒。环境被破坏，森林被毁，给土著居民和印巴混血居民带来了各种各样严重后果，河流被污染，渔业被水银破坏，淘金者留下了废弃的大坑，那里成了疾病传播的场所，青少年为生活所迫卖淫。

需求和国际市场再一次导致了环境破坏的进程和亚马孙地区居民社会分化的加剧。这是由于商品如黄金、宝石和毒品价值高、重量轻，航空运输便捷的缘故。

本来打算通过亚马孙开发署制订的计划，进行地区开发；以北卡利亚计划，实际占领土地；通过席万计划，保卫国土；为印第安保留地划界，以保护土著居民和采集业工人，但在国际经济产生的外部形势和巴西社会思想和经济脆弱性日盛的情况下，这些计划处于停滞状态。

一方面，国际新自由主义的思想把货币的绝对稳定、对外开放和商品、服务业和资本市场的非规则化、国家不干预经济、预算平衡、外围国家的非工业生产的专业化奉若神明、并把向内外债权人履行财政支付承诺置于绝对优先地位，这种思想加剧了巴西经济对内和对外的脆弱性，这表现在高额的公共债务上，大部分预算用于还本付息、支付高利率，国家资金短缺，特别是扩建基础设施方面的资金短缺，带来了严重的后果，2001年电力危机所暴露出来的情况就是例证。

一方面，亚马孙地区是公共资金短缺和公共资金被挪用的牺牲品，而公共资金对投资和对经济活动的监督是必需的；另一方面，国家经济决策中心的"缺少想法"，他们不承认国家必须对减少地区的差异进行干预，却认为对私人企业的行为不应该进行指导，也不应该进行限制，对在亚马孙地区的脆弱的生态系统的活动也不应进行指导和限制。他们嘴上承认，但实际上，特别是对外资企业，并不监督。按照辩护士的观点，从理论上讲，外资企业通过投资和出口能够创汇，能够应付对外财政承诺的

第六章 失去的天堂：国土和亚马孙地区

"无底洞"。由于国家的不作为，亚马孙地区的人民——不管是印第安人，印巴混血种人，水上人家，穷人或者垦殖农——只得自己顾自己，将合法的资本或者非法资本投入自发和掠夺式经营开发，投入到毒品、黄金、钻石、宝石的生产和贸易中，以低价卖到某个海外国际消费者市场。

只有国家有组织的行动才能有效和紧急地应对亚马孙地区可持续发展所遇到的障碍，阻止和扭转在亚马孙地区的某些地区的荒漠化的进程及其所产生的后果。本国的私人企业，更不要说外资的企业，都是以追求利润最大化为当然目标，它的自私自利的态度、缺乏必要的社会责任，往往不可避免地要绕过它认为会为难其"效率"的法律和法规，但它是不能应付那些障碍的，反而会使障碍更难克服。非政府组织，当它们还没有与外国利益相联系时，不拥有能实施有重大影响的政策必要的指挥权或批准权，可以缓解个别具体和少量的状况，但不能解决亚马孙地区总的挑战。国际专门机构则不具备手段或者实际力量，如保护巴西热带森林试点计划和世界环境基金会，就是因为资金短缺，效果有限。再加上某些发达国家拒绝执行为减少温室效应而减少气体排放目标的政策，而这些目标是根据气候变化框架协议的京都议定书确定的，他们也已经接受的。一些强国，如美国，一直在减少用于对外援助的项目资金，并支持自由主义的行动哲学，这样就难以应对和解决亚马孙地区的挑战。

巴西亚马孙地区的总人口约2,100万，相对集中在几个大中城市（城市人口为68%），同时，有许多人分散在内地，居住在可航行河流的两岸，这使在该地区执行公共政策困难重重。在

巨人时代的巴西挑战

亚马孙地区的 2,100 万人口中，约有 22 万居住在印第安部落的村落中，另约有 10 万印第安人没有居住在村落中，而是居住在中心城市的边缘，且不同程度的被同化。95% 的印第安人的土地位于亚马孙地区，巴西则有 60% 的印第安人生活在亚马孙地区。因而，巴西，作为一个多种族社会，在亚马孙地区的利益，不能仅仅根据印第安人口的利益来看待，因为他们仅占该地区人口的不足 2%。

印第安居民在历史上和至今仍受到的人权侵犯，其与"文明的"白种人（和混血种人）接触时所表现的脆弱性，包括生物的脆弱性；他们的社会文化特征；他们作为亚马孙地区生存系统有效的保护者不可缺少的职能，都要求国家应以有效的方式，对他们有效地进行保护，这种保护不光在言辞上，保护要充分，怎么做也不为过。

教会让印第安人加入西方资本主义社会的企图，打破了印第安人与环境之间的平衡，瓦解了他们传统的社会，破坏了他们的风俗习惯以及他们与土地虔诚的联系，产生了可怕的心理效果，不但没有以有益和体面的方式同化他们，反而常常使他们处于社会边缘化的境地。将印第安人迁出他们传统居住的土地，将他们集中在村庄，以便于破除传统的精神价值和宣传教义，这样做是以白人的宗教和文化价值优越为前提的；将他们从祖居地迁移，结果使白人个体或企业对这些地方进行掠夺式的渗透。

这样，导致相当多的印第安人积聚在城市的边缘，酗酒、卖淫、失业指数居高不下，也易被毒品贩子拉下水。这种情况同样发生在由于采金被赶出土地的原有的占地农——印巴混血

第六章 失去的天堂：国土和亚马孙地区

种人身上。

某些教派的传教，似乎常常与生物海盗和伪装成传教士的研究人员的非法活动相联系。他们寻找该地区的植物治疗疾病的传统知识。这些利用植物的传统知识可以节约药物基本成分鉴定和合成的研究成本的50%。

对印第安人的人权侵犯经常被非政府组织用来为它们对亚马孙地区的部分或者完全国际化的举动开脱（要求部分国际化是在"印第安部落"土地上实行自治，完全国际化则是所谓的人类的"共同区域"），再加上捍卫该地区的环境的理由，他们竭力把亚马孙地区说成是"世界之肺"和最大的"碳捕捉器"，尽管这一论点科学可信度很低，但相当"普及"。然而，尽管不是"世界之肺"，这一事实不应该损害在亚马孙地区严格的环境保护紧迫需要。因为热带森林持续被毁，会引起深刻的气候变化，即使不是对世界，但对巴西和南美洲肯定有影响。

对印第安人土地的实际划界、规范资源的经济开发，特别是矿产的开发，通过支付专利税补偿历史上对印第安人权利的侵犯和建立打击侵犯印第安领土的基金，对冷却私人和公共组织发起的不管是出于恶意还是好意的亚马孙地区国际化运动，都是必要的。

尽管人们对亚马孙地区的矿产资源了解不多，但已经发现了巨大的储量和高质量的铁、铝矾土、铜和锡，还确认了金、银、钻石、高岭土、铌、锰多种矿藏和天然气田。这些矿藏根据地质构造，分布在该地区的不同区域，但重要的集中地是卡拉雅斯矿区。

巨人时代的巴西挑战

卡拉雅斯的特征是如此神奇，可以与南非的威特沃特斯兰德①和加拿大的阿比蒂比（金矿）相媲美，但卡拉雅斯的优势在于，后两个矿从地质学上讲已经完全为人们所了解，被发现已经有百年的历史，但卡拉雅斯的勘探从1966年才开始，对其矿藏和经济潜力基本上还不了解。在卡拉雅斯，拥有世界上最大的高品位的铁矿，潜在的占世界第二大的铜矿，巴西最大的金矿，还有重要的锰、镍和银矿。

20世纪60年代发现的露天锡矿和70年代发现的金矿吸引了100多万采矿者或来自全国城市边缘的人，或者被农业和粗放的牧业赶出土地的人。在初期，他们曾得到过政府的默许，这种移民途径成为当时一种缓解农村和城市社会紧张的方式，但后来，政府从保护环境、防止入侵印第安保留地和防止与印地安人发生冲突考虑，尽量禁止这样的做法。野蛮掠夺式采金的做法留下了一连串的大坑，由于使用水银在河床上淘沙金，导致了河流的污染，由于淘金者过着居无定所的生活，引发了疾病在该地区的传播。

亚马孙地区，由于采用了工业采矿技术，出口了数千万吨铁矿石、铝矾土和锡矿石。为了巴卡雷纳炼铝的需要，修建了图库鲁伊大型水电站，发电500万千瓦时，并以补贴价格向巴西铝厂和阿鲁马尔铝厂提供电力。卡拉雅斯的铁矿石的出口和加工导致了从马拉巴到圣路易斯的铁路的修建，还建设了年产150万吨的生铁厂，每年消耗400多万立方米的木炭。

手工采金吸引了并仍在吸引着成千上万亚马孙地区和全国

---

① 南非德士兰瓦省的高地，海拔1500~1800米，是世界最大金矿区。（译者注）

第六章　失去的天堂：国土和亚马孙地区

各地的人，他们是因粗放的农牧业而失业的人或是城市的半失业者。被突然致富的幻影所吸引的采金者，受到矿主和设备拥有者以及收购他们劳动成果的中间商的剥削。他们为了采金使用的水银，污染了无数条河流，也污染了当地人食用的鱼，并由此影响了居民的健康。在这一地区，这些水银是由毒品、化学剂品和黄金走私渠道带进来的。对勘探和开采矿藏颁发许可证的政策，以及冗长的官僚程序，提高了获得许可证的成本，有利于大地主，而组织采金工人成立合作社，引进非掠夺式的采金技术的种种努力，效果却很有限。

卡拉雅斯矿区的活动意味着，大规模矿业资源开采，也能做到环境保护。现在，人们都知道在印第安保留地蕴藏着重要的矿藏。因而必须更好地了解矿藏的范围和战略价值，确定开采方式，而不损害印第安人的权益，如果开采，也使他们能享受矿藏开采的成果。

在可能蕴藏着重要的矿产资源的领土内建立和划分印第安人保留地的政策，部分是源于国外以人道主义为借口的强烈压力，但也许与发达世界建立原料储备的战略、满足它们的需求，在未来需要的时候再进行开采有关。由于可能给予"印第安部落"自治权，再加上该地区人口的增加，会便于这种战略的实现。

亚马孙地区向世界市场出口了大量的低附加值的矿产品，这些矿产品由于供过分大于求，价格浮动和下降，在该地区只解决了很少一部分人的就业问题。为提高附加值和该行业生产结构的多样化进行投资，一方面遇到了电力供应不足的困难，另一方面解决这些困难的办法遇到了环境的抵制——来自国内外的压力和经济上的损失（木材、水产品、生物多样性）。这些是兴建大型水库、森林砍伐和气体排放导致的结果。如用木炭生产生铁，时常会引起印第安保留地的反应。

亚马孙生态系统的脆弱性和对亚马孙的生态系统相对缺乏了解，以及对它的无序开发给气候、经济和社会所产生的后果，为制订和执行公共政策，以规范私人开发自然资源的权利提供了证据。在亚马孙地区，大自然是自主的，它决定着比国内其他地区更为强烈和严格的人类占有方式，然而亚马孙地区并非单一的，而是各种不同的生态系统，其演化和地貌反映在土地的类型上，具有不同的支撑能力，因而，人类的占有方式应该与不同的生态系统相适应。这并不会自然而然地发生，对该地区历史上的居民，如印第安人，采集业者和逃奴却是例外，他们具有传统的知识，依赖森林维持生计，而且没有任何掠夺活动，对"环境保护事业"作出了重大贡献。

生物多样性，特别是植物多样性是重要的，因为它是亚马孙生态系统生命周期的组成部分，植物的基因家族能否更新要靠它，在巴西和其他国家才有大规模的农业生产，才会巩固其多样性，从而防止灾害和害虫的侵犯。由于印第安人传统的知识，生物多样性为新的药品生产在活性要素的研究中节约了大量的成本和时间。

生物资源和基因资源的应用是与传统的知识相联系的。亚马孙地区印第安民众和印巴混血种人拥有的知识保护对司法理论和立法者是一种挑战。因为，在工业流程和产品开发中使用了印第安人的知识，但专利权并未给他们提供适当的保护。获得基因资源需要法律来促进生物多样性的可持续使用，同时有

第六章 失去的天堂：国土和亚马孙地区

利于科学创新和对亚马孙地区现有财富的增值。

植物的生物多样性与动物特别是昆虫的生物多样性有着紧密的联系，昆虫可以阻止森林构成的同种性，并对生物质的退化和表土的构成产生积极作用，从而对热带气候、水系在降雨和蒸发周期的情势产生影响。亚马孙地区的大部分土地贫瘠，极易因毁林和雨水的冲刷迅速退化。如果没有更新，在某些区域将导致土地的荒漠化。

很多作物，如土豆，咖啡，甘蔗，水稻，都源自热带雨林。这些作物在人工大规模或者单独种植时，特别容易受到害虫和灾害的影响。以农药消灭虫害的可能性因影响人的健康的后果而受到限制，因而，引入野生的物种基因，通过杂交，使得它们具有抵抗力，变得十分重要。生物技术，随着转基因的开发遭到社会运动和一些国家的反对，因为转基因对农业、环境和人类健康的影响还有不确定性，这就使通过自然方式更新物种变得更为重要。

对自然资源的掠夺式开发主要是大的农牧业企业干的。对这些大型农牧业企业的经营，可以通过收取环境保护税，通过植树造林信贷体系，定期和强制公布森林砍伐信息，对主要砍伐森林的地产和该地产主的姓名曝光等措施加以抑制。

可对本国和外资木材企业的活动进行指导，使之能够以可持续和更有益于该地区的经济和社会发展的方式经营，要求对木材进行加工，对原木出口实行配额，对经营进行监管，课以严厉罚款，足以震慑掠夺式开发行径。

农民和淘金者的掠夺式活动是一个更加复杂的问题，因为他们十分分散，且小农业者对于环境的损害较小。这需要制订研究计划，传播农业可持续开发和非掠夺性采金的做法。农民和小占地农的状况和经营活动，只有通过颁发土地证计划和便捷的银行贷款方案才能加以改变。

亚马孙地区的大部分土地被本国和外国重要的企业占有。这些企业在财政补贴的诱导下，再加上负利率的信贷，购买了广阔的土地。农村土地大量集中的另一个原因是有人利用伪造的土地证占有公共土地。在亚马孙地区，收入和财富的集中可以通过农村土地资产集中指数来评价。亚马孙地区的这些指数在全国是最高的，亚马孙地区45%的土地为非生产性不动产，48%的不动产属于小庄园。所以，只有一小部分人集中这样的财富，因而，该地区的政治权力也集中在他们的手中。北部地区的现实情况是，90%的居民没有卫生下水道，30%的居民没有电，60%的居民没有饮用水，15岁以上的人20%是文盲。这表明，北部地区和亚马孙地区的社会状况和人民收入，远远低于巴西其他地区，显示出实际贫困的尖锐性。在该地区，降低收入和财富高度集中可能选择的战略应该针对其根源和原因，即土地所有制。可通过增加税收，和万一需要时没收土地，特别是在他们进行掠夺式开发、对环境产生巨大的负面影响时候。在土地的自我评估制度的基础上，强制交纳税收，国家有权优先购买超过申报销售价格一定百分比的土地，或者按照不动产主为交纳土地税和所得税的申报值购买他们的土地。这是发达资本主义国家一般采用的机制，不能将之视为落后的或者"社会主义"制度。国家恢复土地所有权可有利于农业合作计划的建立，也有利于可持续的采集业和森林的管理，以及印第安人保留地的建立，而无需政府付出大量资金。

第六章 失去的天堂：国土和亚马孙地区

工业在亚马孙地区所占比重较小，工业企业主要集中在马瑙斯和贝伦。马瑙斯自由贸易区建立了生产性工业，不仅仅是装配业，但主要效果之一是推迟和阻碍了元器件国产化率的较高的巴西电子工业的建立，过去由于对汽车工业的建立给予了激励和保护，汽车工业得以建立。自由贸易区吸引了原来从事农业和采集业的人，但由于其所采用的技术，创造的就业机会无法完全吸收他们。自由贸易区建立的最初目的是建立一个出口平台，但在实践中目标没有达到。因为，自由贸易区变成了巴西全国市场的"进口平台"。不过，无论从政治上还是从经济上考虑，都不宜取消自由贸易区。然而，必须建立税收和信贷机制，诱导提高当地产品的附加值，增加就业人口，让那些享受免税的企业真正出口并对所得税减免后的资金使用进行监督。自由贸易区对于亚马孙州的森林覆盖率的保持是一个重要因素，那里有1/3的巴西森林（1.5亿公顷），由于抑制了掠夺性经营活动，如密集的木材开采或粗放的牲畜业，因此，亚马孙州至今还保留着98%的原始森林。如果实施鼓励利用亚马孙地区的自然资源的行业政策，特别是潜在的渔业资源、水产养殖和可持续利用基因资源，那么广阔的田野和低洼地就可以对自由贸易区的发展予以新的推动。

廉价的的电力对经济活动多样化、改善亚马孙地区人民的生活条件是不可或缺的。该地区电力的短缺，不能用需要巨型水库的大型发电站的方式解决，如建设图库鲁伊水电站时，就淹没了大片地区。但可以以天然气为燃料建立小型的热电站，在乌卢古等地蕴藏着丰富的天然气。

尽管亚马孙地区拥有巨大的水电潜力，它的利用对该地区资源的工业化利用、增加附加值、创造就业是必不可少的，但也存在着各种各样的障碍，如建立大型水库淹没大片地区所带来的环境后果，影响水文系统，造成森林的破坏和生物多样化的丧失，淹没印第安人的土地，引发国际上的反应。由于只有少数几个大的城市，人口主要分散在沿河两岸的小城镇和无数的小村落，高昂的财政成本使供电变得十分困难和不经济。用柴油机发电取决于河水水流的变化情况，因为柴油是通过水路运输的，柴油机不易保养，发电平均成本约为水力发电的3倍。

居民住地分散，建设输电线路不经济，财政和环保成本高，以及国际反响所付出的高政治成本等等，因此该地区必须开发利用儒鲁阿和乌鲁古的天然气，或者棕榈油和其他替代能源——生物质能和太阳能来发电。

战 略

联邦政府和当地机构为加强生产活动、提高附加值、增加就业、减少社会不平等而实施的亚马孙地区的发展战略，同时，作为对于亚马孙地区国际化的论点的有力回应，应该：

• 逐步对该地区划分生态——经济区，对于尚未在区内经营的企业实行不同的税率；

• 开发可持续的农业生产技术，特别是与生活必需品相关的技术；

• 开发非掠夺式的采金方法；

• 鼓励当地农业和采集业产品的工业化，把生产和贸易链接起来，加强当地企业；

第六章 失去的天堂:国土和亚马孙地区

- 促进对生物多样性系统知识的了解,对传统知识进行调查,推动对该知识的登记注册和保护;

- 确定制约当地经济的瓶颈问题,通过实施"进口替代"计划,利用本地区资源,建设环保可持续的基础设施来推动问题的解决;

- 加强制订和实施亚马孙地区公共政策的机构,加强现有的科研机构,把研究人员留在当地。

巴西在亚马孙地区的国家行动战略的优先目标是捍卫边界的完整,不卷入邻国的内部冲突,继续保持不干涉的传统立场;无论是对军事性的行动还是对企业或个人掠夺式的经营,均要捍卫亚马孙地区的环境;利用国家自然资源执行可持续发展计划和反毒品贸易计划,避免外国的干预,它们总是制造幻觉,示意投入大量资金,但实际上仅有小部分资金在不适当的时机时投入,以便让我们低价出让确定开发该地区战略的行为能力。

对权力的宏观霸权结构、劳动市场特征、直接影响人民的主要弊端的缘因(如侵犯其人权)、欠发达国家技术的性质、资本的核心问题和扩大生产能力以及关于领土等诸多问题的反思,提示我们应该问一问什么是在克服实施发展战略障碍中的智力原因,而要寻求这个问题的答案,就必须对文化霸权和思想上的脆弱性进行分析。

第七章 马古纳伊马[①]：欠发达与文化

"戈德温部长先生，问题在于您只考虑文化，而我只考虑金钱……"

——萧伯纳[②]

思想脆弱性和文化霸权

巴西社会的特征是在经济、政治、科技、军事和思想方面长期的对外脆弱性。更为重要的是，这种长期的脆弱性影响了巴西国家和社会（企业、协会、政党、非政府组织、教会、个人等）一切政策和态度，同时加剧了对外其他层面的脆弱性，也就是思想的脆弱性。正是这种思想的脆弱性，通过各种机制维系和加深了被殖民意识，它不仅体现在传统的领导精英身上，而且也反映在政治反对派、知识界、经济界和官僚派身上。这种"被殖民意识"主要表现在精神上的怯懦和卑躬屈膝的态度，在民众中产生了无所作为的意识，并将巴西的脆弱性归因于巴

[①] 巴西现代作家马里奥·德安拉德同名小说中的主人公。作者想通过这个人物概括巴西人在第一个现代化阶段的性格，巴西是一个大国，但还不成熟，巴西人的性格尚未定形。（译者注）

[②] 萧伯纳（George Bernard Shaw，1856～1950），英国剧作家。（译者注）

第七章 马古纳伊马:欠发达与文化

西的权利缺失、无能、"乡巴佬"意识、"社会守旧"和"排外",总之,我们社会的低人一等。思想的脆弱性与在巴西社会中广泛且呈上升趋势的外国文化霸权有着紧密的关系,特别是它的视听产品,通过电影电视并加上新闻界,光碟和电台一起进行传播。

思想脆弱性已经达到如此的程度,以致一个法国的社会学家或者一个美国的经济学家的评论,外国对某个巴西领导人的掌声、某风险分析机构,或某国际组织的意见都会对精英们关于巴西形势和前景的看法,产生正面的或者是负面的巨大反响,导致自我祝贺的游行,或者反对者的抗议以及遗憾和失望。巴西社会思想上的脆弱性是因为巴西的大多数精英们,不是寻求为人民执好政,而是宁愿为各种国际利益效力。这些精英们希望作为一个"正常"国家的、"年轻但文明的社会"的代表被接受,不要同国际上的强国发生"对抗",而是要与它们"合作"。外国知识界、政治界或者企业界关于巴西的意见始终比巴西人所发表的意见(反映外国人的意见除外),得到更多的尊重、赞美和赞同。这里所说的巴西人也包括传播巴西人意见的重要媒体和具有殖民地思想意识的本土精英们。

思想的脆弱性导致知识精英和领导者们始终试图从外国模式中寻找解决经济欠发达、文化"落后"、政治上的"专制"和"守旧的"巴西宪制的办法。他们从国外寻找机构模式(如监管机构,自主的中央银行等等),经济战略(如"瞄准汇率"和目前的通货膨胀目标等等),军事理论(如合作安全等等),教育模式(如学校课程,美国在大学实行的信贷制度等等)。他们忘却了他们的这些模式和理论发展是基于其社会的历史实践,其演化过程和特点是有别于巴西的。这样，对于巴西来说，这些被"移植"到巴西的模式和理论的弱化和蜕化，令被殖民化的捍卫者感到绝望。至今，仍然有法学家和知识分子主张巴西采用英美"普通法"和仲裁实践——包括国际仲裁——的原则，来组织和改革巴西的司法制度。在他们看来，巴西的司法制度是基于罗马法律和日尔曼法律，因而是陈旧的和拖拉的。依此类推，象这种思想和模仿态度的例子不胜枚举。

思想脆弱性的问题是一个根本的问题，因为它直接反映了社会的凝聚或社会分化，反映了国家的建设或分裂，反映在自重或自我否定，也反映在巴西社会的经济（不仅仅是不平等增长）、民主（非寡头政治和非财阀政治）和社会（文化和精神）发展政策本身能否取得成功。

思想的脆弱性影响巴西文化的同一性。这种同一性对于那些认可在特定的土地上、由各种不同种族和宗教构成、拥有唯一的历史、政治和经济经历的巴西社会的发展的人是至关重要的。意识到这一点，是巴西社会能够寻求到应对自身挑战的独特解决办法的关键。思想的脆弱性和外国文化的霸权阻碍、阻止和混淆了巴西不同的社会阶层，并有消除本身特点和从历史这种特征本身衍化出的意识的倾向。

社会自身获得的意识，也就是每个公民和社会团体对其所生活的社会特征的意识。这种意识要靠一种思想的象征来铸就，也就是说，通过各种不同的文化表现形式演绎和建立对国家的过去、现在和未来的看法。

这种对过去、现在和未来看法的建立几乎完全与个人直接经历无关。至于过去和未来，前一个"未曾经历过"，后一个

第七章 马古纳伊马:欠发达与文化

"还未能经历"。对于现在,因为人们不可能事事亲历亲为,所以不能有一切社会情势下的直接经验。因此,我们所了解的巴西本身和世界过去的绝大多数事实和解读取决于历史学家和艺术家知识和文学的创作,特别是视听剧和文学创作的创作,无论这些作品如何虚构。巴西人对于个人和社会情况和价值观的想象,是源文化、文学、视听和消息构建起来的,常常充斥着偏见和刻板的看法。我们所了解的有关巴西社会的历史,不是我们亲历的,而是由第三者"创作"的。

思想的脆弱性随着外国文化霸权在巴西日益增长而加剧。巴西文化的创作、生产和传播,无论是否是视听形式,都受制于外国文化霸权,对于国家看法的形成最终将是支离破碎和扭曲的。对世界现实的"解读"由美国霸权文化的种种表现形式来体现,这种解读占据优势地位,反映了那种文化的偏见、刻板以及那个社会的利益。从外国文化霸权(对巴西来说,是美国的霸权文化)衍生出来的混乱——畸形扭曲状况,就是思想的脆弱性和对巴西各种负面后果。

文化同一性的建设来自文化表现形式的产品,它包含从新闻界的活动到科学艺术的创作,特别是视听形式(各种各样的纪录片、故事片、系列片和新闻片)的巨大影响力。这种同一性建设并不反对文化多样化的需要,更不会反对与外国文化的对话交流。但是它反对外国文化表现形式对巴西本土文化的霸权。鼓励和接触文化表现形式的多样化,将使巴西社会获得对世界、人际关系、及现存问题不同并经常是相矛盾的看法。带战略性的问题是,设想所有的巴西人,无论是艺术家,知识分子,政治家,还是普通的巴西人,都能接触巴西文化的表现形式和构成世界文化多样化的各国文化表现形式，以加强和丰富我们的文化同一性，反对来自任何地方的文化霸权。要确定文化、交流以及非救济式教育政策，并使之成为一体，致力于巴西社会建设的计划。为此，在讨论文化问题时，也不可或缺地要讨论其经济、政治和社会层面的问题。

文化、传媒和教育

从严格意义上说，文化可以定义为人类非功利性活动的总和，用以表达和再现个人或者集体的、在当今传播和在未来世代相传的经历。

由于地理、种族、政治和经济环境的不同，鉴于人类经历的空间存在不同的差异，自然产生各国特殊的文化，由于文化并非封闭的，因而相互影响。没有优越的国家文化，也没有优越的种族。但由于不同的历史环境，在某些社会中财富积累和技艺知识积累进程也不同，可以有不同文化表现的创作模式，同时，由于政治和经济原因，某些文化可以在全球范围具有更大的传播能力和社会渗透力。

文化是各种传统艺术表现形式的总和，如音乐、雕塑、绘画、文学、建筑、舞蹈、戏剧、电影和其他形式，如版画和摄影。艺术和艺术表现形式并非同它的物质支撑相一致，产生的影响也不与其传播手段相一致，尽管特定的手段和支撑会对艺术作品产生影响，并以某种方式改变它的内容及其对社会、经济和政治的影响力，这样一来，它们对确定和实施某项有效的文化政策就具有重大意义了。

第七章 马古纳伊马：欠发达与文化

　　大众文化通过同样的艺术表现方式演绎，但是以直观的、手工的方式，他们并没有掌握"技术"知识，也没有严格应用"欧洲中心"为每一项传统艺术相应制定的"规则"。这不涉及讨论或者决定高雅文化是否优于大众文化的问题，因为，它们是相互影响的，并且有着相似的社会职能。一个大众艺术家能够以特殊的形式反映在某一时刻和社会特定环境的人类的经历，而一个高雅艺术家有可能在这方面出现差错，尽管他们更多地掌握了所谓的欧洲中心的传统技巧。艺术作品和文化表现形式的特点及其影响取决于其演绎的技术水平，但也取决于艺术家个人的创造力和传播手段的影响力。

　　鉴于文化表现形式在某个地理范围内反映了人类经历又随着时间相传播，文化问题、文化产品和文化传播问题与一个民族的形成和维系紧密相关，民族作为个体人的总和，一般而言，他们生活在同一片土地上，有共同的历史经历，都有建设一个共同未来的愿望，尽管他们对于未来的看法有所不同。

　　民族、社会以国家的方式组织起来，国家可以定义为一个制订、执行和批准规则机构的整体，其目的在于规范所有成员在各方面的关系，使这种关系平平安安和有共识，捍卫和促进在同其他社会和国家关系中他们的权益。一个国家文化产业的削弱导致联结其成员之间的纽带的脆弱，导致对过去历史记忆、共同经历和建设共同的未来愿望的弱化。很自然，这种民族文化在面对其他社会文化表现形式霸权时的脆弱——其他社会文化表现形式必然不同，而且也不符合那这民族的历史轨迹中的经历——溶蚀了自我尊重，削弱了国家促进和捍卫民族利益的能力。

个人自觉或不自觉地形成的有关人类个体和集体经历的大多数印象，且构成了其行动的基础，不是来自他们的直接经历，而是平面和视听媒体利用了文化艺术资源传播信息的结果。大多数社会价值是由于受到文化表现形式通过交流和社会传播工具持续影响而建立、改变和破坏。

文学著作，包括报纸、音乐、各种形式的视听作品，如戏剧和电影，通过媒体的传播，形成一种产业，收集、制作、销售和传播。这个产业是由出版社、报刊企业、电台、演出公司、电影和电视制作和发行公司、公开的电视网络和有线电视等各个不同的部分组成的。作家、音乐家、导演的作品，如果不向公众和社会展示，那么它们就不会产生影响和发挥社会功能，甚至连文化功能也发挥不了。为了使它们产生影响和发挥社会功能，就需要将它们转变为产品，即"最重要的人类活动"，因为它孕育着重建过去的持续过程，这个过去是现代社会的人没有经历过的；人们对内容浩瀚的现在进行直接解读，仅仅是极小的一部分；对未来看法的形成，取决于当下，而不是未来如何或可能如何。

因此，"文化表现形式必须转变为经济产品"，也就是转变成特别流程的产品，成为广义上的可销售产品，以便使它产生社会和政治影响。

文化政策：反思

大多数消费品，如电冰箱、鞋和汽车，对消费者产生的政治和社会影响很小，其社会价值与其物质支撑价值相一致，是

第七章 马古纳伊马：欠发达与文化

生产流程的结果，它应用了生产要素，创造了收入。与此相反，文化产品的物质支撑的价值无穷地低于其文化价值及经济价值。我们只要比较一下印刷一本文学著作纸张的价值，拍摄一部影片所用胶片的价值或者一个象牙雕塑的价值进行比较，那么就可以清楚地证明它们的差异。文化产品的社会价值不会因为个体的消费而枯竭，因为它可以不时地再生产，而一般产品的社会价值会因被消费就结束了。

文化表现形式转变成文化产品需要付出制作成本，从而可以创造就业和收入，并拥有一个市场。从事文化产品销售的企业在市场中相互比拼，产品要与公众直接见面。市场上各种文化产品的特点很不相同，可能不同程度地被寡头垄断，受不正当竞争引起市场混乱的影响，从而产生极端利润的机会。如果不了解文化产品是一种"文化、经济、政治的综合现象"，就不可能制订一项文化政策，它既要考虑到文化产业在提供就业、利润、生产和销售、创造外汇的巨大潜力，又要考虑到它对形成社会观念、民族活力所具有的根本的政治作用。

文化产品在国际政治中也具有重大影响。连世界上最强大国家的主要领导人和知识分子都无法直接了解每天在各个社会发生的无数事件，只能了解其中的极少部分。"这些领导人一切深刻影响现实的决定"都是这样做出的：他们根据信息和事件解读的文件，并通过经书籍、电影、新闻、报告、摄影等文化形式的传播了解到上述事件，结合他们个人有限的经验和处理信息的理论能力而形成看法，并将这种信息纳入他们的世界观中。

这样，国家的形象，包括本身的、社会的、政府的和其权力的形象，通过在不同社会领域产生的广泛、连续和多层面的文化创作的进程而形成。自身形象的缺乏或者存在扭曲、零碎和不完整，不仅影响到其他国家领导人在处理与形象软弱的国家关系决策，而且影响该国的社会本身，影响到其民族、地区、上等阶级的自尊，进而影响到它们对其领导人的支持以及这些领导人应对内外挑战的行动能力。

从这里，我们可以看出超级大国，特别是美国，对其文化产业赋予的重要性，将保证其文化产品自由进入世界各国文化市场、即自由进入一切文化产品的生产和传播手段的机构为优先目标，对其他国家社会观念的形成、进而在文化、经济和政治领域产生影响。

在文化市场中，市场结构和它们的生产和销售的特点使企业的规模，如同"正常的"产品市场那样，具有巨大的重要性。在消费品市场，国家有责任防止垄断、欺行霸市、形成卡特尔和不正当竞争，保护个体消费者购物不受漫天要价的损害，防止社会产生超高利润；在文化市场中，国家更有理由对文化产品加以保护，因为文化产品除了经济意义以外，在政治上有至关重要的作用。

鉴于文化产品对国家具有社会和政治的影响，国家应该比对"一般"消费商品更加严格地"保证每个文化市场的自由竞争"。国家的目标应该防止其他国家的文化霸权，鼓励同国外文化信息有更广泛和多样化的交流，促进本土文化产业，这是唯一能够加强和把社会本身文化知识结合在一起的政策。这对外围大国、特别是巴西，制订一项未来计划以确定战略并确定以物质和政治手段加来加以落实，是不可或缺的。

第七章 马古纳伊马：欠发达与文化

今天，巴西社会处在外国文化霸权影响之下，特别是美国文化产品的影响，这是长期以来创建的市场结构的结果，也是历届政府对于文化政策、信息交流和教育的无知、短视和不作为的结果。这种在文化政策上的不作为，或者说，这种对文化的政治作用、对文化产品、与文化产品的经济结构、销售之间政治相互关系的短视，导致在以言论和文化表现形式自由的名义下，对国家的纠正作用进行谴责，形成了寡头结构及垄断行为。与此同时，巴西的文化产业虽然还活着，但处于窒息状态，没有条件同外国文化产业竞争。外国文化产品由该跨国的大型企业进行传播，通过对出版社、录音公司、展览公司和电视网络的控制和影响，垄断消费市场。

直到前不久，巴西政府仅仅对精英文化产业给予一种救济式、被殖民化式和羞羞答答的微不足道的支持，或对社会影响极小的文化企业实施免税，却从未关注促进和保证在大众文化市场的自由竞争。社会情操是在大众文化市场形成的，这是巴西民族本身生存的本质和巴西民族组织起来应对巨大挑战和实现其强大的可能性所在。

因而，社会情操问题，文化政策和交流问题与教育体制有着深刻的联系。国家组织的这个教育体制一直是要把人培养成技术素质有高有低的生产者，而不仅仅是培养公民。它传播的价值是物质生产的价值，是个人消费最大化，人是生产单位而不是富有团结精神的政治公民，人本应有高尚的精神生活而不是只看颓废和白痴的电视节目，巴西公民每天平均要花近5个小时看电视。如果我们扣除每天平均用于工作、交通、吃饭和休息的时间，4个小时就等于每天自由支配时间的80％。作为公民、劳动者或个人，可以用这段时间学习进修。但这段时间却被电视所俘虏。各国和各国政府将电视作为正常的经济活动，而不是作为对社会及其情操产生巨大影响的载体。在巴西，由于宪法修正案允许外国资本参与通讯媒体产业，以及联邦宪法第 221 条没有对电视广播节目内容作出规定，问题变得更为严重。

另一方面，无论采取何种完善正规教育体系的方法、资质和努力均造成失败，因为，青少年的大部分课外时间都花在看基本上是商业的电视节目，它始终传播的是外国观念、鼓励高消费、个人主义、暴力、平庸和对人体的崇拜。

因此，学校应该进行重组，使之作为"传播巴西文化价值的载体"，与此同时，电视和传播手段可以并应该鼓励节目的多样化，使巴西社会增加对本国和外国的文化的了解，这样扩大他们对社会价值的选择和思考的范围。集体的资金是通过税收取得的，应该服务于"扩大各种来源的文化产品之间竞争"的文化政策，鼓励巴西文化产业，使文化影响多样化。那些不愿意文化产品来源多样化、始终只想让外国文化产品拥有优先地位的企业和文化传播企业可以、也有权那样做，但它们必须用它们自己的资金，而不是用集体的资金。

在制定文化政策时，一方面要分清物质和非物质遗产的保护问题，支持和鼓励艺术家的文化产品，另一方面，要鼓励文化产业和大众传播企业，推动文化多样化，阻止特定来源的文化表现形式在各个领域对巴西文化表现形式行使霸权。如果对保护遗产和个体文化产业的鼓励措施，不能与经济的传播渠道相结合，就不会产生社会、政治、经济影响。目前对企业投资

第七章 马古纳伊马：欠发达与文化

文化活动给予免税的法律（萨尔内法①、罗阿内法②和视听法等）只使文化产业得到了微薄的社会资金，但不能保证产品的传播，也就无法使文化产业履行其社会职能。

公众有限的文化表现形式和大众文化表现形式不能绝然划分，这不仅仅是因为文化表现形式之间是以重要的方式相互影响的，而且它们之间经常相互结合，或一些为另一些提供素材。这样，公众有限的文化作品——如一个文学作品——可以成为大众文化表现形式的素材，如电影、电视连续剧，由后者传播前者。

一个有效的文化政策应该与传媒政策和教育政策相结合，应该具有永恒的战略目标，减少任何外国文化表现形式的霸权，扩大向巴西社会提供多样化的文化产品。除了应该完善现有的法律和措施外，可以在文化传播方面想各种办法。

法律能够也应该为文化产品生产和传播的企业确定有区别和优惠税率，让其在经营活动和节目中扩大巴西文化展示的参与水平。巴西国家经济和社会发展银行是世界最大的投资银行之一，能够也应该建立特别信贷，向承诺经营文化产品生产和文化传播多样化的企业投资融资，以保证巴西文化产品与其他任何来源的文化产品有同等参与权。当出现寡头垄断和垂直合并时，不仅可能导致文化霸权，而且有可能将巴西文化产品排斥在外时，法律能够也应该确定视听产品市场占有率的上限。

---

① 萨尔内（José Sarney，1930～　），1985－1990任巴西巴西总统。在其任期内通过文化产业减免税的法律，但由于减幅有限，备受非议。（译者注）
② 罗阿内（Sérgio Paulo Rouanet，1934～　），巴西职业外交官，在其任文化部长期间，曾提出过允许企业支持文化活动的资金可在税前列支的法律。（译者注）

限制电影投放拷贝数量，就是这类措施的一个例子。

在教育领域，法律应该逐步增加学生在校停留时间，减少看电视的时间，在学校的必修课目中包括巴西文化节目，向每所公共和私立学校提供光盘、碟片和基础图书馆。在各级学校，组织有关巴西文化课题的公开竞赛，对教师和学生给予奖励，通过大众传媒手段公布这些结果，鼓励使用这样的材料。以制度化的方式，提高巴西文化生产者和传播者的威信，让高层领导出席有意义的文化活动，就像如今器重运动员一样，这样做有巨大的象征性意义。

在国际范围，组织音乐比赛和文学比赛，对巴西题材、作家和作曲家给予重奖，这对国内外了解巴西文化可起到重要的作用，也对巴西形象的形成具有突出的效果。

最后，一切注意力应放在防止巴西参与到表面上只有经济性质的国际、地区或者多边协议之中，其后果可能是限制或者排除国家利用政策工具促进巴西社会文化多样化和鼓励巴西文化表现形式，也就是说，促进社会情操的形成和加强巴西的自尊。这对经济、政治和社会更公正更持久的发展计划是不可或缺的。

巴西社会和国家，其权力结构、劳动力、社会状况、技术、资本和文化都具有一些自己的特点，在前几章已经进行了简单的描述，它们并非处于政治和经济的真空之中。它们遭遇并参与了激烈且不可预测的全球世界体系，遭遇并参与了由于失业、外债、被排斥和社会暴力及政治动荡、经济停滞和低增长的地区体系。因而，必须研究巴西融入国际的现实特点（而不是乌托邦式），以便评估这种融入对巴西社会目前和未来的影响。

第八章 外围五百年：入围

"首先，我是巴西人，我有义务将巴西的尊严和光荣置于一切之上，超脱于个人的考虑、自身的感受和特殊利益"。

——里奥·布兰科男爵

国际体系结构与力量变化

对于共同构成国际政治的事件和行为的分析以及随后巴西入围战略的确定，要取决于如何看待国际体系的结构、力量变化和趋势，另一方面，也取决于巴西社会的特征及挑战。

对国际体系基本结构的看法可以根据体系中存在的行为体来加以划分。传统的观点，同时也被称为现实的观点，坚持认为国家是国际体系的唯一行为体。与这种观点根本对立的某些现代理论认为，国家在国际体系中的影响力逐渐减弱，国界趋于消失，具有实权的重要主角将越来越是超大型跨国企业，并最终可能是非政府组织。居于二者之间的理论承认诸如非政府组织、国际机构和超大型跨国公司等新行为体的存在，但认为国家因其基本职能依然是最重要的行为体，建立和批准各国国内司法秩序、与其他国家谈判、执行国际协议的职能是不能转移给其他行为体的，而国际协议的总和则构成法制框架和国际秩序，各国和其他主要行为体在其中发挥作用。

分析家对于国际体系力量变化的看法存在差别，主要在于他们对国家与其他行为体间多重关系的目标、源于这种关系的利益、不同行为体之间的利益分配的认识有差异。

关于国际力量"变化"的第一种观点认为，主权国家（含其他行为体或多或少的参与）倾向于建立一个和平和公平的国际大家庭，其中所有国家和社会都将获利。要实现这种结果，关键是建立各国间各种相互依赖关系（尤其是经济关系），努力寻求逐步消除国家之间的经济、政治和军事疆界。国际力量变化可以定性为正和博弈，其中所有国家都将获益，即使不是同时，至少在游戏结束时能实现这一结果。

第二种观点认为国际力量变化是国家（和其他行为体）间因财富和世界权力分配而引发的激烈争斗过程。在这种力量变化中，规则谈判、政治争端、紧张局势和武装冲突都源于保护市场、投资、重要原材料获取、以及与它们有关的政治和法律框架的需要。因此，国际社会是高度竞争的，且倾向于冲突，只有在臣服的情况下或靠一个宽宏大量的霸权国家的行为，这种竞争或冲突才不复存在。这种观点是基于国际体系的当代历史，并且，这种体系"直到最近"都是以一种正式或非正式的"殖民帝国形式组织起来的"，在这种体系中，国家间权力不对称加剧，无论是国内还是国际层面上；资本主义内在的财富集中进程加快。根据这种观点，国际架构具有零和博弈的特征，在这种博弈中，部分国家（和某些行为体）获得的利益和优势正好相当于其他行为体所丧失的。

关于国际力量变化的第三种观点认为国际体系是一个国与

国（以及其他非国家行为体）之间冲突、竞争与合作共存的复杂的关系网络，而这三者中哪一种关系占主导则取决于各种力量和利益集团在每一地区、每一议题和每一时期的对比关系。因此，国际体系和力量变化具有和平、合作、紧张和武装冲突等多重关系共存的特征。这些定期的和地区的（全球性的是例外）冲突取决于各种力量之间关系的发展，尤其是国家之间关系的演变，这才是最重要的动态因素。

在任何一种关于国际体系结构和力量变化的观点中，尤其是第三种观点，即认为国际体系是一种多个行为体共存的体系，而国家在这个复杂的关系网处于中心和关键位置，是一种较好反映现实的观点。一个国家的对外政策应该将捍卫和提升国家利益作为其首要目标，不要对其他国家的友好或假想的国际体系善意趋势抱任何幻想。由于这些利益包括政治、军事和经济多个层面，对外政策应以一种积极的互动方式与国防政策、经济和政治发展大战略相联系。一方面，外交政策应该帮助政府制订国防政策、经济和政治发展战略；另一方面，它始终应按照宪法和法律原则协助政府去实施上述战略。

当前国际体系结构及发展趋势

当前的国际体系可以说是由三组强国构成的：一组是经济强国，它们占世界人口、世界贸易和世界科技能力的80%以上；一组是政治强国，它们处于决策结构的中心，尤其是控制着联合国安理会；一组是军事强国，它们拥有核武器库，并掌握着最先进的大规模杀伤性武器技术及发射装置，还储存了大量先进的常规武器。一些强国均是这三组权力中心的成员,但并非都是如此,德国、日本、中国、俄罗斯等国就不都属于这三组。与这些强国相对应的是众多的中小和微型国家,一般而言是一些前殖民地国家,它们不论是在经济权力方面,还是在政治和军事权力方面都无足轻重;另外还有少数的外围大国,比如巴西、阿根廷、南非、印度、伊朗、韩国和印度尼西亚,这些国家拥有广阔的领土、众多的人口、可观的累计资本存量,并具备了重要的地区影响力。

在这些国家——少数强国、大批中小和微型国家、少数外围大国——错综复杂的关系中,还存在一个由一些在贸易、工业和金融等多领域中开展业务的超大型跨国公司所组成的网、一个由诸多经济、政治、军事协议组成的网、以及一个由国际机构和"机制"组成的体系。那些或多或少正规组织和建立的机构和"机制",一直推动国际规则的谈判,不管是否拥有审批权,"管理着"国家与超大型公司在各种领域中的关系。这种谈判和管理过程深受强国战略目标的影响,尤其是受美国战略的影响。

在这个国际体系的大结构中,可以发现国际体系的一些"主要趋势"。这些趋势包括:科学和技术进步的加速发展,而企业和军事上的考虑又限制科技进步的推广;企业、市场和军事组织的重组;领土的重组;世界市场的一体化及日益增长的寡头垄断;经济、政治、军事和意识形态等权力在世界体系中心的集中;为从法律上巩固这种权力集中所作的孜孜不倦的规范化努力;世界体系的日益多极化。

国际体系的主要趋势是"科学和技术进步的持续加速发

展",以及这种加速发展的新形式的出现。根据一些不太精确的估计,科技知识的积累每过7~10年便翻一番。形成这种现象的原因有:第一,政府和企业将大量的资源配置在科学家培训和科研项目实施上;第二,当前在职的科学家和技术人员数量超过了以往各时期的总和;第三,研究计划的科学和"产业"组织形式,以及在信息和模拟处理方面日益增长的可支配的超强能力;第四,科学家和研究人员之间在世界范围内广泛和密集的信息交流。科技进步的加速发展最主要发生在信息、通信、生物科技、基因工程等技术领域,以及现在的纳米技术。前三个领域的创新正被应用于生产和军事系统的重组中,而在更新的纳米技术领域,它所带来的变化将会更大。

"民用生产体系的重组"已在企业的物质生产流程和管理方式上开始实施,从电子程序取代机电程序开始,到程序自动化、微型化、存货总量与流量控制、产品的"个性化"。在市场结构方面,实施了企业合并、企业兼并、生产链分散在不同国家,以及在促进全球寡头垄断市场形成的过程中实施"全球服务外包"战略(并非唯一的原因)。生物科技和基因工程的影响尚未充分体现,但将是巨大的,其结果目前还无法预见,将能深刻地改变农业生产进程,深刻地改变传统的比较优势和世界贸易的流量,还能改变人类健康的预期寿命,但这一点也带出了诸如克隆人等尚未解决的伦理问题。

科学和技术的进步给"武器生产"、间谍技术和设备、战斗技巧和军事理论的发展造成了深刻影响。同样是因为引起很大影响的信息、通信和生物科技这三个领域的技术,实现了武器生产的自动化、微型化、在太空部署武器、使用卫星获取大规模信息并由巨型计算机加以处理、为新武器研发而开展计算机模拟,等等。化学和生物武器的开发是以一种绝密的形式实施的,原因包括有可能容易被恐怖组织或被有资金和技术开发能力的中等国家加以利用。

虽然并非唯一原因,但科技进步、民用和军事生产的重组对广泛的"领土重组"运动影响重大。从国家分化角度来看,曾共存于一国的民族和宗教集团间被压制的历史争斗在政治领域出现——而且,由于信息的广泛传播、城市化、武器的获得、"遏制冲突"的两极体系的终结,这些集团决定或"被鼓动"为自治而战——引发一些国家的政治和经济分化,比如南斯拉夫。毫无疑问,最重要的例子还是苏联的政治解体。但是在各个大洲,不论是在高度发达的国家(西班牙、英国、加拿大和意大利),还是在欠发达国家(印度、印度尼西亚和中国)都存在许多分裂主义或自治的运动。从一体化角度来看,在许多生产部门中,经济规模和经济领域日益发展的经济体的崛起,超大型企业的形成,促使国家努力寻求自己市场的一体化,为经济活动创建稳定和共同的规则,以激励企业在国内和国际市场中更具竞争力。当前有着许多深度不一的经济一体化的范例,比如欧盟、北美自由贸易区、南方共同市场、澳大利亚与新西兰之间的紧密经济伙伴关系协议。但实现政治一体化的并不多,然而,欧盟却是政治一体化方面最重要的代表。最近发生的一些政治一体化反映的是某些国家以前因人为造成的国家分裂的"复归",比如越南和德国,而在未来,南、北朝鲜,中国与(中国)台湾也可能将出现同样的情况。

上述那些发展趋势的结果是,在国际上和在各个国家内,

第八章 外围五百年：入围

不管是发达国家还是欠发达国家，产生一种经济、技术、政治、军事和意识形态等"权力集中"的特殊过程。经济权力的集中体现在最近20年国家之间的收入和财富差距的扩大，在各国内部同样如此，不管它是否是发达国家；科学和技术权力的集中可以通过比较各国发表的科技论文数量、各国申请和注册的专利数量反映出来，在各国内部，也可以通过该国不同收入阶层获得使用较先进技术的可能性差异得到反映；从国际政治的角度看，政治权力的集中在国际政治的主要机构联合国内部便已得到证明，它体现在具有民主特性的联合国大会实际上"消失"，以及安理会权力的集中，这是一种寡头政治；在军事领域，权力的集中反映在法律上巩固强国军事特权的地位，这种特权不仅使强国发展和拥有大规模杀伤性武器的知识和生产，而且让它们推动外围国家的裁军。禁止化学武器组织的成立是一个例外，化学武器的特点没有形式上的不对称性，或许由于担心这种武器的使用，以及这种武器的高隐蔽性和更"易于"为恐怖主义分子和欠发达国家掌握，因此强国都同意了。另外，在2001年9月发生对世贸中心和五角大楼的恐怖袭击以后，印度和巴基斯坦的崛起以及被认可为事实上的核大国，也是军事权力集中进程中的一个例外。意识形态权力通过国家传媒公司转变为超大型跨国公司而集中，它们拥有对于整个世界和特殊事件的诠释传播控制权。这些诠释主要由大学的思想家和美国政府战略家作出，由国际机构传播，再由学术界和媒体在中心及外围国家进行宣传。在西方，不仅仅在西方，电影和电视（传播媒介）在社会情操的形成、生活和消费的"适当地位"，尤其是个人"正确的"生存态度的传播中扮演着重要的角色。

有人认为，传播的"民主化"和信息获得是由因特网带来的，但这主要反映意识形态权力集中过程的加快和扩大，而意识形态权力分散的可能性，至少到目前为止，要小得多。

国际体系的另一个趋势是前社会主义国家以及某些资本主义国家的经济部门"重新纳入"全球体系，这种趋势与前几个趋势存在一定联系。由于第一次世界大战、布尔什维克革命、大萧条、第二次世界大战、中国革命、非殖民化、东西方冲突等大事件的影响力，资本主义体系已经分裂、逐渐失去领地和市场。全球市场在实际上已不复存在，超大型跨国公司也不能在某些国家（社会主义国家）和外围国家（也包括某些中心国家）的某些经济行业发挥作用，因为这些国家把市场保留给国有企业和本国的私有企业。因为1989年柏林墙倒塌，1991年苏联解体，从1979~1980年开始的新自由主义反革命思潮，以及国家作为经济代理人的威望丧失，出现了一个对以美国为首的强国来说绝佳的机会。他们利用这个机会为超大型跨国公司打开了前社会主义经济及外围经济体相关部门的大门。这一点从外债重组谈判和"转型经济"重组过程中"附加条件"而得到证明。在国际机构的监管下，这些国家采纳了新自由主义性质的经济计划，其目的在于削弱国家的作用，对货物、服务和外资放弃管制并开放市场，改革经济体制和各自的法律体系。这些领域重新融入的过程或"全球化"——即全球市场的形成——是致使几乎所有外围国家在面对国际（和本国）资本投机行为时暴露出极端脆弱性的部分原因，造成了在墨西哥（1994年）、泰国（1997年）、俄罗斯（1998年）和巴西（1999年）等国家陷入连续的支付危机，并在2001年12月，使得阿根

第八章 外围五百年：入围

廷经济和政治体系处于令人震惊的和悲惨的破产境地。

在放松市场管制和削弱国家作用的新自由主义计划不成功的国家里，尤其是在外围国家和前社会主义国家里，社会不稳定、社会排斥、暴力、对外脆弱性、腐败进一步恶化。在发达的中心国家中，正统的紧缩政策和技术革命加深了结构性失业和收入的集中（20世纪90年代的美国劳动者平均实际收入低于20世纪70年代的水平）。超大型的跨国公司、跨国公司总部所在国以及国际机构竭尽所能为这些失败"找理由"并"转嫁罪责"的同时，又试图在法律上巩固这些政策。他们在提出微不足道却天花乱坠的救济计划来应对贫困问题时，现在也羞羞答答地承认贫困是由全球化造成的。有一个着眼于"规范化的现象"，就是要创建一个通过多边谈判实现的协议网（如由协定组成的世界贸易组织），一个地区内要谈判签订的新协定网（如美洲自由贸易区谈判），双边协定网（如旨在为危机时的外债重新谈判和给予"援助"所签署的结构调整协议），以及通过"诱导"制定新自由主义国内法律等等，这些协议网络合起来就是为了巩固新自由主义政策并使之永久化。另一方面，在军事领域，它们同样也在努力通过不扩散大规模性杀伤性武器和导弹、减少外围国家的常规性武器和如今反对扩散，使那些已被裁军的国家进一步裁军。在多边层面，这些协议是以游说和强制的方式强加于他国，如核不扩散条约、禁止化学武器组织、有关生物武器的条约和导弹及其技术控制制度；在地区层面，则通过合作安全理论和政策的宣传和建立无核武器和平区的方式，但同时并不阻止强国在这些地区运送和贮存包括核武器在内的武器。在政治领域，它们则通过北大西洋公约组织军事管辖范围的非正式扩张，以及努力巩固强国的权力和联合国安理会的权限，在联合国安理会中，逐渐对"威胁和平"的概念重新定义，并逐步推行建立一种实际上的新保护国状态的国家（现在是"集体保护"），这对像东帝汶、波斯尼亚、阿富汗、伊拉克等国的重建可能是必要的，至于伊拉克，由于当地和国际上的抵制，或许已经到了一个"极限点"。

正如这些趋势的相互作用的结果，国际局势已从苏联解体、美国在海湾战争取胜后表面上的单极格局进入一个日益多极化的进程。其中，欧盟在经济上实现了扩大和巩固，并且在政治和军事不断朝此方向发展；中华人民共和国经济高速和持续发展；印度的快速增长及核装置爆炸；俄罗斯在后叶利钦时代的政治和经济的逐步重组；日本在长期的停滞后重新显露，继续维持其先进的技术能力、出口实力和世界第二大经济体的地位。

在这种变化过程中，美国竭力寻找那些可能取代共产主义的全球性新"威胁"，以便为其霸权和领导地位辩解，永久维持军事基地的国际体系，并与其本国舆论、纳税人、国会一道，维持其年均超过4000亿美元的军事预算。该预算一方面是高风险和高成本技术研究项目的重要融资手段，它对维护美国经济及其超大型跨国公司在世界体系中的技术领先至关重要；另一方面，它也是美国的工业生产提供广泛的"合法"补贴，这在世界贸易组织中是不会引起反对的。因此，在这种不断发展的多极化进程中，美国学术机构的学者们和政府高级官僚机构的战略家们努力寻找苏联的替代者，这样就出现了一些同时发生或连续的替代威胁，比如贩毒、"无赖"国家、东欧"赤色危险"的复活、原教旨主义、文明冲突、国际移民潮等，中国也

第八章 外围五百年：入围

被暗指为威胁。目前，自"911袭击"以来，有组织的国际恐怖主义最终"优先"被确定为具有扩散性和神秘的敌人。另一方面，在许多国家中，组织了广泛的反新自由主义的、反对不对称的和暴力全球化的"抗议运动"，它起到了放慢——即使只是短暂的——强国（以及它们在外围的助手）从法律上巩固全球化机制举措的速度。这些抗议活动包括反对多边投资协定、在西雅图和其他城市举行的反世界贸易组织、国际货币基金组织和世界银行的会议的、反对美洲自由贸易区的，但也有支持一些尚未确定的事情，这可能是指非排他性的、团结一致的全球化。

巴西的精英阶层认为巴西已融入一个乌托邦式的国际格局：东、西方对抗的终结为冲突和战争划上了句号，所有国家之间是一种合作与友爱的关系；全球化将有利于所有经济体以及各国国内所有行业的增长；技术革命开启一个劳动工时减少和休闲娱乐增加的新时代，使人可以消除病痛和实现长命百岁。事与愿违的是，世界出现了一个这样的阶段：致死率极高的地区冲突成倍增加，强国恣意动武的次数也大大增加，世界停滞、国家间和社会阶层之间鸿沟扩大、失业增加、劳工法律关系脆弱、劳动时间增加、新传染病流行、老流行病再次泛滥、仇外主义的复活、不容忍现象的抬头、当前网络的邪恶现象、暴力增加和犯罪，甚至是少年犯罪率的上升。

强国的领导精英们非常清楚，在这个格局中，国际体系外围国家中庞大且不断增加的人群因受全球化之害、社会结构的毁坏而失业、被边缘化，他们越来越认识到跨国大企业、与跨国企业相勾结的本地精英阶层、跨国企业母公司所在国应为他们所面临的状态负责。为此，强国决定，要在重建1914年以前那种"乌托邦"式国际格局的努力中，加强它们的军事恐吓、遏制和制裁手段。在这个"乌托邦"体系的中心，是一个集中了世界财富和权力的强国集团；而在外围，是大批前殖民地、分裂的、脆弱的、被解除武装的、相互间缺少协调的国家，她们间接、有时则直接受国际机构的管理，被国际协定捆住了手脚。这些国家接受非常有限的国际援助，认同针对经济和社会问题自愿的私有解决方式，并承诺加入有着强烈新殖民主义色彩的计划，如美洲自由贸易区、与美国的双边自由贸易协定、欧盟与非洲、加勒比和太平洋协定。一旦这些国家起来反对这种体系，将受到惩罚，从逐渐被妖魔化、施加压力，直至最终采取军事干预手段。

在这个越来越不稳定、差异扩大、更加暴力和多极化的格局中，国际体系的结构性趋势很大程度上是对巴西不利的，其中行为体（主要行为体不只是国家）之间的多重和复杂的关系有时表现为合作关系，但主要还是竞争和冲突，因此必须确定一个现实的巴西国际参与战略。这个战略必须从巴西社会的三个挑战的角度制订并执行，它们是缩小巨大的社会分化、消除那些长期的对外脆弱性、加快发挥其潜力。

巴西社会的挑战

巴西社会的第一个挑战是渐进地但又是坚定、持之以恒地消除内部分化。说"渐进"，因为消除社会分化不可能一蹴而就；说"持续不断"，是为了使被排斥或被边缘化的民众能够感受现在（而不只是未来，他们的后代）生活条件的相对改善，并努力以自愿和民主的方式投入这一进程，为了不出现可能的失望和严重的后退；说"坚定"，是为了应对受益于这种分化的特权阶层的抵抗。

内部分化涉及到收入和财富的集中、文化的剥夺与异化、技术获取的不平等、非法的但却实际存在的种族和性别歧视、涉及到政治，它受到经济权力恬不知耻的却又是决定性的影响。这种分化是人与人之间的，也是地区之间的，它给国家的社会凝聚力和领土完整带来严重影响。

这种分化呈显出恶化的迹象，如1980年以来，工资水平与金融部门利润相比持续下降；资本密集型技术越来越多的使用和随之而来的失业；累退性税收负担增加；不断增加的边缘化、暴力和犯罪升级；国家和社会不同领域内的腐败蔓延；农村土地和城市不动产集中的加剧；基础设施和公共服务设施的恶化；教育和电视节目质量的下降；经济权力通过国家和私有部门在政治进程中明目张胆地发挥作用。

巴西社会的第二个挑战是消除长期的对外脆弱性，除经济的对外脆弱性（也是最具争议的），还包括技术的、政治的、军事的、意识形态的脆弱性。在长期内，与经济脆弱性相比，它们是同样重要或者更加重要，在短期内经济脆弱性当然是关键性的。

经济脆弱性表现在经常性往来项目中结构性和长期的赤字（也有例外的时刻）、贷款还本付息金额居高不下和经济（尤其在非出口部门）的非国家化。技术脆弱性则体现在巴西年均专利申请数的不断减少，仅占世界总数的0.5%，以及外国和本国企业宁愿使用进口技术。

　　政治脆弱性体现在巴西未参加国际主要决策机制，如联合国安理会和8国集团；巴西与南美洲国家在和其他外围大国之间建立切实的（而非言辞上的）政治联系有困难。军事的脆弱性反映在：巴西以一种不利的地位签署了大规模杀伤性武器不扩散协定；无论从人口、领土和公共预算角度，还是从绝对值看，巴西军事开支都很少；军事技术研究的投资有限；军事装备依赖进口，与此相关的论调也在该领域大行其道。意识形态的脆弱性体现在，部分领导精英和知识分子甘心接受巴西面对其他国家和"市场"时存在一种所谓的"权力缺失"的说法；在强国面前，普遍存在着各种胆怯的自卑心态，在精英阶层和人民大众之中，强国的霸权观得以传播，大媒体公司在巴西社会散布着美国文化霸权。

　　在2002年以前，由于公共和私人负债政策、公共债务美元化、持续进行的企业私有化以及相伴相随的非国有化，经济领域的长期对外脆弱性不断加剧。由于拨付的研究经费不足和欠缺（当前仍如此），技术领域的对外脆弱性也持续加剧。在政治领域，这些脆弱性也进一步深化，因为某些行业持续施压，要求不计形式、不计代价地与美国和欧盟开展自由贸易协定谈判，这些协定将削弱经济政策的自主权，从而削弱巴西的国际政治信誉和真正的主权。在军事领域，这些脆弱性由于预算限制和对军队的敌意而加剧。这种敌意在文人官僚阶层中有，在社会上也颇有市场。最后，从意识形态角度来看，脆弱性也在加剧，因为没有将传媒作为公共财产来对待的政策，也没有强化巴西文化的政策，也因为（明确地或不明确地）接受关于"边界终结"、因特网的全球权力、安格鲁—撒克逊语言和文化不可避免地居支配地位等理论,还因为甘心承认,有时甚至是热衷于接受美国文化霸权。

巴西社会第三个巨大挑战是"发挥好"其经济、政治和军事"潜力"。"巴西不是一个微型、迷你型、小型的或中等规模的国家"。巴西均列入世界领土大国、人口大国、国内生产总值大国的行列,只有两个国家——中国和美国——与巴西同时在3个榜上有名。除此之外,巴西是世界上接壤邻国数量第三多的国家,拥有非常长的陆地和海上边界线,海疆全线均可通航。巴西的语言全国一致,没有种族、宗教和边境冲突,境内也不存在要求复国的外国民众。因此,巴西的现状及潜力是中、小、微型国家的现状及潜力所不能类比的。更确切地说,适用于巴西政治经济发展的政策与适用于那些国家的政策是不同的。另一方面,从已建的基础设施、整合的经济规模、稳定的人口、合理的收入分配、资本积累、技术和企业能力、合格的劳动力来说,"巴西还不是一个发达国家"。因此,更确切地说,适用于巴西发展的政策与适用于发达国家发展的政策也是不同的。

如果巴西众多"人口"人均生产率和资本积累水平不断提高,如果采取合适的就业、收入和财富分配的政策,那么扩大国内市场、在几乎"所有行业"建立小规模经济生产单位、整合生产链并在一切领域实施技术计划,就是可能的。庞大的人口和生产力、统一的语言、没有种族和宗教冲突、国内生产行业门类齐全、与工业基础相联系的技术开发,等等,这对提高巴西的军事(和政治)能力与实力有重大影响。

由于大多数国际机构都执行各国主权平等的原则(也就是

每国一票），高达 10 个邻国的数量和这些国家的特点是决定巴西实施其政治经济战略的重要因素，使组建一个具有重大影响力的南美地区集团成为可能，"只要"它是以一种非霸权方式并通过补偿机制和有效缩小成员国之间差异的情况下组织起来的。

关于巴西社会的三大挑战的简要分析及思考可使我们得出如下结论：这些挑战目前不能，将来也不能通过以下政策来成功应对。这个政策的核心假设是削弱国家能力、行为和规模，经济非规范化，公共政策的执行外包给以盈利为目的的私人企业；联邦一级的职能下放到州、市，设立技术官僚式的监控机构，政府部门被架空，对外贸易、金融和技术领域永远"确定地"开放，还有裁军。这种政策的捍卫者接受的第一个前提是，在一个规模相似、没有定价权的小生产单位之间自由竞争的经济中，国家不干预和市场力量的自由博弈将可能实现最高的增长、最佳的产品分配和最好的社会局面。第二，他们相信力量相当的社会和政治力量的自由博弈将成就一个民主的体制，加之第一种前提，将成功应对分化、脆弱性和潜力发挥这三大挑战。

正如实施此类政策的外围大国所经历的危机及现状所展示的，这种政策产生的相反结果是极具普遍性的。当前阿根廷正处于艰难且神奇的复苏当中，这是个特殊的、具有戏剧性的例子。在一个寡头垄断的市场中，市场力量的自由博弈将导致收入和财富"更大的"集中，导致经济权力对政治的更大影响；权力极端不平等的社会力量之间的自由博弈将导致有利于老的和"新的"寡头的权力集中；超大型外国企业和微薄的民族企业经济力量之间的自由博弈将加剧经济的非民族化和对外账目的不平衡，并将使经济和社会进一步脆弱。

在巴西这样的情况中，只有集体行动，通过不断提高生产率才能将5000万被排斥的巴西民众融入经济活动；只有集团行动，通过不断提高觉悟，才能将5000万被排斥的巴西民众融入政治活动。这样，才能够应对挑战。只有"通过国家"高效的、灵活的、公共的而非"私有的""集体行动"才能制订法律，实施能减少分化、消除脆弱性和充分发挥巴西社会潜力的政策。

根据只有民主国家才能在足够的时间内成功应对这些挑战的前提，能够合法执行这些目标政策的民族国家是必不可少的。巴西民族国家传统上拥有执行这类政策的权力和法理能力，而对国家行为的限制只能是来自外部，也就是说，来自阻止或妨碍此类政策以及将被纳入国内法律体系的国际规则。

另一方面，有理由假设，如果巴西社会和国家能成功应对它的三个挑战，巴西将成为主要强国之一，这将影响"美洲和世界的力量对比"，也包括国际机构内的力量对比。这些机构以一种或另一种形式越来越肩负着所谓的全球政治、军事和经济治理，这意味着，事实上在当前由美国主导的强国政治、经济和军事霸权在一个共管体系中的长期存在。巴西朝着强国的崛起不应该被视为一个乌托邦，而是一个必需的目标，因为该目标的不实现就等于应对上述挑战的失败，从而将加速巴西社会和国家进入一个巨大的不稳定（和可能发生内部冲突）、民主脆弱和外部对巴西社会不断干涉的时期，极言之，会导致巴西领土和政治分裂的紧张局面。

因此，不论是应对分化、脆弱性和发挥潜力这三个重要挑战的战略，还是巴西对外政策的制订与执行，都不是简单的和纯粹技术的问题，可专门托付给"公允"的技术人员和专家。同时，对外政策与克服这三大挑战的战略紧密联系在一起，因为从外部或国外可能出现一些阻碍、障碍和挑战，影响或妨碍有效应对上述挑战的国家政策的实施。

因此，巴西的国际参与和对外政策不能以"理想主义的、漠不关心的和超越国家的"目标为主要焦点，比如通过单边裁军促进世界和平；国际合作；人类的精神进步和捍卫人权；建立有效的全球经济；巴西融入全球化世界经济；协作反对全球"新威胁"等，这些都是强国的目标，他们经常以人道主义和利他主义的语言掩盖其为捍卫自身战略利益而实施的战术行动。巴西的对外政策必须以克服这三大挑战以及她所处地区的和不能逃避的本地区地缘政治、地缘经济和地缘战略这些基本目标为出发点。

美国、南美洲和阿根廷

巴西与南美洲其他国家尤其是跟阿根廷的关系，以及巴西与美国的关系对巴西的国际行动来说至关重要。有必要提请注意到这样一个事实，即巴西与阿根廷关系以及巴西与美国关系，对巴西的"南美洲"政策是关键性的，南美洲则是巴西国际战略的关键地区和基础。另一方面，巴西对阿根廷（及对南美洲）的政策应将双方业已深入且平和的意识视为根基，巴西和阿根廷曾是宿敌，这种历史敌对关系体现在两国（及本地区其他国家）间关系的方方面面；还有这样一个事实：从1955年开始，巴西从一个"明显的经济劣势"以及在本地区政治影响力相对均衡的情况下超过了阿根廷。

从美国来说，她有着一个全球霸权战略，这种战略除了由于美国社会的特点外，一直是美国自独立以来对外政策的中心和基础，她声称并维持她在整个西半球的霸权，并从1946年第二次世界大战胜利以来便维持她在国际体系中所实现的优势地位，避免能够挑战其领导地位的地区大国出现和结盟。巴西与美国的关系可能极为微妙，但是巴西政府的基本原则应该是没有任何理由屈从美国的霸权。巴西没有权利实施一种屈从的（哪怕是假装的）政策，因为一个独立的、坚定的和从容的对外政策将不会在经济上，更不会从军事上被美国惩罚，与那些自愿屈从美国霸权的国家相比，美国更尊重这些国家。那个被强国抛弃的阿根廷，一个曾经自豪且尊贵的民族，当危机爆发时，卡洛斯·梅内姆时期令人遗憾的国际路线和它与美国的"肉体关系"便证实了这种说法。

美　　国

巴西的发展、减少社会分化、消除对外脆弱性和国际行动的战略深受美国对外政策的影响，因为巴西与美国处在同一地理区域这样一个"明确的事实"，以及长期以来美国历届政府通过政治与经济政策，竭力将巴西置于美国的势力范围内这样一个"情势的事实"。

与全球和跨国问题的多边谈判和解决相比，美国实施的是一种缺乏信任的单边主义政策，将其利益和国家法律凌驾于国际法之上，采取的态度有别于旧的美国孤立主义，但表现出是一种傲慢的单边干涉主义。

当前美国的战略与第二次世界大战以来实施的战略是"一贯的"。它的中心目标将维护美国的相对霸权、美国社会福祉与经济视为高于一切。美国经济具有世界性及真正的相互依存的特征,这是因为它超大型跨国大公司的行为和利益,以及确保获得战略资源和进出口市场,以及本国资本安全,如有必要,就使用武力。

美国在"体系中心发挥影响"的战略首先以巩固美洲大陆为基础,它通过本半球国家从属于美国经济的经济一体化,通过国际机构对欠发达国家——尤其是本地区的经济的非正式管理,通过强加形式上的、张扬的自由民主政权,以减少其向外移民,并剥夺大多数人行使反对经济压迫和外国控制的合法权利。

美国战略的第二个基点是巩固和加快其技术领先优势,以保证在大规模杀伤性武器方面"美国堡垒"的不可侵犯性,它的微型化是令人畏惧的,美国还建立高度精密且破坏性强的军事行动手段,恫吓其他的权力极,迫使它们共处于一种美国领导下的"霸权共管"之中。

对于世界体系的外围国家,美国战略似已放弃了那种旨在帮助外围国家发展和现代化的国际合作的乐观看法,这可从美国经济援助计划的大幅削减得到印证,取而代之的是一种悲观的想法,即只要有需要,便通过武力对外围国家进行控制。因此,美国首先继续努力裁减外围国家的军备,以阻止她们获得大规模杀伤性武器和常规武器,与此同时,尽力维持和扩大她的直接军事存在。其次,美国推行一种意识形态特征的政策,劝导所有外围国家"参与"国际"纪律"的谈判,以巩固外围国家向跨国企业开放货物、服务和资本市场的政策。再次,美国竭力把张扬的、救济主义的自由民主原则确定为国际规则,并在对其有利的事务中加以运用,让现实屈服于强大的国内外经济影响力,以保证形式上的政治自由,但却不允许并禁止寡头政府内可能发生的造反甚至政治上表示强烈不满的行为,而事实上,这些寡头政府是屈从于外国或国际控制的。

"新威胁"问题与美国经济体系的活力和政府对尖端科技的巨额补贴的关键作用联系在一起,这使得技术持续得以创新,技术创新又保证美国的领导地位及其跨国大企业在世界经济中的领先优势。

1989~1991年,随着苏联的不复存在和东西对峙的结束,曾出现了一个短暂的"和平红利"和军火工业向民用工业转型的希望,但这种乌托邦很快便被寻找、确定和妖魔化的"新威胁"所替代,这为向美国国会和纳税人解释巨额军事预算和不明朗的补贴找到了说词,补贴的对象包括精密武器制造企业及其供货企业(信息、冶金、电子、光学等等)还有为私人尖端的科技研究项目提供无底洞式的融资。

对美国社会(有必要引申到整个人类)的新威胁是由媒体和学术界人士选定的。"起初候选的"是毒品走私、恐怖主义、原教旨主义(伊斯兰)和"无赖"国家。这其中一些"威胁"如毒品走私和贩毒,不管它们多么可怕,都不能通过传统的军事行动得以有效解决。这些现象具有一个微型的、非国家的特点。在毒品走私问题上,反映了一个高度个人主义的、竞争的、消费主义的和孕育紧张的社会对毒品和迷幻药品的需求。在恐怖主义问题上，反映了诸如爱尔兰共和军、巴斯克人、泰米尔猛虎组织、车臣人、伊斯兰激进组织等少数人集团，为反抗被称之为绝不可容忍的压迫而进行斗争的行为。另一方面，从国际政策协调能力来看，说"无赖"国家是美国国家的敌人是难以让人信服的。

"无赖"国家不仅不具备经济和军事资源，更远不具备对抗美国的能力。她们因为以往曾挑战美国权力或跨国公司利益而遭受妖魔化和制裁。她们被（尤其是被美国）有选择地或同时指控为独裁、侵犯人权、迫害少数派、政权封闭和陈旧、支持恐怖主义集团、经济上反对贸易和国际资本流动。这样，就在美国和世界制造舆论，开展旨在推翻这些政府的公开或隐秘的行动，如可能，就通过联合国，否则便通过北大西洋组织等，或凭借发达国家及那些国家的邻国的支持。

南 美 洲

南美洲是构成巴西国际参与、巴西对外政策行为、巴西经济利益和巴西安全战略最近的地理区域，对巴西而言，它的特点是显而易见的，但经常被人遗忘。

巴西与10个国家接壤，边界线总长超过1.5万公里，拥有长达9000公里的大西洋海岸线。在世界范围内，只有俄罗斯和中国的邻国数量与巴西相似。同时，巴西领土面积达850万平方公里，相当于南美洲总面积的48%。

巴西的人口约为1.9亿，超过了南美洲其他国家人口的总和。本地区第二人口大国哥伦比亚的人口数为4200万，约为巴西人口的22%。巴西的国内生产总值超过了南美洲地区国内生产总值的50%，与本地区任何其他国家相比，巴西工业的规模要大得多，更具多样化，且技术更为先进。

巴西是美洲唯一的一个葡萄牙语国家、葡萄牙的前殖民地，葡萄牙是西班牙王室宿敌（尤其是在南美洲300年的殖民时期）。独立以后，巴西的君主制是该地区政体的异类，当时南美的共和国对巴西持怀疑态度，并担心欧洲对她们再次殖民化。因此，在南美洲存在（尽管现在更加隐蔽）一种有关巴西的敌对、伤感和失望的历史记忆，虽然常被永久友好的辞令忽略或竭力掩饰，但事实上的影响妨碍或推迟了有效的合作计划和克服伤感情绪。

在20世纪90年代，巴西和其他南美洲国家在经济、政治和军事领域有过类似的经历，但"不同点也很明显"。

在经济社会领域，新自由主义经济计划被采纳。在人口绝对和相对增长的情况下，这些新自由主义经济计划进一步加剧了物质基础设施（能源、交通等）和社会基础设施（卫生、教育等）的匮乏，失业和半失业增加，劳动保护减少，收入和财富更加集中、边缘化与暴力增多，社会不稳定和动乱增加。这些计划最终导致汇率危机和国际货币基金组织在经济政策执行方面越来越多的干涉，造成了像南方共同市场这样的次地区一体化由于成员国面临的尖锐困难而陷入停滞甚至倒退，造成了在该地区一些国家中公开的或隐蔽的美元化进程的加速。

在政治范畴内，经历了一个形式上和张扬的代议制民主体制的不牢固的"巩固"进程，但同时又伴随着国家社会功能的弱化，以及由大经济利益集团推行的"私有化"。该进程导致经

巨人时代的巴西挑战

常与经济计划尤其是加速和激进的私有化计划的执行相联系的国家高层腐败率的上升和高发。在这个过程中，不能不提及卡洛斯·安德烈斯·佩雷斯[①]、费尔南多·科洛尔[②]、阿尔贝托·藤森、卡洛斯·梅内姆和费尔南多·恩里克·卡多佐[③]这些人的名字。

这一进程在开始时曾激起人民的期望，原以为政治行动和民主体制能满足就业、卫生、教育和安全等基本需要的幻想逐渐破灭。人民倾向于认为民主是一种只代表大经济利益集团（不管是国内的还是国际的），是永久维护旧的寡头加上新产生的集团统治的）的制度。贫民甚至中等阶层重新渴望"强有力"的政权，只要更有效率，这似乎意味着就可创造就业和消除社会暴力。

在对外政策和军事范畴，南美洲发生了一个朝着由美国主张的议题和倡议的坚定的转向，这涉及加入不对称的国际机制和防止大规模杀伤性武器扩散控制国际条约，并不断受到压力，以实现常规裁军，并将国家军队转变为致力于应对"新威胁"，尤其是毒品走私的警察部队。美国在该地区国家中增加军事顾问，以及美国在多个邻国接近巴西边境的地区联合开展军事行动，构成了哥伦比亚计划"地区化"和在厄瓜多尔的曼塔地区建立美国永久性军事基地的压力。

[①] 卡洛斯·安德烈斯·佩雷斯（Carlos Andrés Pérez Rodríguez, 1922~2010），委内瑞拉政治家，曾于1974~1979年和1989~1993年两度出任委内瑞拉总统。（译者注）

[②] 费尔南多·科洛尔（Fernando Collor de Mello, 1949~ ），巴西政治家，1990~1992年任巴西总统，1992年9月因腐败被弹劾下台。现任联邦参议员。（译者注）

[③] 费尔南多·恩里克·卡多佐（Fernando Henrique Cardoso, 1931~ ），巴西著名学者、政治家，1995~2002年连任两届总统。（译者注）

第八章 外围五百年：入围

阿根廷、巴西和南方共同市场

为了使巴西和领土面积两倍于美国、人口也超过美国的南美洲有能力在不稳定的、暴力的、专断的世界中有效地捍卫自己的长远利益，必须以一贯和持久的方式为促进世界多极格局而努力。在这种格局中，南美洲就"将成为多极中的一极"，而不只是其他任何一个经济或政治一极的一个次地区。

耐心、持久和渐进地建立南美洲政治联盟，以及坚定、沉着地拒绝那种将该地区屈服于美国战略利益的政策，应该构成这一战略的核心。为达到这个目标，巴西与阿根廷的合作是关键（从南方共同市场开始），因为如果保持孤立的或者更糟的是相互对立的或不一致的对外政策，两国都将不能履行有效的国际角色，并将可能浪费精力，在本地区为势力范围展开竞争，这样就不能组成一个集团。

当想到南方共同市场的生存是南美洲一体化的核心时，就有必要明白阿根廷和巴西必须持之以恒地寻求建立一个合理的、对世界的看法相一致的立场，一个对行动可能性的共同认识、一种密切合作、一个促进两国之间"成本和收益均衡认知"的体制，这些都是对巴西、阿根廷、南方共同市场和南美洲开展共同行动并确立肯定、积极的国际角色的重要因素。

20世纪90年代，尤其是从1995年以来，巴西和阿根廷的对外政策分享着共同目标，视自己为"正常的"、不再是欠发达的和对抗的国家，但巴西又是一个"不公正"国家。两国有意承认"以往的错误"，对此前的经济政策和政治上一些偏离行为

巨人时代的巴西挑战

感到后悔（如巴西在联合国投票中将犹太复国主义视为种族主义），但巴西远没有像阿根廷在马尔维纳斯群岛事件上对强国那样"不尊重"相类似的偏离行为。与阿根廷一样，巴西的对外政策也向经济稳定计划的所谓的必要条件靠拢，试图通过所有途经开展合作以实施此计划，为此采取了一些政治举措，以期望获得经济和政治强国的支持和赞赏。和阿根廷一样，巴西"新"的对外政策特别重视那些被美国赋予特殊重要性的全球性议题，如人权、环境、恐怖主义、毒品走私和促进民主，而不再关心保持传统原则：不干涉和自决原则——巴西对外政策的支柱，尤其是在与邻国关系方面的重要原则；利用有利的国际条件有益于两国发展的原则；拒绝加入不对称的协定条约的原则，如《禁止核武器扩散条约》和其他协定。和阿根廷一样，1995年以来的巴西"新"的对外政策寻求呈现为一种基于道义的、无私的、慷慨的、和平的高尚原则之上的政策，随时准备提前在经济和政治上作出让步，而不求任何回报，随时准备与大国开展合作，摒弃了被认为是无效和幼稚的"第三世界主义"。

在世界和地区政治、经济和军事的演变中期望值的破灭，有助于确定巴西、阿根廷和南美洲政治角色。外围国家中的经济政策带来了一系列危机，并造成了衰退、停滞或缓慢且不充分增长、贫困加剧、经济的非民族化、腐败的增多、对外脆弱性更大等后果。那些全球化和"现代"政策的辩护士的承诺未能实现。今天，对全球化的不对称、技术鸿沟、资本流动的随意性、顽固且咄咄逼人的保护主义、发达国家补贴政策的批评在各地区都非常普遍。在非常保守的国际机构的报告和政治领袖的演讲中,甚至在主张相当激进的新自由主义政策领导人演讲中也能看到这样的批评。

阿根廷复苏过程中的困难、巴西经济缓慢增长、两国严重的社会形势以及另两个成员国乌拉圭和巴拉圭国内危机,对南方共同市场和成立南美洲集团的前景产生了影响。南方共同市场在阿根廷和巴西备受争议,有些分析家认为它已进入了一个死胡同,因为其不充分的或有缺陷的纲要亟待改革。南方共同市场作为一个成功计划是没有批评的,而尤其在面临外部挑战和可能必须对进口实行控制时,它成了执行国家经济政策的一种障碍。为了使它重新焕发活力的尝试非常大胆,比如建立统一货币的计划,却很难实施,而且受到了广泛的怀疑。

在另一方面,与强国的政治和军事结盟和谨慎的非对抗政策并未带来经济利益,未减少它们恣意行使权力,未减少冲突,强国武器还在不断增加,更未给予巴西和阿根廷这样的外围国家在国际事务中更多的话语权。权力的集中和武力的恣意使用是当前世界格局两个主要特征,南锥体国家的裁军并未减少南美洲冲突的风险,相反,却为增加冲突开了方便之门,随之而来的是美国从哥伦比亚开始在该地区越来越多的军事干涉。

美洲自由贸易区、巴西、南美洲和欧盟

美洲自由贸易区、欧盟、南美洲范围内的谈判对巴西的国际参与有着很大的经济(和政治)重要性,它们值得特别的思考。美洲自由贸易区被认为是巴西扩大出口的绝佳机遇。根据一些分析家的看法,如果美洲的所有贸易壁垒被取消,只要巴

巨人时代的巴西挑战

西企业有竞争力，巴西将能扩大出口并实现多样化。他们认为，这个机遇对巴西的对外账目是非常重要的，它将增加巴西向未来的美洲自由贸易区成员国的出口，尤其是工业制成品的出口，目前它们占巴西出口的约70%，将为克服巴西经济面临的困难发挥决定性的作用。那些主张巴西加入美洲自由贸易区的人在他们的分析中，一直努力确定，在所有壁垒取消后，巴西哪些经济部门能够扩大出口，而哪些缺乏竞争力的行业则不能出口。很多这类分析报告没有研究完全自由化将导致"扩大巴西"从美国和其他国家的"进口"及其对巴西贸易平衡的后果，也没有对美洲自由贸易区给巴西经济政策必须有的自主权造成的影响进行研究。

从历史上讲，美国对拉丁美洲的经济外交政策一直主张在该地区不同国家中推行新自由主义政策和计划，这对美国跨国公司的利益极为有利。美国倡议广泛谈判建立美洲自由贸易区是为了将货物和服务贸易、外国投资、知识产权和政府采购等问题规范化，这是为了在该地区巩固并保持新自由主义计划目标的原因之一（但不是唯一的原因）。这些谈判的最终目的是在西半球建立一个统一的经济版图，在其中开展平等竞争，一方是美国超大型跨国公司的世界级大公司，另一方则是拉丁美洲国家微弱的公司。

然而，加拿大和墨西哥已经融入了美国经济，中美洲和加勒比正处于美国的极度的影响之下，它们与美国已经有了自由贸易的特别协定，也与美国签署了美洲自由贸易区附加协定。除哥伦比亚和阿根廷外，其他美洲国家一般来说市场有限，工业结构不发达。其他美洲国家的一半就是巴西，其国内生产总

第八章 外围五百年：入围

值占南美洲的一半，是拉丁美洲面积最大、人口最多的国家，其经济、技术和工业发展水平也达到了拉丁美洲的最高水平。美洲自由贸易区实际上就是一个旨在将巴西经济"纳入"美国经济中的美国计划，其后果不管愿意与否，将会降低巴西在国际范围内采取自主政治行动的可能性。

在取消所有壁垒的 10 年以后（在某些情况下将是 15 年），美洲自由贸易区将会把那些在各自行业控制着世界市场绝对利润的、拥有数十万职工、销售额超过许多国家国内生产总值的美国公司和那些相对较弱的巴西公司置于一种短兵相接的平等竞争状态之下。在某一个行业，巴西公司能与美国那些大公司竞争一下。然而，考虑到每个产业部门的情况，巴西企业在经济效率方面平均较美国大企业低 60%～40%，这就意味着美国企业的效率几乎是巴西境内的公司（尤其是民族资本的公司，而不是跨国企业的子公司）的 2～3 倍。正是由于其更高的效率、规模、组织能力、技术活力、容易获得低利率信贷，那些世界大公司都是美国的企业。

在条件相同但"尚不存在"平等竞争条件的情况下，在巴西发生的进程将继续：一是需要获取重要且持久的外贸盈余，这是应对经常项目赤字的关键，"尽管这要以抑制国内消费、经济停滞或缓慢增长为代价"；二是非国有化和工业退化过程仍在加速；三是随着高附加值产品出口占总出口份额的减少，对外脆弱性在增加。

美国在外国投资领域的谈判希望把新规则加到未来的美洲自由贸易区协定文本中，以强化相悖于那些世界贸易组织已有的规则，这将进一步削弱巴西规范外资活动、以及将外国投资与真正的发展战略相结合的能力。举例来说,国家最终不能要求在巴西经营的外国公司履行出口和零部件本土化的目标。在专利和知识产权方面,总的来说,世界贸易组织的现有规则将得到加强。这些规则一直以来是巴西与世界大型制药公司之间摩擦的根源。在这种争端中,人们可以看到,由于专利法让技术拥有者垄断了市场,那些公司的利润率是超乎想象的。在政府采购方面,加入了美国所希望的美洲自由贸易区,将妨碍巴西政府在主导货物和服务采购方面有利于民族资本企业(和有利于本国工人)乃至设在巴西的外国资本企业。巴西既不能向巴西企业,也不能向设在巴西的外国企业赋予特权,因为根据美洲自由贸易区的规定,必须以公平的方式对待设在任何一个美洲国家的任何一家服务企业,不管它是否设在巴西。

美洲自由贸易区的基本观念是,在美洲大陆,所有企业都是平等的。在这种局面下,巴西企业不必担心来自加勒比小国的公司的竞争,也不必担心来自工业和经济结构逊于巴西的南美洲中等国家的公司的竞争。实际上,根据美国的初始方案,美洲自由贸易区意味着巴西的经济版图将成为美国经济版图的一部分,因为根本不存在壁垒,即使在需要的时候,在法律上也不存在设置壁垒的可能性。但对巴西而言,可能出现的双边贸易赤字、利息账户赤字、红利账户赤字等等都不及丧失经济政策自主性所造成的后果。如果巴西没有针对美国的关税和非关税壁垒,这就意味着巴西没有应对世界经济最强的大国的贸易政策。如果巴西不能拥有贸易政策、投资政策、科技政策和政府采购政策,也将不会有有效的工业和技术政策。例如,那些主张在有巨大贸易赤字的领域(如电气和电子行业)有必要

第八章 外围五百年：入围

通过鼓励外国直接投资的计划以替代进口的人没有认识到，一旦美洲自由贸易区成立，其他企业可从国外进口，而外资来巴西设厂巩固业务期间，如果不再有不可或缺的税收保护措施，是不可能吸引外资到巴西来的。

在关于美洲自由贸易区的讨论中，还有另外一个方面一般未被涉及，但却是非常重要的，即关于投资。在任何一个开展自由贸易的经济区域，都存在一个财富、收入、经济活动向有着某种初始优势的地区集中的趋势。在一个地区有财富集中的良性循环，在其他地区就有财富分散的"恶性循环"。这些地区在收入、基础设施、劳动力培训等方面，与更为发达的地区相比，差距进一步扩大。这种现象只能由分散化的特殊政策来加以弥补，这种政策是着眼于促进国家范围内经济的平衡发展。打个比方说，今天的巴西是一个关税同盟和自由贸易区，在这个"关税同盟"中，经济活动和财富逐渐集中于圣保罗及巴西东南部。所谓的"税收战争"便是这种现象的后果，它体现了巴西欠发达的州通过各种税收和信贷优惠努力寻求对这种集中化进程给予"补偿"，以便吸引投资，否则，投资会自然而然流向更发达和更具活力的地区。

关于在美洲建立自由贸易区，毫无疑问，美洲现在是，将来在很长时期内仍将继续是最具活力的地区。美国大约占到整个美洲国内生产总值的80％，是世界上最大也是最具活力的经济体，科技生成能力最强、物质基础设施最好、劳动力最训练有素。因此，美洲自由贸易区可能产生两个重大的消极后果：其一，那些过去在巴西设厂的企业，在很大程度上是由于享有关税和非关税保护，以应对其他竞争者，现在可以"回国"，利

巨人时代的巴西挑战

用规模经济、较低的劳动力成本以及置身其主要市场或毗邻市场等条件转而从美国、或从与美国临近的区域（像墨西哥）向巴西出口。的确，在诸如农业和矿业等领域，不会发生这种情况，因为必需将生产单位靠近主要生产资料产地，但这恰恰是经济过程的初始阶段。另一方面，随着贸易壁垒、保护和刺激法规不复存在，外洲（欧洲等地）的公司的"新"投资可能宁愿落户美国，供应美洲自由贸易区的这个主要市场，并从那里向美洲的其他国家出口。

美洲自由贸易区的主要后果是，它可以通过严肃的国际条约进一步得到强化，对现有的贸易、工业、科技和政府采购领域的经济政策实施更多的限制。那些主张美洲自由贸易区的人暗示，上述局面对巴西是有利的，因为美洲自由贸易区将吸引美国超大型公司来巴西建厂，或者并购当前那些效率低下、仅依靠政府补贴和恩惠维持生存的巴西公司。这些跨国公司会到巴西来，会扩大产能，将工厂现代化、创造就业机会，提升竞争，迅速扩大出口。这样，巴西政府既不能也不需要干预经济，这在那些辩护者看来同样是积极的，它可以为永久根除国家的行为创造条件，国家行为损害、干涉、麻痹私有活动，国家行为的膨胀会成为政治专制主义的基础。

然而，巴西社会的主要特征是收入、财富、文化、政治权力、获取技术的巨大分化。这种分化仍在继续发展和蔓延，社会共存变得越来越难，边缘化和社会排斥加剧，地区主义和危及国家领土完整的地区歧视的情绪不断突出。这种分化只能通过国家坚持不懈的政策逐渐纠正，因为市场力量的自由博弈将趋于加剧而不是减少这种分化。在巴西，将近三分之一的人口

(6000万)没有条件,也不会被现代私有企业聘用,不能在市场中获得生活必备品和教育、医疗等服务,也不能行使其公民权。如果缺少积极的政策,这种社会分化和这种"政治公民权的被否定"将以指数形式增长,使社会成为一种越来越冲突、紧张和暴力的潜在的、无法无天的状态,进而造成一触即发的城市暴力和农村暴力。

另一方面,对外脆弱性加剧。有一种越来越普遍且不断发展的信念,认为如果不作出特别的努力实现重要且持续的外贸盈余(每年至少200亿美元),又不收缩经济活动和国内消费,巴西将进入一条走向停滞或延期支付,即无力偿还外债之路。很显然,这种可能发生的延期支付既不是所希望的,也不是可取的,但事实上由于外汇短缺或无外汇融资,无法实现对外支付。要避免停滞,就要做到国家有能力刺激出口、管理进口和规范外资。这些政策因世界贸易组织组织规则而难以实施,一旦签订美洲自由贸易协定,将变得更难操作。实际上,美洲自由贸易协定是一个阻碍实施任何重要的贸易、工业和技术政策的国际条约。

北美自由贸易区和欧盟

欧盟是一个经济和政治一体化的范例,与北美自由贸易区存在根本的区别。它是一个以基督教欧洲政治联盟为目标的经济联盟,有着共同的立法、行政和司法机构,共同的货币,劳动力自由流动,共同的农业、社会和税收政策,共同的对外贸易和经济政策,有旨在缩小国家间和地区间差异的地区政策,有一个与邻国间协作关系的协议和与前殖民地国家之间自由贸易的广泛网络，其模式包括与地中海国家的协议以及和非洲、加勒比和太平洋国家协定体系。

北美自由贸易区的前身是1988年美国和加拿大两国签署的《汽车协议》和《自由贸易协定》，是一个在加拿大、美国和墨西哥之间开展自由贸易的区域，它"没有"组建正式政治联盟的目标，因此不设共同的机构，没有积极的共同立法和政策，不存在缩小分化的地区政策，不允许劳动力自由流动，没有共同的货币和中央银行。它"通过"三个成员国的"每一方"，推动与拉美国家开展双边的自由贸易协定的谈判并签署协议，以创建一种与非洲、加勒比和太平洋国家协定体系相类似的网络，那是一种成员国间的不对称、义务不平等以及由此产生利益不均的协定。

美国和欧洲各自实施的自由贸易协定政策之间的根本差异不在她们与其他国家所签署协定的性质，两者具有同样的不对称特征，都尽量引导外围国家重建前工业化经济结构。换句话说，是恢复发达国家的核心在工业、制造业、先进服务业和尖端技术中具有的专业化霸权；另一方面，那些非洲、加勒比和太平洋国家协定体系和自由贸易协定的欠发达成员国则在农矿业、高污染制造业、工业初级产品、稀有的但技术简单的奢侈品、异国情调旅游业以及常常是色情业方面搞专业化。

在上述两种情况里，加入非洲、加勒比和太平洋国家协定体系和自由贸易协定的外围国家没有与更发达的国家成员实现政治整合（并从中受益）的前景，有的是不断加深的不对称的经济联系，自主政策和促进社会发展和转型的内外战略发展能力的丧失，以及在"自由市场"碰运气，这种自由市场势必在世界经济和政治体系中心以及每个外围国家内部造成各种各样的权力集中。

因此，欠发达国家不管是在北美自由贸易区内与世界最强国家建立自由贸易协定的联系，还是参与非洲、加勒比和太平洋国家协定体系，或与欧盟建立自由贸易区，彻底放开市场，放弃发展政策的执行能力，都只有一个同样的结果：倒退的专业化、自然资源的掠夺性开发、资本投机、劳动力自由流动不变的限制，以及与其他性质相类似的外围国家建立利益联系的政治能力的丧失。

地区性的美洲自由贸易协定或与北美自由贸易区发达国家之间的双边自由贸易协定本身，带给欠发达国家和经济体同样的风险和不利（很多时候使其处于危机中）。在将外围地区和前殖民地国家纳入到全球资本主义体系的努力中，强国存在着共同和相协调的根本利益，"尽管它们"在体系中心的权力争夺问题上"看上去像对手"，有时还暂时在相对立的阵营。在针对外围国家方面，它们则按"霸权共管"的办法行事。此外，自由贸易协定和美洲自由贸易区协定撤销外围国家在世界贸易组织多边谈判中的突出作用，因为这些国家在"双边谈判"中已提前放弃了它们讨价还价的主要成分。这些国家全部或几乎全部同意强国在对外围国家、尤其是对面积较大的外围国家实施政治和经济"重组"战略的辅助方针，或者被迫参与经济政策领域中那些所谓的规则谈判，以求在商品贸易尤其是农产品贸易中得到一些好处。

谈判的这些方方面面可以使自由贸易协定谈成，也能深刻影响国家主权。国家主权并不是一个抽象概念：它是社会的一种集体行动的能力，通过国家确定规则和征收赋税，执行造福该社会的政策。主权的削弱意味着集体行动能力的下降，集体通过国家进行干预，纠正国内历史进程中财富和权力的集中，降低对外脆弱性，以及当其他国家的经济、政治或军事行为有悖于巴西的利益时，保卫巴西社会；如果有悖于南方共同市场即阿根廷、巴西、巴拉圭和乌拉圭的利益时，保卫南方共同市场。

21世纪：对前几十年的展望

基于对国际体系结构、力量对比、发展趋势、美国政治、南美洲局势、阿根廷和巴西政治、南方共同市场、美洲自由贸易区、欧盟的分析，世界格局的主要特点和趋势使得财富、军事权力和知识加速集中，这在21世纪的头20年将得到延续，并将进一步深化和巩固在高度发达、强大和相互协调的富国小集团与贫穷的、脆弱的、缺乏协调的、深受暴力和社会混乱之害的外围国家大集团之间业已存在的鸿沟，这些外围国家的主权将越来越脆弱，而她们的人口却比处在体系中心的那些国家的人口总和还要多得多。

在世界体系中心存在，或正在出现和巩固之中的"新权力极"，如欧盟和日本，以及从外围向中心过渡的中国、印度和俄罗斯，这些极将是对手还是盟友，取决于各种环境，取决于超级大国美国。身处这个国际体系的中心，美国将继续对"国际议程"发号施令，坚定地寻求在与其相邻的西半球建立它的地

第八章 外围五百年：入围

理区域，将西半球纳入自己的经济范畴，以便在与其他权力极的竞争中和应对"无赖国家"时，西半球在政治上"站在自己一边"。确切的说，是要确保西半球对美国的意识形态表述、国际政治倡议和行动、提出的经济规划或反对"新威胁"方面给予无条件的支持。

围绕重要的权力极组建地区集团的趋势将会延续，就像美国施压建立美洲自由贸易区，在美洲签订双边协定一样；在亚洲是东南亚国家联盟与"中华经济圈"；欧盟朝着东欧和地中海沿岸国家方向的逐步扩张以及它朝着国家方向发展的机制化；最后，前苏联重新组合成独联体。欠发达国家之间的地区集团，如南方共同市场，在全球格局中的重要性较小，因为它的成员国必须应对周期性和不断增加的困难、以及要让集团解散的内外压力，尽管这种压力是被掩盖着的。

联合国广泛的体系——包括以安理会为核心的集体安全计划（及其非正式武装臂膀，北大西洋公约组织越来越明显成为这个臂膀）和诸如国际货币基金组织、世界银行和世界贸易组织等实际上处在西方经济强国控制下的"国际"经济机构、导弹及其技术控制制度以及核不扩散条约等机制，仍将继续构成国际体系各种议题规划和准则的框架，处理政治和经济危机，甚至非正式管理不同的外围国家。因此，通过以一种诡辩和非正式的形式制定规则、条约、政治经济和军事制度，全球"治理"计划继续逐渐成型。由于国家之间人口、财富、军事力量的高度失衡，现存的体系将深刻和必然是不对称和反民主的，国家只有从法律角度来说才是平等的和有主权的。

巨人时代的巴西挑战

巴西外交政策挑战概述

巴西参与国际和地区格局的国际战略的主要挑战可以列为以下几点：

1. 坚定且渐进地降低巴西对外脆弱性，不管是经济的、政治的还是军事的和意识形态的；

2. 从政治上坚定且持之以恒地努力让巴西成为世界秩序管理的中心机构，尤其是在联合国安理会中的常设成员；

3. 逐渐地且坚定地赋予军队适当的并与巴西领土、人口和发展潜力的特点相匹配的威慑力；

4. 将军事防务和巴西的边界政策尤其是在亚马孙地区的政策结合起来，制订国内和地区发展战略，高度关注印第安人、环境、生物多样性和稀有矿产资源等问题；

5. 争取掌握尖端技术，实施有效的技术吸收和开发计划，拒绝接受不对称和不平等的约束；

6. 在多极化不断发展、恣意妄为和暴力的世界中，维护国家政治、经济和军事行动的能力，以抵制大国通过像美洲自由贸易区这种表面上仅是经济一体化计划将巴西纳入其权力极的战略；

7. 加强与其他在战略上有意推动世界体系多极化的外围大国之间真正和实际的（不只是口头上）政治和经济关系；

8. 通过补偿机制和减少地区国家间不平等的有效进程，从改革的南方共同市场出发，与阿根廷、委内瑞拉进行绝对必要的协调，在南美洲建立一个非霸权的经济和政治集团。

第八章 外围五百年：入围

对外政策挑战：评论

巴西对外政策的"第一个挑战和优先问题"是根除那些长期存在的对外脆弱性。经济脆弱性应通过坚定努力实现经常账目盈余而加以克服，在短期内、也许能较好回应国家行动的账户包括外贸账户、旅游账户、侨汇账户、技术账户。降低脆弱性应该要有相应具体的行动方案，而不只是周期性的口头声明，或仅是例行公事，或只相信什么浮动汇率的政策。贸易政策应尽力明确并扫除有悖于巴西贸易利益的特殊障碍，将商品、资本和投资的巴西市场准入作为与经常账目（不只是贸易结算）上对巴西长期有较大盈余的发达国家进行讨价还价的元素。

政治脆弱性只有通过以下途径才能被克服：坚定且持续地建立南美洲政治经济一极，巴西不加入美洲自由贸易区（因为加入将使巴西沦为波多黎各式的局面，最终在世界上无足轻重）；坚持不懈地努力使巴西进入联合国安理会、8国集团等全球治理（非正式的）体系的主要决策中心。安理会的权限将来会涵盖事关巴西和南美洲核心利益的议题，如环境、淡水、毒品、恐怖主义、政治体制、贫困，等等。安理会也将逐渐发展为全球治理体系的中心，而它的扩员改革将为南美洲加入提供唯一的机会。一个南美集团的建立将有利于该地区进入安理会，与此同时，进入安理会同样也有助于该地区集团的形成。另外，集团的形成也为参与"世界治理"体系的其他机制如8国集团提供了可能。尽管巴西从其特点来看是最符合成为安理会常任理事国条件的拉美国家，但获得这一目标应该是与阿根廷的密切协调，以前、以后、永远都要这样做，因为这一举措应该被视为是当今建立和巩固南美洲集团战略的重要部分。

巴西军事的脆弱性只有通过军事物资供应来源的多样化以及与其他外围大国，如印度和中国，在军事尖端技术领域开展具体的合作计划才能被减少，这些外围大国地处遥远，因此与巴西不会出现自然的或受第三方鼓动的敌对局面。要实现有效的陆地和海上边界防卫，建立与巴西国土面积相适应的威慑能力，发展先进的常规军事工业、掌握与武器相关的先进技术知识、开发常规军事技术和执行军事训练计划，这些都是至关重要的。由于漫长的边境线、丰富的自然资源、出入不便、人口分散、非法的经济活动和外国势力在附近的存在，具有高度复杂性的亚马孙问题是军事脆弱性的重要部分。

消除巴西技术脆弱性需要更多吸收先进技术和开发。从民用角度来看，高利润市场是以垄断的形式被开发的市场。垄断是通过技术创新降低生产成本、开发出受专利权保护的新产品或新方法形成的。民族企业能以更强的竞争力参与国际市场，这是克服对外经济脆弱性的根本所在。从军事角度来看，对科学技术研究的投资是发展非进攻性但具有威慑力的军事能力，并确保降低军事脆弱性的关键。

巴西对外政策的"第二个挑战和优先问题"是维护巴西的国家自主权，以实施必要政策应对分化、脆弱性和发展潜力这三大挑战。"规范化"的国际行动总体上包含着一个国际法律规则制订的不对称过程，这些规则符合大国在各个领域的利益。"就规则而论"，那种认为由于巴西是一个听从大国恣意摆布的"弱国"，有"某个"国际规则总比没有任何规则要强，巴西最

第八章 外围五百年：入围

好与由大国所引领的国际规则制订过程保持合作的观点是一个严重错误。巴西不应该接受与其根本利益（减少分化，消除脆弱性和发挥好潜力）相对立的或对其设置障碍的国际规则。因此，在对待这些规则上，采取"保留"的态度要比接受国际谈判的结果（经常是糟糕的结果）并使之合理化的做法要好，这样可以使巴西社会以一种"两害相权取其轻"的方式接受这些规则。巴西在任何谈判中的保留或缺席不会对巴西造成毁坏性的结果（正如印度拒绝加入核不扩散协定所充分证明的一样）。与沉着冷静地不接受和不参与某些严重限制主权和损害巴西社会根本利益的有关国际规则和计划的谈判相比，更糟的结果是接受了这些规则，而后由于"绝对需要"去违反它，从而成为"法外国家"或"无赖国家"受到军事制裁。

巴西对外政策的"第三个挑战和优先问题"是一贯地促进世界体系的多极化。多极化不是一个乌托邦，而是一个处于高级阶段的进程，并且比任何单极或两极权力结构更有利于巴西。后两种世界权力结构本质上有损于巴西利益的促进和维护，因为它们为制订限制和违背巴西利益的国际规则，减少巴西与其他国家建立政治联系的可能性和自由度提供了方便。像巴西这样需要资金的、经济政治和军事实力相对较弱的、且同时须克服社会的极端分化和严重的对外脆弱性的欠发达国家，国际权力更为平衡和分散对她们更为有利。这些国家和巴西能够从可能的多边联盟中受益，以应对暴力、专断、经济和政治压制，并在更有利的条件下吸引资本，以实施高端领域的科学和技术计划。对于一个有着与巴西同样挑战和规模的国家来说，以某集团的附属身份参与国际体系（如作为可能成立的美洲自由贸易区的一部分）是一种比不参与任何集团更糟的经济和政治状况，然而这是一种完全有别于闭关自守、孤立、无赖国家的情况。因此，通过具体计划，与印度和中国这些旨在推动多极世界秩序形成和巩固的国家之间的务实接触，逐步建立经济、政治和军事联系应该是巴西对外政策的一个切实的优先目标。密切与这些国家的关系根本不会阻碍与强国之间业已紧密的贸易、金融和文化联系的继续发展，但它应有所"改变"，以满足巴西发展和政治行动的需要。

巴西对外政策的"第四个挑战和优先问题"是从非霸权领导角色出发，以补偿机制、经济重组、坚持不懈地减少南美洲国家间的分化，建立南美洲一极。一方面，该战略"必要的经济前提"是巴西和南美洲不参与任何一个由高度发达国家领导的集团，比如美洲自由贸易区。巴西、阿根廷、南美洲具有其独特的历史、文化、经济特征，拥有一定的经济、人口和领土规模，因而不可能以一种权力平等和利益均衡的方式参与或被吸收到任何大型集团中，尤其是未来的美洲自由贸易区。建立南美洲集团的政策核心成分是巴西市场对邻国产品出口的开放，不要求绝对的互惠。重要的政治战略是给予那些定居于巴西、无入籍义务的南美公民完整的政治和社会权利，就如同对待葡萄牙公民一样。在坚定、适度、审慎地执行这些政策中，南美国家之间的政治和军事合作将会便利和顺乎自然地进行，这对巴西独立自主的国际入围和与南方共同市场一起建立一个更加民主、公正和繁荣的社会来说，是必不可少的。

置身于一个越来越不公平、寡头和专断的世界中，加之其内在的动力，巴西要么将克服自身挑战，要么进入一个严重的

第八章 外围五百年：入围

不稳定阶段。必须严肃、冷静和现实地考虑军事战略问题，因为是为那些选择和平，尤其重要的是，是首先为那些珍视决定自己命运的自由而考虑的，决定自己命运在国与国之间便意味着主权。在所谓"新威胁"的格局里，对像巴西这样的国家和一个像南美洲的地区来说，应该对军事战略作出合适的分析。

第九章 美洲豹和猫：威胁与战略

"然而，防御远比富有更为重要……"
——亚当·斯密

定　义

"威胁"可以被定义为源于外部或内部的现象，它们极有可能诱发社会动荡、法治国家的分裂、暴力蔓延、来自内部或外部的对国家的武装挑战和社会内外自决能力的严重下降。某些威胁还会极大地影响社会凝聚力，使个体和集体之间的共处变得不愉快、紧张、冲突，最终走向暴力。此外，所有那些内生和外生的，削弱社会、国家和削弱军队在面对上述威胁时向社会、政治和经济体系提供防御能力的现象，都应该被定义为"威胁"。

威胁和大国

对那些着眼于全球利益的强国而言，"威胁"不只是那些国内的严重不稳定或外部侵犯这样的威胁，也就是说，不只是指那些与其本国领土和社会存在直接关联的事件、事实或可能性。

第九章 美洲豹和猫：威胁与战略

强国同样把在其他国家、哪怕远离其本土上万公里发生的一切事实和趋势视为"对其社会和国家的威胁"，认为会影响其他政治、经济和战略利益。一个亚洲国家的选举，一个非洲国家的经济危机，拉丁美洲的军备采购，如果合适，所有这些事件都能被"定性"为对其国家利益的威胁。

上述情况一直延续到在柏林墙倒塌，以及共产主义国家至少在言辞上要彻底加入资本主义和自由民主之时。而共产主义曾是挑战资本主义社会经济、社会、政治和宗教的组织方式和"西方文明"（包括地理上非西方，但被西方化的）的全球性和传统的大威胁。这种对资本主义秩序的挑战，在比较"脆弱"的发展中国家，包括巴西在内，表现为政变夺取政权的威胁或者出现内战的结果，在较为"稳固"的国家，如工业大国，则表现为武装入侵。

由于柏林墙的倒塌，强国的军事工业装备及与之相应的国防预算，使得"不再有"相同军事实力及对世界持对立看法的"令人信服的敌人"。因此，从战略和内政角度寻找"新敌人"就显得尤为必要和紧迫，因为这可为那些所谓强国维持国家和国际防务系统找到理由，美国则更是如此。

当年苏联拥有常规军事实力、核武器、洲际导弹及意识形态，曾可能对美国国内经济、社会、政治体制造成危险。随着不再有任何国家（甚至国家集团）有足够的军力与美国抗衡，这种危险已不复存在。因此当前"新敌人"以"新威胁"的形式被呈现出来。

"911事件"以前，这些"新威胁"并未是美国本土及其社会的威胁，但却威胁到资本主义经济（以自由民主作为政治组织形式）在其全球化进程中的"整体"利益。这一全球化进程就是整合和合并原本近乎孤立的市场，尤其是那些前社会主义国家和发展程度很低的欠发达中国家。在这一进程中，总是有必要推出针对霸权超级大国或其他强国利益的"某个威胁"，把它说成是对整体利益、对所有国家、对人类、对"文明"的威胁，并且夸大这种威胁以动员国内外的政治支持。共产主义威胁曾经就是这样被提出的，而"新威胁"也将被如法炮制。

在美国防御战略的分析中被认定的新威胁，是根据重要性（指影响资本主义经济和国际政治体系发展的能力）排序的，依次为有组织或无组织的国际恐怖主义、伊斯兰原教旨主义和贩毒。

我们需要立即认清的是，原教旨主义并非一个仅限于伊斯兰教或阿拉伯国家的社会宗教现象。其他宗教同样有原教旨主义运动，具备在政治领域产生相似后果的潜力，比如印度教和某些极端新教教派的运动。这些新教派在美国内外政策中有着日益上升的影响力，比如美国中西部民兵部队的形成，俄克拉荷马的大爆炸，近东国家和社会的口授教义和改革的尝试，以及敌视国际组织和经济合作计划的新孤立主义的兴起。人们可以将犹太复国主义尤其是以色列正统宗教团体的政治立场和行为，划分为原教旨主义本质的运动，然而，在"新威胁"的分类中，当提及"原教旨主义"时，总是不言而喻地是指伊斯兰原教旨主义。

由于认为穆斯林社会经历的各种危机源于引入外来的西方生活习惯的现代化尝试，伊斯兰原教旨主义主张根据对《古兰经》和其他教典中严格的宗教、政治、经济教义对穆斯林社会

第九章 美洲豹和猫：威胁与战略

重组。这种社会"新"组织，由于不接受西方习俗，严重影响外国跨国大公司的利益，妨碍西方社会消费标准的典型产品和服务的引入和传播。在这些产品和服务中，有能产生巨额利润的视听产品、时尚产品和金融服务。前两种产品，可以不断刺激和更新需求而具有贪欲心理的特征和本质；金融服务，则有高度投机的特点，而投机行为的利润并不取决于体力、生产和组织活动，也与它们不存在任何关系，但这些利润可能是巨大的和立竿见影的。

除此之外，穆斯林原教旨主义运动，由于主张建立神权性质的政权，公民社会的参与度低和透明度低，从而使外来的政治影响难以在其社会中实施，因为内部的人为可能被"收买"或"入伙"，非常容易被识别。这样的运动和政权，由于其战斗性和国际性，至少与其他伊斯兰社会相比，更倾向于在不同地区特别是在中东和马格里布，抵制强国的利益和政策。原教旨主义在近东和马格里布的传播引起了欧洲——尤其是在法国和从前苏联分裂出的国家——大穆斯林社团的强烈反响。

严格的原教旨主义政权在近东国家的扩散能影响西方特别是美国以石油为基础的能源供应体系。某些工业化国家，尤其是法国，由于过去经历过石油禁运和油价猛涨而造成的严重困难，已实现了能源结构的深刻转型，但美国并没有做到这一点。如今，由于这些国家比以往对外部石油供给的依赖更小，因此，她们对近东——世界上石油生产成本最低的主要地区——威胁已经不再那么关心。1995年新油田的发现使伊拉克将成为世界最具潜力的石油生产国，与此同时沙特阿拉伯的石油储量预计将枯竭。沙特有严格的宗教政权，但并不是反西方的原教旨主义，美国军队入驻后所带来的政治日益不稳定，以及伊拉克放弃美元标准转向欧元，都很好地解释了美国战略家们将尽管是世俗的伊拉克确定为主要敌人的原因。

恐怖主义在其本土或海外的一些重要的种族或宗教社团中有取之不尽用之不竭的征兵来源，是由于这些社团，无论是现在还是过去，受到所在国执政的种族或宗教集团的政治、经济和社会的压迫。恐怖主义一直是与原教旨主义和以色列国家局势相联系的一种现象；以色列的创始人过去因其为实现政治和经济目的而实施恐怖行动而闻名，以色列政府对平民实施了与联合国有关决议相违背的恫吓和暴力行动。在爱尔兰、印度的印度教团体、秘鲁的光辉道路和很多其他事例表明，虽然恐怖主义经常与原教旨主义紧密相关，甚至正统教派为恐怖主义行动在实施中提供重要和必要的精神动力，但恐怖主义并非只与伊斯兰原教旨主义相联系。

恐怖主义行动是一种政治现象，但决不能将其看成一种具有重要军事性质的"新威胁"，也不能用传统军事力量对其实施"有效"打击。只有当恐怖主义成为某个政治运动或国家系统行为的工具时，它才能被定性为威胁。当威胁成为更广泛的政治军事战略时，才能把它作为威胁来应对，而不是只是恐怖主义的一个方面来打击。基地组织的兴起和"911"巨型袭击事件的发生将有组织的恐怖主义提升到核心敌人的位置上，并使得从美国军事角度试图将恐怖主义与特定国家特别是对伊拉克相联系，这样使其传统军事性质的行动找到了理由。虽然可以与某些特定国家相联系，但它并不会因这些国家的军事失败或政治孤立而消灭。

第九章　美洲豹和猫：威胁与战略

尽管贩毒对西方社会所有阶层的个人，无论贩毒者还是吸食者，从一无所有的快克（crack）吸食者到吸食可卡因的高层管理人员，会带来有损健康的和毁灭性后果，但严格地讲，贩毒并不是一种具备"新威胁"特点的政治现象。它应该被更准确地被确定为诸如黑手党及与之相联系的类似团伙的犯罪活动。贩毒作为军事政治威胁并不存在，除非在某些国家里，它不仅表现为犯罪活动或社会瓦解这一深刻现象的指标，而是因为在这些国家，贩毒的利益集团和代理人已严重渗透到这些国家的经济和政治结构中。有必要忆及，由于贩毒牵涉巨额资金，那些高度发达的毒品消费国的政治和经济结构也很可能同样被渗透。

威胁与南美洲

在南美洲存在多种具有外来威胁状况，如国家间因传统的边界问题而发生武装侵犯的可能，秘鲁和厄瓜多尔的冲突就是明证。还有其他一些潜在的和周期性爆发的冲突，如玻利维亚对太平洋出海口的主权要求，委内瑞拉和圭亚那以及委内瑞拉和哥伦比亚间的边界争议。但是，这种情况不会发生在巴西身上，在阿根廷与智利的边界上，这类问题已被解决。

同样有若干内部可以称之为"威胁"的情况，例如历史上被压迫和被排斥的人口大军，如秘鲁、玻利维亚、厄瓜多尔等南美国家的土著居民。在这些国家中，如此的环境极有可能诱发对社会凝聚和国家的威胁。但是，以上所述都属传统威胁，而非"新威胁"，在此不展开论述。

巨人时代的巴西挑战

南美洲国家的国家利益不具有世界性的特点，与之相反，它们都集中在各自的领土内或边境上。除了近期发生的例外情况，在南美洲没有同一民族的群体在本大陆其他国家境内或其他地区处于被压迫的境地（但有时有孤立的和政治上相互没有联系的大批外来移民）；也没有境外大量的投资，会将大量的正规收入汇回国内，用以维持国内社会的生活水平（不要与侨民和侨汇的情况相混淆）；没有对远离本土的战略空间的利益（有例外，如马尔维纳斯群岛）；最后，当有战略原材料严重依赖进口时，尽管有某些状况可以属于这种类型，尤其是在生命攸关的能源相互依存方面，但也没有必须实施军事行动以确保其补给线的政治念头。因此，与那些将他国发生的事件也纳入自己国家利益的强国相反的是，对南美洲国家的"新威胁"和国家利益的界定应该从那些直接影响社会、国家领土和毗邻周边地区的新事实、新现象和新趋势入手。

对南美国家来说，伊斯兰原教旨主义、恐怖主义和贩毒，或因它们自身性质，或因它们对该地区没有重要意义，因此都不能被确定为重大的"新威胁"，也不能看成是具有战略意义的政治现象。伊斯兰原教旨主义、恐怖主义——穆斯林、爱尔兰或印度教（以及反闪米特人运动）——或者在南美洲根本不存在，或者仅仅只是绝对零星的现象，对该地区社会和国家根本不构成威胁。事实上，说有"新威胁"的存在及对其重要性的"人为定性本身"倒是对南美国家利益的真正威胁的一个根源。比如美国一直试图将阿根廷、巴西、巴拉圭三国边界处定性为"恐怖主义地区"，以此为它在这个具有重大战略意义的地区的军事存在甚至可能对该地区的军事进攻而开脱。

第九章 美洲豹和猫：威胁与战略

南美洲国家没有直接被卷入中东和马格里布等棘手问题之中。除厄瓜多尔、秘鲁和玻利维亚的土著民族外，在阿根廷、巴西、智利、乌拉圭和其他国家都不存在重要的、占多数的和被压迫的种族集团；不存在像印度那样的敌对宗教团体，也没有被西化的阶层与那些受古老和传统文化影响的当地民众之间鲜明的反差，这使得以上述原因为根源的恐怖主义袭击的可能性大大减少了（但内战的情况则另当别论）。

带有各种危险的贩毒更趋向扎根于美国和欧洲等生产更高效的、距主要消费市场更近的地区。其他国家可能因作为毒品交易的替代线路而被波及，但是不大会遭受与毒品生产大国相同程度的影响。当毒品贸易渗入国家结构和经济体制而影响社会诚信时，它就成了一种真正的威胁，但这并非意味着其他国家也面临着被同样程度"污染"的风险。渗入国家结构的风险在毒品生产国更大，与"法定"国内生产总值相比，这里的毒品贸易往来的资金数额很大，而在主要的毒品消费国，毒品贸易对国家结构的渗入度达不到与生产国相同的规模，但由于警察、政客和法官腐败，也能达到相似的程度。

真正的"新威胁"

南美国家受原教旨主义、恐怖主义和毒品贸易等"新威胁"并未达到某些发达国家那样的程度。然而荒谬的是，对南美洲国家社会稳定、经济持续增长和政治民主生存的"新威胁"却来源于那些在高度发达国家被认为是非常积极的现象，因为，对那些国家而言，此类现象的积极结果超过了消极的后果。

为此，有必要介绍并探讨"符合"巴西、阿根廷和其他南美洲国家这样的欠发达国家社会、经济、政治"现实"的"新威胁概念"，确定对这些国家真正的"新威胁"，以及在这些国家中威胁社会和平、经济发展和政治民主的现象、趋势和政策。

国际格局的特点

国际经济格局中相互联系的主要现象和趋势，是世界范围内技术创新进程的快速发展和对财富分配的激烈斗争。世界经济的主要特征是：财政收入和对外账户的宏观失衡，尚未被认识的具有技术特征的结构性失业（尤其是在欧洲），此前相对孤立的经济体（前苏维埃国家和欠发达国家）融入全球市场的进程，市场——尤其是金融市场——的整合和巨额资金的反复无常，国际和国内经济活动通过世界贸易组织和国际金融机构的强制规范化进程，外债问题的持续，国内和国际财富集中的加剧，以及中国作为贸易和经济大国的崛起。

有必要对国际舞台的主要现象做一个特殊评论。技术创新的产生和引进节奏的加快深刻影响的不仅是经济制度，也影响到政治、军事和社会制度。从科学的角度来看，这种加速发展源于全世界在职科学家的数量、科学信息的传播速度、对研究投入绝对金数的不断增加、电子数据处理设备的能力和速度日益提高、以及研究的规模经济等。从技术角度来看，这种加速发展源于科学发明和技术创新之间耗时的缩短、技术研究的规模经济、大型技术产生中心之间（战略联盟）先进技术的传播以及纯理论研究和应用研究之间日益紧密的结合。

第九章 美洲豹和猫：威胁与战略

一方面，技术创新节奏的加快呈现出不同寻常的积极方面，使人类能对自然现象有更多的控制，在更好的健康条件下延长人类寿命，更多、更多样化、更经济的商品生产和服务，大大丰富了人类的感受。另一方面，它也带来了两个"消极方面"。

第一个是，这种主要发生在高度发达国家中的加速发展助推了国家间不平等的上升，因为技术上落后的外围国家可能会担心这一趋势不可逆转和固化。第二个是技术创新将减少劳动力的使用，因为在"产生创新的高度发达国家"中，劳动力是一个相对稀缺的要素，因此也更为昂贵。尽管人力短缺，这种速度与人口金字塔的变化、低生产率部门的增加和无能力满足个人享乐等趋势联系在一起，这样，同样会在这些国家产生"被排斥的群体"。随着信息技术本质上有节省劳动力的倾向，这种趋势将越发严重。

另一方面，对科学和技术知识在社会内部和社会之间转让日益增加的障碍将导致国内经济出现垄断或寡头局面的产生，加剧国家之间经济、政治、军事的不平等，由此增加霸权体系长期存在的可能性。这种霸权体系永远是相对于外围国家而言的，不管这种体系是单极的，两极的或多极的。

对世界财富分配的斗争源于经济关系中成果分配不平等这一事实。基于市场的特点、产品的特点、规则和国家政策，某些社会比其他社会享有较大份额的成果。因此，这种斗争不仅仅存在于企业之间对市场份额和前沿技术的争夺，也发生在国家之间寻求对市场的干预，比如通过诸如自动限制协议的实施。在这种争斗中，起决定作用的是相互交织的市场权力、政治权力和技术权力，以及它们与国际金融部门之间的联系。尤其是，从"持久不变的外债时代"开始以来，这便构成了发展中国家形势及其与发达国家"主要联系"的特点。

政治领域的主要现象是世界领土的重组，包括国家的分裂和经济集团的形成；国际秩序的核心机构联合国安理会的重组，包括吸纳新成员和重新定义集体干预的权限；当前权力格局与1917年布尔什维克革命之前的权力局面相似，一方是强国集团，而另一方是前殖民地、前工业化和军事羸弱的外围国家；歧视性的军事技术机制的巩固；在两个超级大国组成的两极强权结构瓦解后，紧张热点持续存在和新问题的出现，或者冲突难以解决，如在车臣地区（以及俄罗斯的其他地区）；联合国内部难以达成共识，包括它缺乏应对所有危机的军事行动能力。

世界军事政治格局的特点包括体系中心的权力不断集中、外围国家的日益不稳定、经济、政治、社会局势越来越紧张，造成物质和生产基础设施的退化和政治分化，使各种危机不断涌现，难以解决。

这种权力集中的产生在很大程度上是国际体制中心国家的非凡的技术动力（部分是源于国家对军事研究的投资、采购和融资政策的结果）。这种军事技术的发展是以实现远程自动化战争为目的，以此越来越减少人员损失。看来，大规模摧毁基础设施、分化敌方社会，并使之处于永远的混乱和无能状态，将逐渐取代重组敌人的政治体制并攫取经济利益这一传统目标。

从体制法律角度来看，第二次世界大战后形成的世界体系将合法使用武力的垄断权集中在联合国安理会，并一直在推动外围国家裁减大规模杀伤性武器和常规武器，却保留了大国发展和使用所有类型武器的权利。

第九章 美洲豹和猫：威胁与战略

这种军事技术权力集中的趋势造就了世界最大的强国（其军事实力超过了其后另 10 个强国的军事实力的总和），也造成了她的一种心态，一是在某些具有战略意义的区域，如"优越"文明受到威胁，一旦有必要，在没有联合国安理会授权的情况下，即使不存在入侵威胁的充分证据，她也有"权利"实施先发制人的和单边的干预；二是并通过防扩散政策积极地推动外围国家的裁军。

将恐怖主义定义为流散的、居无定所、受命于邪恶势力的敌人，不承认与受压迫状况存在任何合理的联系，也不承认反抗压迫的一切举措无论对内还是对外都是有原因的，认定某些国家是恐怖集团的煽动者、勾结者和纵容者，并因此应受到惩罚。这些做法使联合国法律秩序的基本原则相对化，也使国际形势的极度不稳定、难以预测和紧张。

实际上，某些强国的单边主义违背了联合国宪章的根本原则，与此同时，北大西洋公约组织随着行动范围的扩大，试图建立一支听命于安理会的真正军队，虽然这有悖于成立北约的协议。由于公民的伤亡对强国的国内政策所带来的后果，约束了她的军事占领行为，这才使国际局势对那些最脆弱国家并没有变得更加严峻。为解决上述困难，强国一方面寻求通过"说服"一些"当事人"国家提供军队；另一方面，则通过在来自非"西方"国家的非法移民社团（如在美国的拉丁社团）中招募"志愿"军，以及开发机器人自动武器。

这些综合因素削弱了第二次世界大战后由美国——真正的特超级大国，事实上当时比目前更强大——创立的、用来规范国家间关系的法律秩序。它是以国家主权平等、自决、互不干涉、和平解决争端、安理会——尤其是5个常任理事国——合法使用武力的垄断权等原则为基础的。苏联作为美国当时的主要合作伙伴，面临着西方联盟内部某些主张在纳粹战败后将对共产主义堡垒发动攻击的态度，作为一种预先防御，同意了建立这种法律秩序。与此同时，极度脆弱的英国和遭受侵略并陷入内战的中国被授予了常任理事国席位，而被占领和遭到羞辱的法国则只是在"事后"才"被召进"安理会。

经济方面，国际形势的特点是以占世界经济总量80%的三个主要经济中心一直以来缓慢和间歇性的增长，这三个中心是美国，日本和欧盟。上述军事政治的不稳定和经济的相对停滞辐射到了世界欠发达的外围国家，因为她们减少了对初级产品的需求、强化了在中心国家的工、农业贸易保护主义，减少了投资。在世界经济衰退的环境下，外围国家履行国际货币组织开出的调整方案的努力，加之人口的快速增长，产生了财富集中的加剧、失业、社会的紧张和向体系中心的移民潮。而体系的中心国家重新出现限制移民的运动，并加剧了越来越暴力的排外现象，尤其是针对来自外围国家的移民。但对西方白种人来说，这种排外也反映在民族之间，但还没有达到排斥外围国家移民的程度，这可以从数千东欧移民在瑞士，以及乌克兰移民在葡萄牙得到印证。

南美洲国家面临着并身处上述趋势和现象为特点的国际经济和政治体系中，如高度的不稳定和加速变化的进程。可以说，国际体系试图回归1917年之前的时代，即重建宗主国——殖民地体系，其中的关系本质是殖民地不能拥有武装和货币，没有政府，也没有自己的政策，外国人在殖民地享受治外法权。

第九章 美洲豹和猫：威胁与战略

南美洲国家的主要特点

南美洲各国经济的主要特点是国内在收入水平、技术水平、劳动力素质上的严重不平等以及资金的匮乏。这些不平等和有可能产生和加剧新的国内外失衡这一经济发展本身的特性，使这些极度受制于外部冲击的经济体变得高度不稳定。

南美洲政治体制的主要特点是政治文化水平的不平等、广大民众在政治体系中的低参与度、以及政治精英和中产阶层中民主文化的表面化。

南美洲是巴西重要的地缘战略地区，其局势在各个国家呈现出相似的特点：政治不稳定、社会紧张不断上升、经济增长不充分。这些问题部分当然源于国际体系中心国家的政治经济局势，以及一直将金融稳定置于社会和政治稳定之上的观念，这一点在政策层面可通过坚持实施国际货币基金组织主张的严厉调整方案中得到反映。

巴西在南美洲的11个邻国（也包括厄瓜多尔和智利，但不包括法属圭亚那）的每个国家局势都是值得关心的。事实上，所有这些国家在过去几年间都出现了财富集中加剧，贫困线以下的人口比例增加（包括阿根廷），资金净外流增加。在几乎所有国家，有组织犯罪、毒品买卖和腐败的影响都或多或少地扩大。几乎所有国家中，被边缘化的城市人口和暴力事件都在增加；而国家体制和民主进程在越来越多的民众中威望扫地；在所有国家，对在20世纪90年代实施的新自由政策日益失望，而这种政策仍多次以一种由《华盛顿共识》的发起者所倡导的

巨人时代的巴西挑战

"新面孔"在继续被实施。

南美洲和巴西必须战胜四种挑战，它们是本地区所有国家共同的挑战，并且只有把大家的努力联合起来，才能一起取得成功。南美洲任何一个国家都"不会有单独的解决办法"。

第一个挑战是制定并执行"分权政策"，这将使本地区每个国家各种各样（财富、收入、性别、种族、地区）的巨大社会差异逐渐、稳定地下降。第二个挑战是从多个方面（经济的、技术的、政治的、军事的和意识形态的）克服"对外脆弱性"，以财富生产/分配为基础的发展思想替代纯粹的财富增长和生产理念，转而优先考虑社会稳定而非金融稳定。在技术方面，有必要认识到，在一个竞争的、由跨国大公司寡头所垄断的世界里，"掌握尖端技术"对相应的经济发展是不可或缺的。而在当前，只有通过坚持不懈的国家努力，才能拥有这种技术。第三个挑战是，通过物质和社会基础设施的建立，通过各阶层人民提高生产率、增加资本存量和自然资源，并以一种可持续的方式，将南美洲巨大的"自然潜力"转化为现实。最后一个挑战是，将"形式的民主制度"转化为有效的民主，使那些被排斥的民众能越来越多地参与候选人遴选、竞选、对当选人监督，并参与能推动有利于大多数的权力分散的公共政策的制订、执行等政治进程。

在一个无法预知的、政治上不稳定的、军事上暴力的、经济上停滞的和意识形态上自私自利的世界里，旧殖民帝国和大陆帝国的继承国家自认为内在就具有较外围国家和前殖民地国家的优势。即便如此，我们也必须战胜这四个挑战。

在这个由一些大的权力集团（北美、欧盟、中国）组成的

第九章　美洲豹和猫：威胁与战略

世界里，南美洲由于其独特的潜力规模和现有的问题，不可能在特权和义务平等的条件下被吸纳进这些权力集团中，如果能成功克服上述挑战，南美洲注定要成为未来国家集团中的一个。

巴　西

与美国、中国一起同时列入世界领土大国、人口大国、国内生产总值大国的巴西，拥有南美洲一半以上的领土、人口和地区生产总值。巴西与9个国家及法属圭亚那接壤，其部分领土，如阿克里州，更接近太平洋而非大西洋。在这里不必提及巴西边界线和海岸线的长度，无需赘述其非凡的农、矿业潜力，也不必介绍巴西的技术进步。但是，有必要提到的是，在某些邻国的巴西居民数量的增加，边境地区生气勃勃，巴西作为邻国的市场的重要性，邻国对巴西工业产品和服务出口的重要性，现有的战略基础设施一体化，比如，约占巴西能源消费25%的伊泰普水电站，以及与玻利维亚之间的天然气管道项目等。正因为所有上述原因，巴西政治和经济发展战略不可能与邻国相隔绝。

这样，巴西的内外政策应以建立南美洲经济和政治空间为根本目标，而没有任何称霸的企图。鉴于巴西与邻国之间严重的不对称，应以慷慨大方的态度、坚定的政治经济精神处理与每个邻国的关系。有必要根据不对称的实际状况实施特殊对待和有区别的原则，以防止造成只是幻觉的印象，而实际上并不是想蒙骗任何人。

对南美洲国家和社会的"新的威胁"

冷战的结束使国际关系"规范化进程"加快,这在某种程度上是符合联合国体系创始者和倡议者的基本思想和精神的。在国际体系的每个主要领域,如经济领域、政治领域、军事领域,基于假设,其规范化进程均呈现积极和消极两个方面,希望和威胁。

事实上,对"某个"具体国家而言,这些规范化进程是积极的还是消极的,取决于它对这个国家的"积极"效应之"和"是否大于"消极"效应之"和"。尽管可以认为这些进程能够给全人类带来全球性的积极结果,在最终的评判中,虽从道义上讲是可取的,但也可能给某一国家带来负面影响。这一国际现实表明,每个国家,无论大国与否,都会根据各个进程对本国的影响来判定这一进程是积极的还是消极的,也可以将它们定义为威胁或希望。

另一方面,尽管某一进程对某一特定国家被最终评判为积极的,但这种进程可能会引发传统威胁进而影响该国安全,比如在邻国或当事国有投资和移民等重大利益的国家里出现游击队、政变或地方暴力事件。

经济规范化

经济领域规范化进程是全球化趋势的动因和结果。经济活动全球化的需要使跨国大企业要求统一的规则来管理经济活动,

第九章 美洲豹和猫：威胁与战略

同时政府方面为规则的统一而付出的自主努力也便利了大企业的全球活动。中小企业只是作为一个客体参与全球化进程，承受全球化的后果，但不具备影响进程的能力。

但在其他情况中，在经济规则的统一化中存在积极的方面和消极的方面，威胁与希望并存于统一化进程中。但是，对某一具体国家而言，其结果才可以将它定性为是积极的还是消极的。对全人类而言，对该进程做出积极或消极的判断是非常复杂的，也许是不可能的。因为对各个社会中的特定集团而言，很难对结果做出一个评定。

对于一个南美洲国家而言，不平等恶化，脆弱性上升，在本国或有该国利益的其他国家中不稳定的加剧，就意味着威胁，并且它能伴随经济规范化的进程而发生。

经济规则和政策的规范化和统一化的首要预期是，通过这种进程避免国家规则和政策的突变，使大企业更好地规划其技术创新、生产和出口的活动，使其更具效率，进而更加赢利。经济资源在全世界范围内的更优和更有效的配置使专业化和比较优势的充分发挥成为可能，而这将为全世界人民带来更高层次的产品、贸易和福祉。对那些欠发达国家（包括南美洲国家）而言，接受国际规范化可以吸引资金和技术，实现专业化并提高产能和出口。

经济规范化进程中暗含的"威胁"——即在某一国家或其邻国加剧不平等、脆弱性和不稳定性的那些可能性——应该引起对安全的忧虑。规范化进程（一直寻求巩固对进口开放市场和资本自由流动）能迅速地导致严重对外失衡，以至使经济结构的脆弱性变得更加严重。另一方面，规范化限制了国内贸易和工业政策在执行中的自由度，将降低政府处理对外不平衡、执行缩小人与人和地区之间收入不平等的政策计划，以及推动先进技术领域的开发能力。

另外，当今微观经济现代化进程主要意味着自动化和劳动力使用的减少，这在短期内引发高失业率、社会经济的更大不稳定，甚至最终体现在政治领域。如此一来，企业总体的技术现代化虽使各个企业的效率提升，但可能意味着宏观经济的衰退，也就是说，使"社会变成一个'低效'的整体"。

规范化进程内蕴含的对经济活动和经济政策制裁的威胁（可能影响巴西或其邻国），有可能造成这样一个局面，在不稳定和脆弱的形势下，政府将被迫要么不遵守"合法的"国际规则，遭受新的制裁（即"威胁"），进而妨碍执行必要的政策；要么是遵守这些规范，合伙加剧不稳定及国内外安全威胁。

阿根廷和玻利维亚是南美洲两个典型例子，规范化/全球化进程给这两个国家带来的更多是威胁，而不是希望，这明显地反映在其军队和政治体制上。

事实是，在国内一切努力应对"规范化"的外部压力的背后，有一种对南美洲内、外债增长和"永久"下去趋势的担忧，而这正是该地区各国经济令人窒息的特征，还有一种认为"合作"的态度将有助于解决对外金融依赖问题的幻想。

政治规范化

在政治领域，规范化与联合国安理会的改革进程紧密挂钩，它不仅涉及成员国（不管是否是常任理事国）的数量，更涉及

第九章 美洲豹和猫：威胁与战略

安理会对包括人权、政府体制等成员国政治制度确定规则的能力。从字面上看，它很积极，但有必要重申，"政治规范化"意味着希望与威胁同时存在，这为其他事例所证明。

安理会中加入新成员（尤其是德国和日本）将赋予安理会和联合国本身更大的行动能力，以便对"威胁和平"或"破坏和平"等相关问题进行干预，并可将某一有殖民"历史"利益的地区的责任"外包出去"。这种更大的行动能力源于翻了数番的和平行动而不断增加的投入（资金、人力、政治），这在面临新的危机和冲突时是必要的。

另一方面，也许比增加常任理事国数量更为重要的是，重新确定其权限的趋势，从而使其能在以前被认为仅仅是国内问题而现在被认为是"全球性问题"中发挥作用，如人权问题，生态问题和政治体制问题（可能也包括经济体制）。

人权的定义是特别广泛的，它可以包括社会权利、劳工权利（社会倾销），土著群体的待遇和民主体制本身。联合国安理会权限的扩大"必须与国家内部政治规范化相适应"，以寻求预防和制止最后可能威胁到国际和平的社会紧张局势。联合国过去将南非的种族隔离制度定性为"对和平的威胁"的做法是将国内局势定为国际威胁的一个重要先例。

政治领域规范化过程中暗含的"威胁"，对安理会来说，可能正是安理会希望拥有的新权限本身，应该引起非同寻常的安全忧虑，并首先反映在军事领域。这些新权限的使用可能在南美洲国家——尤其是巴西——某些特殊利益的领域，比如生态，人权和土著群体。如果南美洲国家的政策最终被安理会认定为违背新权限确立的准则，那么，这些国家将被认为是和平的

"侵犯者"或"威胁者",并可能因此遭受各种制裁,包括经济制裁。

其次,安理会的新权限在实践中肯定不适用于常任理事国的内外政策,因为否决权可以制止安理会内针对她们自身的任何制裁动议。拿车臣局势和波斯尼亚局势相比较,显示了安理会在威胁或破坏和平的传统问题上采取行动的"选择性",而中国的局势使人们看到在人权领域的新权限是如何用在常任理事国上的。

因此,如果巴西"最终不能进入"联合国安理会,将是一个重大的潜在"威胁",尽管迄今它还没有被文人和军事精英们清楚地认识到。由于安理会权限的扩大进程以一种渐进的、非正式的、审慎的方式的进行,在没有对联合国宪章条款作修改和大辩论前,巴西尚不会被认定为侵犯者。

军事规范化

最后,在军事领域中,一方面,其他领域出现的威胁或希望都以某种形式在该领域中有所反映;另一方面,在该领域存在一些特殊的希望或威胁。正如在经济和政治领域,规范化是一个普遍化的现象,它能体现并影响军事领域的特殊趋势和现象。军事领域发生的"规范化"主要进程是指核武器和常规武器的裁军,以及技术转让制度。

核裁军进程的希望首先在于减少全球或地区的核冲突风险;其次,减少核材料挪用于恐怖主义的风险、核事故和核污染的风险;再次,和平使用核资源的自由,既包括核国家的使用,

第九章 美洲豹和猫：威胁与战略

也包括与欠发达国家的经济合作中使用。

关于常规裁军进程，希望首先是减少地区冲突的风险（和遏制地区冲突的规模）；其次，将节省的资金在欠发达国家用于经济发展规划，在发达国家，用于社会计划。

二元技术转让控制机制呈现出减少大规模杀伤性武器（核武器、化学武器和生物武器）和远距离运载工具扩散的希望，这样可缓和地区紧张度、降低冲突和恐怖主义的危险。

军事规范化进程的主要方面是裁军（尤其在那些有军事独裁经历的国家，裁军一词具有积极含义，认为裁军可能带来威胁的说法是荒唐的），在这进程中的威胁如下：

在绝对不可能准确预测未来国际政治的事件及特点时（例如，在1920年预测纳粹出现和第二次世界大战；在1969年预测苏联的解体和转型；在目前预测2025年国际格局等），作为中等强国或有资格成为中等强国的国家，如果今天解除军备，会使自己在面对如今无法预测的外部威胁时将毫无还手之力；如果把军队改为警察力量，会使国家未来"永远附属"于他人。

另一方面，在发达国家保持其军事实力的同时（尽管现在不存在重大的军事威胁），却基于不存在威胁的理由积极鼓吹南美国家实施裁军，还声称这是"对等裁军"，也是为了经济社会计划节省资金。

然而事实证明，在军事领域存在两个令人遗憾的重要现象。其一是，高度发达国家的军事计划同时也是国家给予大型公司补贴的计划，是为了让它们开发新技术能带动社会科技整体发展。其二是，军火贸易仍是国际贸易中利润最丰的行业之一，并且没有显示出任何萎缩的迹象。对于武器的主要出口国来说，像巴西这样的国家的军火工业参与竞争是无所谓、不屑一顾的。其实，巴西的军火工业当前是不那么有活力，但却有巨大潜力。

另一方面，科学技术发展的国家政策和计划并不局限于军备领域，它们将会是关系到未来几十年国家经济实力（以及军事、政治实力）的决定性因素，这可从高度发达国家对科学和技术所给予的重视程度看出来。这样，对技术转让的限制（在先进技术和关键技术领域，如信息技术，恰恰有双重性质），加之或受财政预算的限制，或认为可能在"市场"上购买先进技术的教条观念而使国内投资不足，这对工业领域技术的发展乃至经济的各个部门都会产生重大影响。

在核问题上，通过不扩散的政治战略所作的裁军努力最终实现了《不扩散条约》无限期延长，但这些努力似乎只在横向扩散方面发挥了有限的作用，但在垂直扩散方面却无任何成效，今天人们无可奈何地"接受"战术和微型核武器开发这个事实。

单极、多极和军事战略

无论是在单极世界还是在多极世界中，也不管是在某一相对稳定或是有冲突的历史时刻里，没有国家可以认为不存在任何危及其国内外安全的威胁。

如果世界变成单极和霸权主义的，那么国际层面的专断妄为和暴力事件将会增加，同时巴西遭受压力和侵犯的可能性也会增加；如果世界变为多极的，那么巴西就有必要拥有与其政治、军事实力相匹配的军事实力，以促进国家利益，并在必要时捍卫它。因此，不论是哪种情况，都有必要具有防御能力和

第九章 美洲豹和猫：威胁与战略

拥有军事实力。而这毫无疑问需要时间和提前规划，因为要在研究、准备和生产方面长期投资，是不可能一蹴而就的，只有当真正认识到这种必要性，才能实现这一点。

确定一个对巴西有效的安全（军事）战略不应该基于抽象的概念，而应该建立在对世界格局、南美洲和巴西的现实、前景和发展变化的分析上。这一战略应该以我们所希望"帮助建立"的世界，以及巴西在现在和未来所希望担当的角色为出发点。

南美洲的国家和军队（及社会，军队只是社会的工具）面临着非传统威胁，以及与当前发达国家所担心的与非传统威胁不同的新威胁。自相矛盾的是，这些威胁存在于各个领域的国际规范化进程中，而这种进程同时又承载着希望。

每个拉美国家都应该像高度发达国家那样，积极准备应对那些当前很难预测和定性的、未来不利的政治军事形势。这种准备和在防御方面的投资应该不是只适应当前的威胁（它们可能只是一些小规模的），而应该与其领土规模、其人口和其利益的国外延伸相适应。尽管，目前这些利益不大，但如发展努力获得成功，将来会变得重大。防御投资的基础是科学技术的发展，尤其是信息技术，因为它与军事活动间接联系的工业，如冶金工业，以及军事领域的应用直接相关，因为它对模拟、计算的精确度和速度、战术信息处理的微型化和协调性有重大意义。

科学和技术将构成未来战争和和平的特点。从科技领域积极政策的重要性的新视角来看，南美洲国家将可以摆脱那种优先经济发展，而天真地将社会和国家建设的关键方面置于一旁的看法和进程。这个关键方面指的是它面对加速变革中的和高度不稳定的国际格局时的适当防卫。该格局远非是预示一个世界和平的时代，而是一个有多种威胁的时代。

关于军事战略的评论

对于巴西而言，一个有效的军事战略应该以世界体系的上述特点和推动建立以法律、多边主义和和平解决争端为基础的多极体系的目标为出发点，这种多极体系是一种更有利于克服前述四大挑战、有利于南美洲和巴西平静、坚定地确定自身地位的国际环境。制订有效的军事战略所依据的原则是：

• 坚持不懈地发挥其作为克服下列四大挑战作出贡献的作用：社会分化，对外脆弱性，发挥劳动力、资金和资源的潜力，以及实现真正的民主；

• 认识到在一个具有上述特点的世界里，各国都有权力和义务保卫其社会，抵御一切和任何针对其政治、经济、社会组织的基本原则的外部威胁，对巴西而言，这些原则都见诸于联邦宪法；

• 认识到在现代世界中，尤其对那些具有与巴西同样特点的国家来说，尖端技术的生成和吸收是应对以下两个看上去相对立的问题的关键：如何将每年新增的200万巴西成年人口纳入经济政治体系中，而与此同时，如何使资本密集型产业实现现代化并使其能在国际市场中参与竞争。事实上，吸纳这部分人以及扩大国内市场是增强高技术行业自身稳定性的根本条件，以防止这些行业对不稳定的和规则随意变动的国际市场的过度

第九章 美洲豹和猫：威胁与战略

依赖；

• 认识到在高度发达国家中尖端技术领域实施的技术产出政策大部分是要通过国防预算向私人企业订货来实现的；

• 认识到随着巴西公司的国际化，巴西在其他地区的政治利益变得越发复杂和现实，捍卫这些利益的效率有着军事这一侧面；

• 认识到在面临毒品贸易、国际恐怖主义、有组织犯罪和腐败等所谓新威胁时，越来越有必要使军事开支与边界线的长度和领空和领海空间相适应；

• 认识到在大多数国家中，安全问题的支出与敌人或眼前的威胁没有任何关系，而是与它们的全球政治经济利益相关。美国的军事开支与墨西哥或加拿大的威胁毫无关系，法国的军事花费与西班牙或德国也没有关联；

• 认识到与南美邻国的军事合作的头等重要性，尤其有必要避免任何关于军事霸权企图的猜疑，哪怕仅仅是一种感觉；

• 认识到确定巴西和南美洲军事战略细节的紧迫性。这种防卫战略应该兼具民用和军事特征，以军事技术发展和军事物资补给的必须自主为目标。在制定理论的过程中，参谋部和传统院校可以并应该以有效的方式与其他具有全球和内外战略性质的管理机构相联系。

当前，不能以一种孤立于世界局势和对外政策之外的方式来看待巴西的国内政策。而巴西的对外政策必须从南美洲、从强国对南美洲的目标，以及从强国视角，来看巴西应该如何参与国际格局。对南美洲以及对巴西、阿根廷和美国之间关系的思考是理解这种相互关系的首要且根本一步。

第十章 穆拉托[①]和马丁·费耶罗[②]：南美洲

"情人的芳名是什么，
这个没有姓名的国度，
如此深情的探戈舞，
如此美丽的茅草房，
如此热情的人民，
我内心的激情在燃烧，
急切地要认识你，认识你。
美洲热土，我为你疯狂，
美洲之情，我为你疯狂。"

——吉尔贝托·吉尔[③]和卡比南[④]

南美挑战和国际政治

国际政治和对外政策对于巴西社会命运的重要作用是决定

[①] 为一血统分类上的习惯名称，指黑白混血种人。（译者注）
[②] 马丁·费耶罗（Martin Fierro），阿根廷诗人埃尔南德斯的长篇叙事诗的主人公。该诗是拉丁美洲文学名著，三大高乔史诗中最完美的一部。（译者注）
[③] 吉尔贝托·吉尔（Gilberto Gil, 1942~ ），巴西当代著名歌曲家，2003~2006曾任文化部长。（译者注）
[④] 卡比南（José Carlos Capinan, 1941~ ），巴西当代著名抒情诗人与歌词作家。（译者注）

第十章 穆拉托和马丁·费耶罗：南美洲

性的。然而反常的是，在20世纪的很长一段时间里它们都未成为国内政治辩论的焦点，仅仅当与其相关的经济方面，比如国际收支出现危机，急需产生贸易顺差或应对南方共同市场的危机时，它们才被提上日程。对它们缺乏关注的主要原因是对巴西对外政策的历史和南美洲的战略形势不了解。

国际政治的边缘化并非一直是巴西政治的特征。在巴西帝国和里奥·布兰科时期，对外政策和南美洲的重要性则清晰明了。20世纪初，巴西国家疆界尚未清晰界定，英国人反对贩卖奴隶的压力强大，巴拉圭战争，对乌拉圭、阿根廷两国以及拉普拉塔河地区各国在形成过程中的干预行动，人们对这些事件还记忆犹新。第二次世界大战以后，也许是由于边界法律地位得到巩固，巴西人口的稀少，或是由于国内市场开发的宏伟计划，与世界政治中心在地理和政治上的疏远感以及在亚洲和欧洲舞台上出现的东西对峙，对外政策的重要性被逐渐淡化。

正当对外政策的重要性在大家的印象中不断淡化时，国内生产总值和人口的加速增长，国内市场、重要和先进工业的形成，出口产品的多样化和在核能、航空、军事和信息领域的技术水平发展以及在与邻国交界地区的人口、经济活动增加，一方面使巴西产生自给自足的感觉，甚至认为与动乱的南美邻国隔离一些更为适宜；另一方面，使巴西在国际舞台上不断受到重视，特别是美国的重视。巴西出口目的地国的多样化和出口产品构成，其中包括相当数量的武器装备，成为引起大国警觉的原因。

该战略重要性所带来的影响、风险、威胁和机遇直至今日也没有为巴西社会很好理解，这可从巴西议会对外交政策相对

巨人时代的巴西挑战

漠不关心、各个政党党纲关于外交政策的表述、政要们在竞选时期发表的声明看出来,他们往往把关心点集中于乡巴佬的生意经。巴西社会精英和人民甚至有时仍倾向于将巴西的国力同20世纪初的巴西相提并论:人口不到2000万,主要分布在沿海地区,是一个没有自己的技术能力的简单的初级工业国,农产品出口国,没有自己的技术,尤其在农业和商业方面相对落后,一些人甚至认为巴西仍然缺乏实力。因此,巴西没有力量有效地参与到国际政治中。

其他人则认为巴西可以努力达到中等国家水平,比如像葡萄牙、西班牙、希腊和意大利,这些是巴西可效仿的国家。然而,鉴于其领土面积、人口规模、国内生产总值、地理位置,还有社会差异和对外脆弱性等,巴西社会的命运绝不会是"中等"。巴西的命运是:要么成为一个大国,要么就是乱成一团。

只有巴西、美国和中国同时在领土、人口和国内生产总值(购买力平价)上跻身于世界前10位之列。在巴西土地上既没有自然灾害也没有极端的天气,还蕴藏着世界最丰富的生物多样性,饮用水、可满足4亿人口粮食需求的可耕地,各种大储量和高品质的矿藏。巴西人使用唯一的语言,没有种族和宗教争端,每年的人口增长率为1%,2020年将达到2亿人口,这将使巴西拥有广阔的国内市场,可少受外来的冲击,有能力为各种不同规模的生产活动提供空间。在1900年到1987年间,巴西国内生产总值实现了历史上最大幅度的增长,这不仅意味着大量资本的积累,企业家、工程师和工人们拥有了现代技术能力,还意味着巴西经济具有扩展和多元化的可能性。还有一点是决定性的,巴西与10个中、小国家交界,边境总长为15,000公

第十章 穆拉托和马丁·费耶罗：南美洲

里，除哥伦比亚以外，没有一个邻国的面积和人口均超过巴西的20%，在没有边界争端的情况下，加上8000公里的海岸线，与西非隔海相望，这种地理形势赋予巴西一种十分重要的地缘政治地位，可在国际政治舞台上担当相应的角色。

巴西的地理、人口、国内生产总值优势也受到社会差异和对外脆弱性的消极影响。可以认为，当今社会差异是大庄园制和奴隶制的结果。奴隶制直到1988年才被废除，大庄园制度被削弱，但过时的土地所有制结构一直延续至今，大农场仍在扩张之中。这些土地不用于生产，就不能把人留在农村。这种土地所有制与寡头政治和平民依附寡头的制度是相联系的。而这些大农场，如果生产率高，就会解雇工人，并且由于种植单一、大规模使用机械和大量使用农药，污染水土资源，使环境常常遭到毁坏。除大庄园制和财富集中在少数人手中外，政府在提供与生产要素相适应的技术、逐步分散财富和收入、强化投资及扶持巴西企业方面缺少相关政策，也是这几年来社会差距恶化的原因。

虽然还面临困难，有组织的社会运动现在已经剥去神圣的农村土地所有制（尽管未用于生产）的神秘面纱；创造技术的努力仍然不够充分，而且还受到那些认为可以从市场上像买任何商品一样可以买到技术的人的嘲笑；过去，税收、信贷政策通过豁免、低于通货膨胀的利率以及纵容逃税、漏税等行为而达到敛财的目的。还有，经济政策曾竭力优待外国资本和企业、削弱巴西企业，暗示它们本来就效率低下、陈旧、腐败，在与跨国巨头竞争中不值得国家的支持和保护。恰恰是出现了美国大公司一系列的丑闻、阿根廷的灾难、私有化的不成功，巴西

巨人时代的巴西挑战

的支付危机和停滞以及华尔街的丑闻等等，才使外国资本原来极其高效、诚信、现代的形象受到了小小的影响，而外资的捍卫者们则采取种种手段维护其形象，例如把它从热点新闻中删除，把罪过"归咎于个人"，也就是归咎于尚不至于被称为腐败分子的高管。

概括的说，国内差异的现状是，大约有5000万人口生活在贫困线以下，其中约有2000万人口每天在挨饿。这群人在自己的家园无法接受教育，缺少医疗条件和文化生活，没有体面的交通工具，更无法得到司法、安全的保障，并且他们还是种族歧视、社会、经济、政治暴力的主要受害者。这群人并不是住在偏远的地区，而是生活在城市周边，虽然每四年一次都参加政治选举，但往往被媒体和私人、公共利益集团所操纵。他们人口增长速度，超过另一部分境况稍好但也不富裕的群体，也超过为数不多的中产阶级和极少数的富人，这些富人的财富和消费水平与富国中最富之人不相上下。

巴西正面临的最大的挑战是：如何将上述贫困百姓纳入生产力提高后的经济发展进程中，而不是让他们依靠社会救济计划勉强度日；如何让他们像公民一样参与到政治进程中，而不是像毫无希望的看客一样被定期地操控；如何让他们像一个有着巨大潜力、丰富的文化生活和高尚的精神世界的人那样参与到社会进程中，而不是面对小小的电视屏幕过着大部分人难以体会的胸无大志、无所事事的生活。另一个面临的挑战是要把另一些极少数的百万富翁"同样纳入"到巴西社会中来，要让他们不仅对本人及其子女的命运负责，还要让他们在思想上、行动上优先考虑社会和国家，使他们从四海为家的世界人变成

第十章 穆拉托和马丁·费耶罗：南美洲

真正的公民。

巴西长期的对外脆弱性是从里斯本承认其独立时提出的苛刻的要求开始形成的。葡萄牙皇室和英国银行家们为了反对巴西独立，要求巴西承担葡皇室欠的所有债务。因此，巴西一诞生，就向国际金融界开放了市场。

1822年至今，在巴西一直有两种不同的思潮和政治行动在进行较量。其中之一是以马乌阿男爵①、阿尔维斯·布兰科②、罗伯托·西蒙森③、热图里奥·瓦加斯、儒塞林诺·库比契克、塞尔索·富尔塔多④和埃内斯托·盖泽尔⑤为代表的爱国者，他们认为必须要推进国家工业化，建设、扩大和整合国内市场，开发技术能力，对外关系要多样化，减少脆弱性、减少对强国、前殖民宗主国和新殖民宗主国的依赖。

另一股思潮和行动的代表人物是凯儒子爵⑥、塔瓦雷斯·巴

---

① 马乌阿男爵，原名伊利内乌·德索萨（Irineu Evangelista de Souza）（1813~1889），巴西19世纪的大企业家，曾经营造船厂和航运公司，主持修建巴西第一条铁路。（译者注）
② 阿尔维斯·布兰科（Alves Branco）（1797~1855），1884年任巴西财政大臣时提出执行海关新税率，大幅度提高了进口商品的关税，缓解了国库的空虚，为巴西国内经济的发展带来的机会。（译者注）
③ 罗伯托·西蒙森（Roberto Simonsen）（1889~1948），巴西著名的工程师，工业家、历史学家和政治家，曾担任过圣保罗州工业联合会主席、全国工业联合会副主席等职务。撰写过巴西经济史等著作。（译者注）
④ 塞尔索·富尔塔多（Celso Furtado）（1920~2004），巴西著名的经济学家，曾在联合国拉美经委会工作，创议成立巴西东北部开发署并担任第一任署长，担任过古拉特政府的计划部长，1964年被军政府剥夺政治权利，曾长期流亡法国。巴西恢复民选政府后，1986~1988年任萨尔内政府文化部长。（译者注）
⑤ 埃内斯托·盖泽尔（Ernesto Geisel）（1908~1996），军人出身，曾任巴西石油公司总裁，1974~1979年任巴西总统。（译者注）
⑥ 凯儒子爵（Visconde de Cairu）（1756~1835），原名José da Silva Lisboa，巴西法学家、政治家和经济学家。被认为是首先引进经济自由主义的人，并力主对外开放巴西港口。（译者注）

巨人时代的巴西挑战

斯托斯①、若阿金·穆尔迪尼奥②、卡洛斯·拉瑟达③、罗伯托·坎波斯④、卡斯特洛·布朗库⑤、费尔南多·科洛尔、费尔南多·恩里克·卡多佐等人。这些主张依赖的骑士们认为，巴西融入世界应当从它的土地和气候的比较优势开始；外国资本、企业和技术应享有特权；应高度重视货币稳定和允许汇兑自由；他们认为巴西应当满足于二流的角色，对大国要尊重，武装要解除、处事要审慎，并充分意识自己缺乏实力，文化上低人一等。

自 1989 年起，在费尔南多·科洛尔当选之后，巴西的对外脆弱性一直在增加，与此同时，国际上和地区所受到的威胁、风险和压力也成倍增加，它们能进一步影响巴西所走的道路。这条道路在前二十年来已走得很不正常，令人失望。1987 年以来，"顺乎自然"、被动地融入国际经济的新自由主义发展计划取代了原来的自主增长型国家发展计划，原有的社会动员能力逐渐销蚀，而对外依赖的好处却被悄悄推崇。

在经济活动中，对外脆弱性归纳起来就是：技术的依赖性，非民族化，尤其是金融业和公共服务的非民族化不断增加；特别是私人企业外债的增加；难于扩大出口并使之多样化而"不

---

① 塔瓦雷斯·巴斯托斯（Tavares Bastos）（1839～1875），巴西律师、政治家、记者和出版人。（译者注）
② 若阿金·穆尔迪尼奥（Joaquim Murtinho）（1848～1911），巴西政治家，曾任3届参议员，担任过交通、工业贸易部长和财政部长。（译者注）
③ 卡洛斯·拉瑟达（Carlos Lacerda）（1914～1977），巴西记者、政治家，曾任州长。1954 年瓦加斯总统自杀身亡，拉瑟达被认为是事件的导火线。（译者注）
④ 罗伯托·坎波斯（Roberto Campos）（1917～2001），巴西经济学家、职业外交官，曾任巴西驻美大使，1964 年军政府成立后任计划部长。（译者注）
⑤ 卡斯特洛·布朗库（Humberto de Alencar Castelo Branco）（1897～1967），参与领导 1964 年巴西军事政变并任军政府第一任总统。（译者注）

第十章 穆拉托和马丁·费耶罗：南美洲

减少国内消费"。总的来说，对外脆弱性就是每年必须从国际市场筹措近 400 亿美元才够偿还每年应付的利息、利润、运费、专利费以及还贷款本金，这样才能实现对外账目的平衡。

军事方面，在近 20 年来，特别是 1990 年以来，国家武器装备业解体，军事开支的削减导致军队预备役人员遣散，空军不能训练，海军战舰被迫停靠在码头。巴西加入了军事不平等条约，条约允许大国保持其军事储备和研发大型毁灭性武器的能力，或二元的技术能力，而巴西则要放弃她不可剥夺的防卫权利，以及以乌托邦的和平主义为名放弃各国之间主权平等的原则。

也许思想上对外脆弱性更为严重一点，因为它制约了知识分子精英和领导层世界观和社会形成的进程，从而制约了国家发展战略方针和对外政策，而且还伤害了人民的自尊心。要理解这种观点的形成，就要系统地多了解一点巴西的历史系统。

20 世纪最后几十年，思想上对外脆弱性增加了，这是因为：人民的自尊心被伤害，国家机构名誉扫地；"不再有国界"理论和全球化的大肆传播，造成国家和民族观念士气低迷；电影电视等排山倒海般地渗透到各种媒体、报刊等大量刊载外国学者的文章。最终，巴西唯一的出路就是迎合市场的需求，遵守在国际货币基金组织及其高参们也就是美国财政部、跨国大银行胁迫下制定的政策。在巴西，毕业于美国大学的有原教旨主义色彩的新自由主义思想的技术官僚们爬上了决策岗位，他们满腹所谓的经纶，自视为国家的救世主，然而强制推行的是衰退性的货币政策和大举欠债的政策，对屈从外国机构毫无廉耻，这加剧了思想上对外的脆弱性。传媒业对外资的开放，更为扩大外国对巴西人情操的形成和日常政治生活的影响提供了可能。

在各种差距、脆弱性和物质、社会基础设施退化的爆炸性形势环境下，巴西还存在潜在的、再次发生的能源危机，以及一贯的治安问题。要实现最后一个挑战，就是从财阀的、张扬和排斥性的政治体制过渡到民主、信息化、参与度高的政治制度，其中充满着暗礁、深渊和漩涡。对于这些，新自由主义的集中和爆炸性经济社会模式的捍卫者们是看不到也不想知道的。他们把宝大胆地押在如何达到外国专门机构技术人员授予的"投资等级"上，而这些技术人员并不了解巴西的潜力，甚至连巴西都没有到过。

大国对南美的战略目标

强国，特别是美国，基于对巴西潜力的了解，察觉到克服社会差距和脆弱性是发挥巴西潜力的必要条件，意识到巴西对跨国大企业在短期内有获利的巨大机遇，且巴西潜力得到发挥将深刻改变地区和世界的力量对比，会对她们如今拥有的特权地位不利，转而认为巴西是她们战略规划中的重要棋子，她们有对巴西的目标。

强国对外围大国的目标是，确保其政治、军事和经济发展不影响她们在本地、地区和世界的利益。于是，她们先是寻求通过媒体和培养未来精英的计划，说服大众一起来实施国际大家庭的工程，在这个工程中，外围大国（含巴西）要满足于其从属的地位，并维护外国的商业金融利益和投资在外围国家享有的特权。

第十章 穆拉托和马丁·费耶罗：南美洲

在实现这些目标的过程中，她们担心外围国家执行克服欠发达的现状和摆脱对她们依赖的战略，便通过编织协议的网络并设立相关机构，赋予其特权和国际合法地位，并重申必须履行条约的神圣原则，从而对外围国家进行抑制，以免影响她们的利益。在这个战略里，她们努力寻求外围国家的参与，这是给极不对称的法律机构披上一个合法和普世的外衣的关键，例如世界贸易组织，核不扩散条约以及导弹及其技术控制制度，它们被称作是人类进步与和平主义者的胜利，而实际上其目的是维持强国的经济特权，并将针对抵制合流、同化和屈服的国家的单边暴力裹上一层甜蜜的外衣。

在这一战略中，强国一直有一种想法：一方面，暗中鼓励和挑动现有的地区、种族和宗教之间的对立，从领土上分裂和政治上瓦解外围大国；另一方面，阻止外围大国在地区和国际上联合起来应对强国的行动和施压。而强国在针对较小国家和外围国家则一直是竭力联合和协调行动的，远的有"神圣同盟"和"协约国"会议，如今有"经济合作组织"和"北大西洋公约组织"，还有8国集团等。

1945年以来，与美国所具备的核心重要性相比，亚洲、非洲（某种程度上，也包括欧洲）对于巴西的外交政策的重要性一直是并继续是相对边缘化的，更不用说对巴西的对内政策和南美政策了；其次，与阿根廷关系的重要性对巴西在南美次大陆的任何战略都是至关重要的，这是巴西在世界多极化趋势下所有对外政策的"必要基础"。巴西想扩展与亚非的关系以及与二者在政治上结盟的意图和目标，总是碰到诸多的障碍，例如地理距离，海运航线的缺乏，相互经济利益较少，政治文化联

巨人时代的巴西挑战

系不多，巴西经济的非民族化以及巴西制订支持本国利益的政策能力较弱等。但是，既然这些目标是未来正确的发展方向，就需要巴西坚持不懈地努力去加以实现。

因此，对南美尤其对巴西来说，对美国战略的分析是确定和执行有效的对外政策最首要的参考。

美国对美洲的战略的发展经历了不同的阶段，但是目的简单明了、始终不变，那就是通过她最初提出的"门罗主义"在美洲大陆建立和巩固霸权。第一个阶段是排除欧洲在中美洲和加勒比地区的政治、经济影响。这些地区对确保不可侵犯的共和制和及其大陆领土内的经济一体化安全至关重要。

于是，美国占领了佛罗里达、路易斯安娜、俄勒冈，征服了了印第安人的领土，随着吞并德克萨斯完成了这个进程，后者引发了与墨西哥的战争，从而又占领了科罗拉多州、新墨西哥州、亚利桑那州以及加利福尼亚州这一大片土地。在与西班牙的战争中，美国占领了古巴，吞并了波多黎各，将西班牙驱逐出去并获得加勒比地区的控制权，还在亚洲的菲律宾建立了美国的前哨阵地。巴拿马国的建立和出让运河区确保了美国在加勒比地区的政治经济影响，又通过长期军事占领该地区的一些国家巩固了这种影响，保证了美国东、西海岸跨洋通道的安全。

中美洲和加勒比海地区没有被并入美国版图的其他地区，如多米尼加共和国和尤卡坦半岛，这是因为美国精英阶层对接纳来自伊比利亚半岛的人，混血、天主教徒，以及风俗习惯被视作是落后或低劣的人，感到深深的厌恶和恐惧，怕他们会"腐蚀"伟大的盎格鲁—撒克逊、新教徒白人共和国。

第十章　穆拉托和马丁·费耶罗：南美洲

英、法、德三国在南美洲的影响，尤其是对阿根廷、乌拉圭、巴西和智利的影响一直保留到第二次世界大战中欧洲落败（不仅仅是轴心国战败），在与美国的竞争中，其影响又因美国压倒性的优势而消退。由于地理距离、上述国家的幅员、反帝国主义的思想、反纳粹和此后的反共斗争以及多边经济行动，使她们不能提出或产生吞并这些地区领土的念头，从而使美国让欧洲强国疏远对该地区政治经济影响的战略占了上风（这是古巴革命事件引起美国恐慌的原因），也使美国当然地行使起警察的权利。这样做，用西奥多·罗斯福的话说，"是让年轻的、不成熟的、不负责任的、动荡的和赖账的国家守纪律和改过自新。"

美国1889年在泛美会议上提出并于1948年重申成立美洲关税联盟的建议，与包括巴西在内的国家进行优惠贸易协定的谈判，都体现了其巩固经济影响、开放商品和投资市场，确保得到原材料的永久目标。建立美洲自由贸易区是在此战略框架下提出的最新最广泛的倡议，旨在建立唯一的经济区，而实际上欠发达国家在该框架下将不能有自己的商业、工业和科技政策，也就是没有自己的国家发展规划。

在美国的南美战略中，有两个国家以往和现在都很关键：巴西和阿根廷。美国国务院、国防部或者财政部的任何一个战略家都承认，巴西和阿根廷之间如果建立起政治经济的紧密合作关系，以加强技术、政治、军事和经济方面的能力，减少对外依赖，随着时间的推移，将会建立一个南美权力中心，这将会深刻损害美国在该地区政治、军事、经济和意识形态方面的影响，进而损害她在世界范围内的行动能力。因此，美国便一直

巨人时代的巴西挑战

采取让巴西和阿根廷相互疏远的战略，鼓动两国的敌对情绪，并轮流表示要与两国结成特殊联盟，从而不会让二者联合起来保卫和促进她们的共同利益。鉴于葡萄牙和西班牙之间的争夺史，巴西和阿根廷两国领土形成的进程，两国为争夺拉普拉塔河控制权的冲突，在支离破碎的、实行共和制和操西班牙语为主的南美洲，巴西作为葡萄牙前殖民地保持完整并实行君主制的独一无二的情况，以及两国实力不对称发生了有利于巴西的逆转事实，美国那样做是轻而易举的。

巴西阿根廷两国的关系曾经以敌对为特征，有过相互接近的时刻，但大都由于强国的行动使希望落空。这些敌对起源于巴西领土的扩张和拉普拉塔河之争。拉普拉塔河是连接内陆的重要通道，也是获取想象中巨大的矿藏资源的必经之路。这种敌对还包括了对布宜诺斯艾利斯对岸的科洛尼亚德萨克拉门托以及西斯帕第纳省的争夺，以及争夺在巴拉圭、玻利维亚的势力范围，阿根廷曾异想天开地想在前成员之间通过优惠贸易安排重新建立拉普拉塔河总督领地。

20世纪初，阿根廷凭借农产品出口和此后的工业化，经济上取得迅速发展，这是至今在阿根廷人心中能有政治反响的重要原因。尽管她的工业化也有不足，但当时却占有南美工业的30%，远远领先于巴西。

在巴、阿两国关系的历史中，有一些插曲和事件，因为美国是巴西最大的出口国，主要商品是咖啡和橡胶，里奥·布兰科男爵奉行与美国亲近的政策；阿根廷却处在英国的势力范围内；阿根廷与美国在竞争巴西小麦市场上，美国获得巴西的优惠；最后，巴西在第二次世界大战中成为美国的盟友，阿根廷

第十章 穆拉托和马丁·费耶罗：南美洲

虽然是中立国，也向英国提供货物，但受到了来自美国的强大压力。正是这些因素，激发了巴西和阿根廷人民和精英阶层相互之间的猜疑和不信任。

由于热图利奥·瓦加斯、儒塞利诺·库比契克两位总统实行了保护政策，巴西工业迅速发展，在多个方面超过了阿根廷，这在阿根廷加深了一种认识，即巴西成功的关系是与美国合作。1955年起，阿根廷历届军政府通过新自由主义计划，瓦解了阿根廷的工业，企图回到农产品出口、自由贸易的黄金时代。阿根廷试图重新用武力占领马尔维纳斯群岛的失败，对阿根廷加速修正以往社会的进程起了推动作用，并为阿执行与美国的"肉体关系"政策以及与巴西既合作又竞争的关系打开了大门。

卡洛斯·梅内姆的阿根廷外交政策的战略观的核心可称之为外围现实主义，它或多或少，或真或假地渗透进阿根廷精英们的思想里。这个理论认为，阿根廷这样的外围国家，无论是单独一国还是参加"不结盟运动"，会因为实力的悬殊而失败，如果继续与美国对抗，只能继续失败。对这些国家来说，最有效的国际战略应是承认自己的弱势，毫无保留地站在美国的政策一边，并乐于采用新自由主义的经济模式。这项战略可让阿根廷避免报复，成为美国在该地区的特别盟友，并恢复作为"事实上的欧洲"国家的国际信誉，甚至可获得对马尔维纳斯群岛的主权。在这项战略里，阿根廷与巴西的关系有两个方面：第一，吸引巴西支持美国的重要战略政策诉求，并与美国的政策合作；第二，享受南方共同市场带来开放的巴西市场，同时又不失去与美国市场一体化的目标。为此，阿根廷曾单独提出要加入北美自由贸易协定以及美国的军事体制，为此曾一度获

巨人时代的巴西挑战

得了北约外盟友的地位。

阿根廷战略给美国在本大陆的政策带来了成果，曾有该战略的支持者不厌其烦地主张巴西也采纳它。阿根廷出现的经济、社会、政治和体制上的灾难表明外围现实主义在所有方面都是绝对的失败：50%的人口生活在贫困线以下、暴力和排斥的社会环境，宪制和政治上受损害，国际威望扫地，最终还被美国和国际机构"抛弃"。除此之外，最具讽刺意味的是，美国和国际机构将失败的所有过错都归咎于阿根廷人。

在这个过程中，面对阿根廷实施的战略以及美国在南美的战略和利益，巴西战略的两重性和目光短浅尤为明显。巴西利用与阿根廷"战略联盟"的所谓要求为借口，支持了所有美国的倡议，尤其是在军事领域方面（不扩散核武器条约、导弹技术控制制度、化学武器、合作安全），并利用阿根廷的所谓成功范例，在新自由主义经济模式和有竞争力地吸引外资方面效仿阿根廷，这给外资带来了利益。据称，巴西不可以"落后于"阿根廷，也不能与她对立，尽管她对涉及巴西利益的多项议题方面"不了解"或持反对态度，如巴西作为候选国参加安理会，阿根廷申请成为非北约外盟友以及支持美洲自由贸易区。"维护南方共同市场作为一个集团"以共同应对美国，这点极其重要，是巴西立场的核心思想。

放弃巴西—阿根廷合作的政治模式，代之以亚松森条约鼓吹的新自由主义贸易一体化模式，这明显又是巴西战略的目光短浅。由于甚至是两个主要成员之间过度不对称的关系，缺乏共同的经济政策以及由其他两个货币可自由兑换、靠进口的小成员国所带来的政治压力，导致了巴西（和阿根廷）贸易政策

第十章 穆拉托和马丁·费耶罗：南美洲

被捆住了手脚，导致了南方共同市场的内部危机。南方共同市场企图通过贸易完全放开的"激进"行为和乌托邦式的体制化提案来加以解决。南方共同市场及其对外共同关税，阿根廷的法定汇兑比价和巴西几乎固定的汇率政策，私有化政策和放弃调控的政策等等，只能造成以下情况：各国经济的非国有化，对外脆弱性的增加，支付危机的持久性威胁，日益屈从于国际货币基金组织（和美国），宪政体制松散，社会排斥严重，两国之间相互不满。幸亏巴西在1992～1994年期间放慢了这项政策的执行速度，上述现象在巴西才没有像阿根廷那样严重。

鉴于上述状况，又因受到新的敌人——国际恐怖活动的影响，美国对南美的经济战略出现了一些细微的变化。国际恐怖主义的存在，它的扩散和恐怖似乎让一切都能找到说辞。但是，美国对南美的经济战略实质没有变：有时利用协定和国际货币基金组织间接地进行微妙管理，维持南美两个主要国家经济、财政对美的依赖关系；通过国内立法，设立"技术"管理机构，智利模式的双边自由贸易协定或像北美自由贸易区这样的多边自由贸易协定的谈判，最终遴选出对这些政策有好感的国家，从而开放和维持商品、服务、资金以及诸如生物多样化和水资源之类的战略原材料的市场。

美国在军事方面的大陆霸权战略，是成功地鼓吹散布了一种观念，即在新的世界秩序下，在曾经是和平大陆的南美，各国军队的存在是独裁主义、过时的民族主义和局势紧张（尽管不多）唯一的原因所在；削减军事开支可以腾出更多的资金去发展和实施新的自由政策；巴西和阿根廷之间存在军备竞赛。因此，南美国家应该致力于世界和平的合作，参加不扩散条约，

巨人时代的巴西挑战

精简常规部队，建立起安全合作机制，取消军火工业，合作反对新威胁，并将武装部队转变为警察力量。另一方面，美国则力求通过派军事顾问、搞联合军事演习以及在次大陆最终建立永久基地来直接增加其军事存在。

美国在南美的意识形态战略和经济战略是相互联系、相互促进的。从20世纪60年代开始实施的培训社会、经济类科学家的计划，让技术官僚走向国家领导岗位，例如参加到"经济团队"，他们执行了开放的政策，放松了管制，吸引了跨国资金。这些政策扩大了跨国大公司在这些国家经济生活中的存在。跨国公司通过广告，增加了在媒体的影响力，从而增加了政治影响力。它不仅传播其世界观，而且还为那些"经济团队"执行的战略进行辩护。另一方面，对视听手段尤其是电影、电视的控制，能对消费习惯以及张扬的、挥霍的、个人主义至上和非政治化的消费社会典型价值观的形成产生巨大影响。社会中的这种生活目标强化了对那些"经济团队"执行的相关政策的支持，这些政策则强化了非民族化的进程，并为屈服于美国政治目标和国际货币基金组织主张的经济战略的态度找到了辩解的理由。然而，国际货币基金组织是代表美国财政部利益的，而后者代表的则是美国跨国大银行的利益。

在这种复杂的情形里，知识分子和政治精英的思想信念及物质利益相互联系，合流的政策和对外出让利益的政策相互交织；美国金融和生产性大型企业的利益同在；华盛顿领导精英们和国际货币基金组织的技术官僚站在一起；本地企业只能勉强维持生计。只有新自由主义模式灾难性的失败，再加上社会运动对权力和财富加速集中、惊人的社会排斥现象进行抵制，

第十章 穆拉托和马丁·费耶罗：南美洲

才能中止南美走向社会动荡、宪制解体和民主崩溃的进程。南美形势，也就是结构和变化情况与巴西相似的各邻国的形势，也许是自1900年以来最为严峻的。这种灾难性的形势，是联合国成立后1946年以来世界秩序变革的特殊时刻出现的。

全球进退两难

世界政治正处于十分艰难的处境。第二次世界大战后建立的在美国领导下的霸权共管体系的温和运作原则正在受到体系核心——美国局势的挑战。美国的国内生产总值和贸易均占世界的30%，其军事实力相当于在美国之后的9国的军事实力的总和。每年，50%的新申请的专利都来自美国，这其中有美国政府在起作用。

为了获得国际上的承认和合法性，共管霸权体系要求领头的国家应拥有完美的民主形象，积极促进并在世界范围内公正地维护人权；要求她的经济体系是世界上最有活力和诚信的；应是一个更遵守法律包括国际法的国家；应是一个慷慨的国家，随时都准备为贫困和处于危机之中的国家伸出援助之手；应是一个进步的、自由的、有人情味的、接受批评和包容歧见的社会。正是核心国家形象的这些特点，让与之合流的外围国家精英们控制并引领高度不对称且有潜在爆炸力的政治制度，与霸权共管体系为寻求建设"美好社会"的目标进行合作。

自2001年起，随着乔治·沃克·布什执政，霸权共管体系的核心不再显示领头国家的上述特征了。本来，在选举人团获得第一次当选就不正常，因为共和党候选人并没有获得选票的多数。以反对恐怖袭击为由制订的法律，成了反对美国公民权利的法律。反恐战略制造了一个先例，即任何国家都可以使用任何手段对付任何被认定为恐怖分子甚至他们的家人。美国拒绝参加国际刑法条约，并竭力推动签订将美国士兵（和官员）排除在外的双边协定，这可以诠释为默认过去和今后的种族灭绝行为。由于传统大型企业、大型审计事务所、大型咨询公司、大银行卷入大宗的账务欺诈案，美国企业体系的活力和诚信形象（以及全球大、小投资者们的信任）受到了影响，使数百万的小型投资者蒙受损失。高层领导们，包括总统和副总统在内均被指控过去参与过类似的行为。废除《反弹道导弹条约》，拒绝批准关于气候变化的东京议定书，以及他们一再声称，只要美国认为有必要保卫自己的利益，就可以单边采取行动；他们是最好的法官，知道什么对世界最好，即使这个看法与自己最亲近的盟友意见相左等等，这是向其他霸权共管的成员们显示，尊重国际法已正式成为对美国政策是否适宜的问题，而遵守国际义务则是对其他国家的要求。拒绝帮助处于危机的阿根廷，不愿出席在德班举行的反对种族主义审查会议，也不愿接受约翰内斯堡会议有关环境和发展合作的相关义务，说明美国的战略目标只有一个，让外围国家向强国开放商品和资金市场，而不考虑推动发展、消除贫困、保护环境、反对排外主义。然而，强国仍然保留为保护她们本国经济的各种手段。

最终，对四处蔓延的邪恶的国际恐怖主义开展斗争，以及指控一些国家纵容恐怖主义，不仅是打开了国际专横的潘多拉盒子，它允许以合法自卫的借口单方面先发制人地使用武力——就像美国在伊拉克所做以及在克什米尔地区、高加索和伊朗所

第十章 穆拉托和马丁·费耶罗：南美洲

演示的那样，而且为在任何国家里任何侵犯公民权利的行为找到了开脱的理由，尤其是在针对外来移民和穆斯林民众时，他们煽动排外主义并实施各种限制性的法律。那种"谁不（无条件地）站在我们一边，就是反对我们（美国）"的说法，那种妒忌是世界上反美主义的原因的说法，说战争迫在眉睫、新的袭击即将来临等等，不一而足，就是要让美国人民长期处于惊恐状态，为通过限制公民权的法案制造政治气氛，以便使对美国人民的监视机制化、普遍化，使批评成为叛变的同义词。

美国人民是民主的，但是他们的精英却是帝国主义的。因此，每项带有专横和暴力特征的帝国主义行动，都必须找到理由，要把它说成是针对某项具体威胁，捍卫美国民主或阻止对美国人民侵犯的不可或缺的行动。于是，就要对每种情况做出一种诠释，要通过媒体去打动人民、使之感到惊慌，如果需要，甚至"制造"一系列事件，比如说美国军舰在东京湾遭到"攻击"，美国就应该对越南采取军事干预，又比如，说伊拉克"有"大规模杀伤性武器，美国就应该出兵伊拉克。

反民主和倒退的社会政策，毁坏环境的政策，对企业诈骗采取宽容，制造恐惧的策略以及单边先发制人的军事干预，肯定不会为激活美国和世界经济复苏创造条件——经济复苏可以减少霸权共管体系核心右翼政策的发展，也不会减少地区性紧张局势以及外围国家反对新自由主义政策的社会骚乱。不尊重国际法，不加掩饰地决定直接控制多边机构如禁止化学武器组织，公然蔑视联合国自决、主权和不干涉的原则，损害了二次大战后建立起来的意识形态、军事、政治和经济体系。但它还没有被一个能允许强国霸权"温和地"持续下去的体系所取代。

巨人时代的巴西挑战

问题在于霸权共管体系核心策划的那些新战略能维持多久。

对南美洲尤其对巴西来说,当前是决定性的时刻。但是所面临的困境是相同的:要么通过艰苦、持续地执行自觉的国家计划,克服巨大差距和脆弱性,在建立南美非霸权一极的框架内,与阿根廷紧密合作,实现发挥国家潜力的挑战,;要么就是屈从地纳入美国的经济政治体系,相信市场力量的自由博弈,在无论是加入或是不加入美洲自由贸易区的情况下,有朝一日也能实现克服各种挑战,发挥出巴西和南美的潜力。第一条道路十分艰难,但是一条为巴西和南美人民建设的有尊严和希望之路。第二条道路则是政治上屈从、经济落后和社会动乱之路。

巴西的外交战略必须始终基于下列原则:捍卫和平、多边主义、国际法和非霸权主义;国际规则应有利于发展而不是使国际体系的中心国家和外围国家之间的经济技术鸿沟永久化和深化;建设一个繁荣、充满活力、民主、非霸权主义的南美社会,这就要求理解在南方共同市场框架下巴西和阿根廷关系的实质,这是克服国家和地区不发达、建立一个多极化的世界,从而实现南美的正义、民主和繁荣的基础。

第十一章 普雷维什[①]和富尔塔多：主权与一体化

"到 2000 年时，我们要么团结一致，要么就会受制于人。"

——胡安·多明戈·庇隆[②]

一体化的至关重要性

阿根廷艰难的复苏和新的经济政策，巴西半正统的经济策略，乌拉圭和巴拉圭对利益失衡的不满，美国在美洲自由贸易区谈判中做出的努力，再加上最近的自由贸易双边协议，掀起新一轮就南方共同市场一体化和南美一体化利与弊的讨论。

第一种观点认为阿根廷和巴西的经济尚未结合在一起，地区一体化将加剧国内的分裂和各国国内地区间的差异。在与邻国实现联盟、试图完全融入世界经济之前，首要任务应当整合各国的经济体制。

---

① 劳尔·普雷维什（Raul Prebisch, 1901～1986），阿根廷经济学家，曾任联合国拉美经委会第一任执行书记，联合国贸发会议首任秘书长，阿方辛总统的经济顾问。从第三世界角度对经济发展理论和方针问题进行大量研究，其经济理论是拉丁美洲发展主义经济思潮的核心。（译者注）

② 胡安·多明戈·庇隆（Juan Domingo Perón, 1895～1974），阿根廷前总统（1946～1955, 1973～1974），提出"政治主权、经济独立、社会正义"为纲领性口号，第三种立场为核心的正义主义，自诩为第三世界理论的创始人。（译者注）

巨人时代的巴西挑战

　　主张多边自由经济的经济学家认为，对外国商品和资金开放是促进发展的必不可少的条件，世界范围内的一体化政策远比地区一体化政策有效，因为世界市场要比地区市场更为广阔、更有活力、更有优势。这种观点的另一个说法是，通过自由贸易双边协议或最终通过美洲自由贸易区实现与美国的一体化比加入南方共同市场更有利。

　　多边主义的观点得到全球贸易观念的支持。他们认为，阿根廷和巴西的贸易对象呈现地域上的多样化，二者的经济不应该整合在一起，因为这样做会偏向于国际竞争力低下的生产者，让他们得到好处，增加进口和生产的成本。此外，巴西有人认为，地区一体化更有利于阿根廷的生产者而非巴西的生产者，因为阿根廷进入巴西市场的产品比巴西进入阿根廷的多几倍。

　　来自阿根廷的另一经济观点是，巴西高效的工业和阿根廷高效的农牧业的结合将使阿根廷的农业更加专业化，由于农产品市场的特征，从长期来说是有害的，会使阿根廷的工业发展落空。巴西则有人认为，阿根廷高效的农牧业将对巴西农业，尤其是巴西南部的农业造成毁灭性影响，这种损失是无法用巴西工业制成品出口的好处来弥补的。

　　从政治的角度说，巴西有人对阿根廷的外交政策有担忧，常常把两国间的贸易摩擦，尤其是小麦贸易，以及历史上和近来仍发生的政治争端挂在嘴边。而阿根廷则有人自认为具有"欧洲身份"，文化上比较先进，同时担心由于两国之间种种有利于巴西的不对称状况，巴西可能有谋求霸权的倾向。

　　支持阿根廷和巴西实现经济一体化和政治合作的观点是从世界政治和经济发展的现实主义角度出发的，它认为地区一体

第十一章 普雷维什和富尔塔多：主权与一体化

化不应是被动的且仅仅局限于贸易领域，而应当是一项充满活力的共同发展战略，特别是在工业和服务业。

经济效益和现代科技要求很多工业生产部门须具有最基本的规模，但单独的巴西市场或阿根廷市场不能满足规模的要求。上述要求会导致超大型、效益低下工厂的出现，并由于生产的过度集中，致使一些地方没有某些产品的生产。

世界市场大于任何国家或区域的市场，然而世界市场总是变幻莫测，因为它的若干成员分属于不同的主权国家，成员国政策会骤然调整，从而影响到出口，这就增大了为向世界市场出口而进行大规模投资的风险。

然而，采用同样游戏规则的地区市场，则可为企业提供更为广阔的国内运营平台和更高水平的生产设施，使其能够在长久稳定的环境下经营。但这必须消除该地区市场参与者之间在财力、经营管理和技术上的过度不对称状况。

长期可持续发展的市场并非农产品市场（尽管中国对农产品的需求日益增长），而是工业和相关服务业。要有效地参与到工业、服务业世界市场的企业，需要具备一定的规模，而这取决于它在"原来"市场的大小。对此，地区市场的一体化和组建由各成员国共同出资的企业是有利的。

利润最丰厚的市场是技术创新市场，它能够制造"新"产品，并且由拥有产品专利权的企业垄断市场，哪怕是暂时的。"新"产品的生产取决于人员培训、产业开发、管理革新等各层面的科技投资。技术研发工作需要有成本和经济规模保障，具有高风险、回报慢等特点。因此，对公共资源匮乏的国家和"不大想"对研发进行投资的企业来说，是难以做到的。而地区

巨人时代的巴西挑战

一体化可在科技领域把各方的努力协调在一起,这对于企业、各国和地区经济的未来发展至关重要。

巴西和阿根廷实现经济一体化不仅能够取得更大效益,能够使他们依托较大的地区平台更有效地参与全球竞争,而且能解决在农业、营养水平、工业培训、提高生产率、对服务业的发展与适当保护、减少地区差异等方面的问题。

土地、气候、人口和营养水平等方面的特征使巴西可能成为一个纯粹的粮食进口国,但在目前极端贫困和营养不良的条件下,巴西还不会出现这种情况。与此同时,由于世界粮食市场尤其是在未加工粮食市场,有需求增长、产品替代、出现新竞争者、价格不稳定等诸多特点,使巴西有可能成为阿根廷农业的一个广阔、安全、优先、不断发展的市场。

另一方面,就实体经济市场,特定产品以及商品和服务市场而言,阿根廷和巴西在相互开放后面临的"非工业化"的风险远远小于向发达国家打开市场后带来的风险,因为阿根廷和巴西在各相应领域的效益差异并不大。所以,如果有不利于阿根廷的专业化风险,那也只会出现在对发达国家的过度市场开放以后,绝非源于地区的一体化。就巴西和阿根廷而言,最主要、最有利、最有前景的制成品出口目的地就是对方的市场、南方共同市场和南美市场,在这里他们享有优惠,能够更好地与源自其他地区的进口产品展开竞争。地区贸易一体化加上"地区工业政策"将会在更高水平、更广泛地实现工业化,促进像巴西和阿根廷这样的人口众多的国家提高生产率和产品附加值、扩大就业、增强社会凝聚力、提高公民权利水平、推进文化发展。

第十一章 普雷维什和富尔塔多：主权与一体化

经济一体化进程会以不同的方式影响劳资双方和成员国的各个地区，有必要建立有效的"补偿机制"，以减少经济一体化造成的各领域的不平衡和压力，促进受不利影响的地区快速发展，避免各地区间的差异及其在政治领域的反响。

在"组织"世界经济的范畴内，有两个问题使经济一体化和政治合作对两国未来的经济和社会发展具有战略性意义，但目前有限的一体化安排应成为两国经济、政治和社会"共同发展计划"的一部分。

有关规范商品、服务和资金市场的国际准则的谈判，将会为欠发达国家，包括巴西和阿根廷，制定一个有利（可能性较大）或不利的法律机制。如在世界贸易组织等论坛有关国际规则的谈判中，为应对经济强国的压制，两国的协调行动一直是并将是非常有益的。另一方面，阿根廷和巴西是资金进口和债务（存量和流量）大国，有可能在经常项目结算中的某些项目面临出现赤字所带来的困难，希望通过国际金融体系的谈判建立有利于债务国的新规定。这样，阿根廷与巴西的协作能够使双方面对债权国时和在国际金融机构中，得到更加有利、更加现实的外国融资条件。债权国则始终是以合作、联合的方式展开谈判的。

巴西和阿根廷在南方共同市场范围内的经济一体化将为二者更加广泛、持久的政治合作铺平道路，政治合作则对经济一体化的成败具有决定性意义。

国际政治和经济体制呈现如下特点：政治、经济和军事权力快速、明显地向发达国家集中，发达国家在霸权机构中相互结盟，在联合国安理会批准或未经批准的情况下联合使用武力，

巨人时代的巴西挑战

公开践踏国际法，而这种现象越来越被媒体和舆论"接受和认可"。

在这个体制下，一方面是一个强大的新政体欧盟，另一方面是日本的重新振兴和中国的快速发展（前景是有可能出现中日合作，虽然遥远），巴西和阿根廷如果在国际进程中联合行动，无论是在和平时期的谈判和制订准则，还是在出现使用和滥用权力的情况下，就会大大增强国际影响力。这种积极合作如能持久，将可能改变国际关系和地区力量对比，所以，其他大国在赞美之词的掩饰下，企图对巴西与阿根廷合作拖后腿和进行破坏。

在政治和军事领域的共同行动，除了常规的外交活动外，需要事先长期努力进行协调和谅解。政治协作是紧随经济一体化的，但是如果政治协作越早开始，越有利于避免在政治和军事领域出现孤立的行动。这种孤立行动会造成忧虑和不满，从而影响两国之间的关系，进而对经济领域和南方共同市场产生影响。

国际体系的中心和外围之间的不对称趋向于不断加剧，处于中心地带的国家努力结盟，加强管制机制，以控制外围地区出现的要求或骚乱。她们努力的核心是争取北约组织使用武力的合法化，以及扩大联合国安理会的权限和成员，如像8国集团拟吸收中国加入。安理会的政治共治、不扩散核武器条约的核共治、8国集团的经济共治，这些机构的组成成员几乎相同。联合国安理会的改革和联合国修改宪章，是拉美加入安理会、影响国际机制的唯一机会，从而能够在未来充满混乱和滥用权力的时代捍卫自己的利益。

第十一章 普雷维什和富尔塔多：主权与一体化

考虑到以往的军事专制主义（指文人和军人独裁，后者为领导）和人们对它的正当不满，考虑到南锥体所谓有可能展开军备竞赛以及强国对该地区单方面裁军持续施压所造成的紧张，军事问题对于巴西—阿根廷一体化进程和南方共同市场极为重要。

阿根廷和巴西辽阔的领土、漫长的陆地边界和海上边疆的守护、未来的动乱局势、实现经济一体化和政治合作后权力影响扩大的必然性，都不可或缺地要求有一支训练有素、装备精良、技术先进、民主的和紧密协作的武装力量，其防务支出水平要与国土、人口和发展潜力均低于巴西和阿根廷的发达国家相似。

主权与一体化

经济一体化进程，如南方共同市场，与主权和领土有着紧密的联系，所以有着比表面看上去更为重要的政治、社会和文化层面。主张一体化进程的人士竭力将其展示为纯经济和技术现象，与政治根源和后果都没有关系。其实，一体化进程内含了政治因素，忽视它们会导致在实施一体化方案的过程中困难重重。在持那些主张的人士眼中，这些困难都是不可预计的、出人意料的、不合理的。

经济一体化进程是消除商品、资金、人员流通障碍的过程，它发生在分属不同的主权国家的经济区域。而不同的国家制订和实施的是不同的专项法律，反映的是不同霸权阶级和阶层的利益。在这些不同国家之间，一般在历史上都发生过对立、对抗或战争。过去有这种对抗是自然的，因为在国家形成过程中，先前的封建社会、殖民社会力量出于某种政治、经济、宗教或其他原因参与了斗争，为的是划定领土和相互排斥的主权界限。

经济一体化方案要想可行并能取得成功，应选择地理位置相对接近的国家，通常是邻国来实施。邻国间的疆界在历史上一般是通过武力确定下来的。借助武力确定疆界的过程，后来者理所当然地要努力并采取措施巩固国家属性（从而加深了毗邻的老百姓之间的差别和产生敌对），并造成政治和文化领域的对立。商品、资金和人员的自由流通必然带来一系列困难和经济转移，一旦人们"感到"在参与国和社会之间的"利益不均加剧"，将会激活对抗情绪。所以一体化进程不仅仅是顺畅、平静的建立合作和友谊的过程，也可能使各参与国的霸权阶级围绕新区域内行使主权的新分工产生紧张，虽然正在形成中的新区域还仅仅是经济性质的。

如果参与一体化的国家之间出现对立的时间越近，对新区域形成在应对其他主权国的影响和权力方面重要作用的认识越差，那么各参与国的霸权阶级对权力转移越多就会越加不满，产生的政治反响也就越大，这可把一体化方案置于危险的境地。

对于在历史上主权的划定过程中获胜（或自认为是获胜）的国家以及对一体化的地区市场依赖较小的国家来说，这种权力的转移和国内的压力对社会和国家的影响相对小些。然而，这种较小的依赖性和较少的国内压力反而会威胁到一体化的生存，因为大的成员国对一体化依赖少，对于维持一体化的兴趣也就较低。

权力的转移造成的紧张局面会导致法律都无法拯救一体化。

第十一章 普雷维什和富尔塔多：主权与一体化

法律解决要求设立超国家的机构或解决纷争的机制，在实际上又会增加新的政治压力。经济学家们关于一体化有利于在整个新区域内配置各生产要素从而使该地区更好地融入世界经济的表述，还有其他类似的言论，对于解决一体化计划的危机并没有什么用处。

主权与南锥体的一体化

1985年，巴西与阿根廷开始经济合作和一体化进程时，劳尔·阿方辛[①]政府和若泽·萨尔内政府就两个问题达成共识：第一，这是一个政治过程；第二，这是在日益充满竞争性、进攻性、集中性的国际体制下维护阿根廷和巴西的经济和政治利益的必要举措。这项进程的基本原则是循序渐进、平衡性、灵活性和社会参与。因此，制定的各项方案要尽量落实，避免成为单纯地表达意向。利益平衡的原则对于巩固合作，在两国宣传团结一致、共同目标的思想，对消除先入为主、偏见和对立是至关重要的。然而，国内和国际事态的发展势必会影响该进程。

由于债务还本付息的负担和资金匮乏造成令人窒息的外部压力，为获得"超额顺差"付出的巨大努力，在控制通货膨胀中面临的困难，恶性通货膨胀的风险，生产停滞等原因，造成国内经济的不稳定和政治倒退。

另一方面，由撒切尔和里根掀起的保守派革命使新自由主

---

① 劳尔·里卡多·阿方辛（Raúl Ricardo Alfonsín, 1927～2009），1983年12月至1989年7月任阿根廷总统，是阿根廷结束军人独裁统治后第一任民选总统。（译者注）

义经济观点在全球占据主导地位，对于外围国家尤其是阿根廷和巴西影响很大。

这一系列的内外因素导致在外围国家恢复民主的同时，特别是1989年以来，一些传统和新生的集团在选举中获胜，他们赞成向外国商品、服务、技术和资金单方面实行无限制的、快速的经济开放政策，主张取消对经济活动的规范，减少政府在经济活动中担任的企业家、促进者和调控者等角色。

在思想上，新自由主义盛行；在实践上，巨型的跨国公司努力在社会主义垮台的、利润丰厚的、新的地区投资设厂，并且寻求在外围国家扩大公司规模，这些外围地区曾经创办过受法律保护的本国资本的民族企业或国有企业。新的世界秩序在思想和实践的双重推动下逐步确立起来。

巨型跨国公司所属各国的政府通过施加政治压力，在贷款和外债重新谈判方面附加"条件"，对巨型跨国公司给予支持。在事实上或法律上为强国、主要是美国控制的国际机构，在"宣传新自由主义政策和招纳外围国家的知识、政治精英"方面打头阵，同时通过在乌拉圭回合多边贸易的谈判以及外债的双边谈判推动实施贸易、金融的完全开放的政策。在这些谈判中，国际货币基金组织和世界银行等国际机构起到了决定性作用。

在军事政治领域，新自由主义的胜利使得有关国际合作的观点占据上风。这一观点认为东西方冲突的结束应带来以下结果：裁军、减少军费开支、结束地区冲突，中立主义和不结盟运动消失；为了给和平做出贡献，外围国家应致力于单方面的不扩散大规模杀伤性武器、裁减常规武器，组建民主政权，尽管这仅仅是实行新自由主义政策的表面形式。

第十一章 普雷维什和富尔塔多：主权与一体化

"外围国家一体化方案应适应新的时代"，放弃为加强经济和国家资本主义，构筑国际谈判能力和共同发展工业和技术等组建经济集团的特征，使方案成为新自由主义开放市场的辅助机制，同时对巨型跨国公司和国际金融投资应不加歧视，以便实现世界经济的全球化和完全自由化。拉美和加勒比经济委员会把这种观点称之为"开放的地区主义"，即处于全球化和消除壁垒时代的地区主义，将外围国家的一体化方案仅仅是全球化进程中的不同阶段。

这样，1991年南方共同市场修订了巴西——阿根廷经济合作与一体化方案。1986年制定的该方案的核心战略是通过在南美两个最大的国家循序渐进、平衡的贸易开放政策和建立工业、技术开发机制，小心地克服巴西与阿根廷之间的经济和政治对立。后来该方案的发展主义观点被抛弃，变成简单的自动减税安排，甚至主张完全消除贸易壁垒，从而建立一个包括巴西、阿根廷、巴拉圭、乌拉圭在内的自由贸易区，以及实行共同对外关税的关税联盟，执行低于先前关税的平均税率，特别是在该地区最大的市场巴西。

南方共同市场的危机和关于其组织和机制的批评是南锥体国家经济、社会和政治危机的反映。这些危机有多方面原因，有地区经济的缓慢增长、地区内贸易的萎缩、始终潜在的货币危机、为追求"顺差"的徒劳无功、失业以及工业部门的转移等，还有对一体化的成果不对称尤其是在涉及巴西时理解上的差异。

南方共同市场（其特点是在缺乏工业政策或行业重组政策的情况下开放市场）没有预见到，经济一体化进程是在"四个各不相同的国家"建立统一的经济区，必然会导致行业间、地区间的经济不平衡，这是由于这一个或那一个经济体处于工业化或经济周期的不同阶段的动态变化造成的。南方共同市场也没有预见到，在实现贸易一体化的同时，需要实施有效的补偿政策和协调一致的税收、汇率政策。而且，由于两国历史上在国家形成中、在统治阶级之间和主权上存在冲突，现在又面临经济和社会结构方面的困难，这种协调一致不可能很快实现，更不可能在亚松森协定规定的期限内实现。

然而巴西和阿根廷对于组建经济、政治和军事集团的兴趣仍然排在首位，巩固其经济结构，是为了使两国达到与其经济、人口和领土条件相似的国家在同等的基础上参与国际体系的中期目标。要达到这一目标，就需要"重新采纳在内部市场（现在是南方共同市场）的基础上发展经济"这一有魄力的观点，也就是说，充分利用各国和地区所有的生产要素，创造和吸收适合于两国和南锥体国家的技术，显而易见的是，应努力改革与传统贸易伙伴的经济关系，并开辟新的国外市场。

几点策略

陆续提出的打破南方共同市场的僵局、实现成员国的期望的一些建议很难在适当期限内落实，有些不可行，有些反而会加剧目前的形势。南方共同市场在组建"超国家机构"过程中遇到四个成员国之间在领土、人口、经济、社会方面的不对称的问题。南方共同市场吸收新成员国，尤其是委内瑞拉，是非常重要的，但并没有改变由于不对称造成的集团内部总的力量

第十一章 普雷维什和富尔塔多：主权与一体化

对比关系。建立客观、公正的"解决争论"机制并没有解决南方共同市场的危机，因为建立统一的新经济区的经济意义大于机制和贸易意义，它是一个经济进程，更是一个政治进程。组建超国家机构和建立争端解决机制，尽管在理论上是完美的，但实际上由于四国间严重的不对称，使得南方共同市场超国家机构的代表性难以民主和均衡地确定。这些机构和机制是要负责制定在人口、经济和社会有巨大差异的不同社会加以实施的准则并解决实施过程中出现的冲突。所以，如果把建立统一的新经济区看成一个贸易过程，把产生于不均衡和转移的危机看成是单纯的贸易问题或归咎于缺乏组织机制，说明对一体化的本质及其带来的经济和政治后果缺乏认识。宏观经济政策的协作是一个长期的过程并且需要采取一系列的措施，如政府之间的协商、对有关措施或政治变动的提前通知（一般是不可能的）、确定共同的宏观经济目标、采用同一货币（意味组建统一的中央银行）等。采取这些措施不易，尤其是在各发展中国家内部进行政策协调时将遇到更大困难或遭遇意想不到的外来冲击。如果南方共同市场的成就依赖于这种形式和其他形式的协调，即使协调水平很高，南方共同市场也很可能解体，因为缺乏积极的补偿政策和共同的工业、服务业政策，南方共同市场的贸易会失去平衡，引发危机。

一项能够缓解阿根廷和巴西之间的紧张局面、从而解决南方共同市场困境的短期策略应当具备如下条件：

- 紧急在各行业制定共同的工业、服务业政策；
- 确立并实施共同的进出口发展策略以保持长期的贸易顺差，包括在复杂的服务业；

- 制订一项共同方案以确定并消除南方共同市场在向第三方市场出口产品和服务时面临的障碍；
- 承认某些行业不能纳入完全消除贸易壁垒的范围内，对地区内的贸易制定特殊的机制；
- 用执行共同对外关税的收入成立一个工业重组基金，用于资助受贸易扩张影响的行业；
- 用执行共同对外关税的收入成立一个技术开发基金，用于资助南方共同市场的成员国机器设备出口企业进行技术研发；
- 延长互惠贷款公约中规定的贷款补偿期限，逐步减少强势货币在双边贸易中的使用，放开与其他地区的外汇交易，为将来的统一货币的确立创造条件。

通过审议巴西的权力机构、劳工、资本、技术、文化、领土、武装力量等社会主要方面以及巴西所处的国际和地区形势，通过探讨巴西与阿根廷在南方共同市场框架下一体化的政治、经济侧面，有助于我们对南方共同市场在复杂的世界舞台上国际政治行为这个课题做出分析。

第十二章 穷乡僻壤：世界舞台上的南方共同市场

"沉湎于空想是痛苦的"

—玛丽亚·马亚

世界舞台

南方共同市场成为巴西和阿根廷（以及乌拉圭和巴拉圭）在新的世界格局（是敌对、危险还是良好的，各有所好）下维护利益和促进目标实现的"政治工具"。南方共同市场、特别是将来能包括本地区其他国家以后，其政治角色的重要性是它的产品、领土、人口数量的理所当然的结果。一些热情拥护南方共同市场的人士认为，即使像国内生产总值的总额还较低，但在其他方面完全可以与欧盟、北美自由贸易区的数据相媲美。

应该从世界体系的角度分析南方共同市场的条件和所采取的政治战略、策略和政治行动。任何有关巴西社会、南方共同市场或者世界的看法都不是唯一的，所以我们欢迎讨论和辩驳，或者被其他的值得称道的观点所取代。然而，在探讨南方共同市场的国际政治角色之前，有必要"介绍一下某些世界上的综合看法"。与那些有关团结、友好关系、远离冲突和人民民主性质的观点不同，南方共同市场，在处理与南美其他国家及地区以外关系时，所面临的内外环境既不稳定也不顺利。尽管存在着"如意算盘"、新自由主义政策推动者的良好意愿，还有人认为采取与大国政治结盟"战略"是摆脱欠发达局面和解决外围国家弊端的灵丹妙药等等，南方共同市场在承担其政治角色时所面临的地区环境充满重重压力和许多政治、经济的不稳定因素。

除了前面介绍过的国际体系的变化特征、南美的局势、巴西与阿根廷的关系外，很有必要研究一下某些主要国家的对外政策的主要特点及其对南方共同市场的影响，这样就会帮助我们厘清困难、确定面临的挑战和奋斗目标。

美国的对外政策

美国的对外政策，根据其自身性质和需要，是全球性的，它对南美的外交政策只是其全面战略的一部分。在思考南方共同市场的政治作用之前，南方共同市场的每个国家与美国在商业、金融、军事和政治方面的密切关系使我们有必要先介绍一下美国的对外政策、战略和策略。

在评价美国的对外政策目标和理解其策略措施时，需要考虑的一个最重要因素，就是美国自称为是人类现代史上最完美、最先进和最成功的国家和社会。美国社会的精英和普通民众对此坚信不疑，并且这一观点给美国的外交政策、给美国对其他国家的举止和态度产生了深刻的影响。美国战略家以及美国的外交精英往往把世界看成是一个陈旧的、不稳定的整体，认为

第十二章 穷乡僻壤：世界舞台上的南方共同市场

欧洲的发达国家被传统所束缚，导致了社会不平等和缺乏民主，甚至在某种程度上嫉妒美国的"成就"，对美国的仁慈政策忘恩负义，敌视美国的根本利益。世界固有的不稳定性和坚信世界必须按照美国人的方式进行改造才能变得更加进步、和平和繁荣的观点，使美国人骨子里认为美国才是对世界和平与进步负责任的国家，所以应该有特殊的义务和"权力"。

第二个因素就是美国的社会福祉高度依赖国外市场，不管是商品和机器设备的进口还是出口。掌握石油、稀有矿产等战略性资源，吸引外资、控制市场和廉价进口商品的需求仅仅是美国与世界经济紧密联系的几个方面。

因此，美国经济与世界经济的相互依存关系以及美国经济的成功得益于"自由"资本主义的观点构成了美国长期对外经济政策的基石。这个战略的目的是：保持美国产品、服务和技术出口、资金进出口（直接投资、贷款、外国购买美国债券）市场的开放以及为保护美国经济反对所谓的"不正当"竞争和贸易。这个战略是这样执行的：在单边，拒绝对美国市场的准入；在双边，施加经济和政治压力；在地区，通过美洲自由贸易区的商务谈判；在多边，则通过在经济合作与发展组织和世界贸易组织的谈判，以达到消除经济壁垒、调控各国国内政策的目的。

让联合国这一国际组织"永久存在"是美国自第二次世界大战以来的主要政治目的。联合国不允许没有实力的非安理会常任成员国诉诸武力，并将安理会组建成"武力合法使用者"的共有组织。联合国宪章冻结了国土疆界，禁止外国干涉内政，保障民族自决和自由选择社会政治制度的权利。随着苏联的解

巨人时代的巴西挑战

体和俄罗斯的削弱，联合国的这些原则和集体安全机制现正逐渐流失，民族自决实际上已被废除，而民主则披上了新的"市场民主"的面纱。美国（和联合国，尽管在联合国宪章中没有提及）认为，联合国是社会组织存在的唯一合法形式。具有讽刺意味的是，美国力挺和支持一些政权，并不考虑它们的民主还是专制性质，而是看它们对美国利益是否"友好"；美国积极反对她认为是敌对或"叛逆"的政权，并不看它们的性质是民主的还是独裁的。很显然，一切制造不稳定的行动，如果被揭露，肯定会被断然否认。而有关细节会在事发20年后公诸于世，这距离事件发生已经久远了。美国部分公布的文件，如对上世纪60年代推翻拉美民主政府事件，对它的来龙去脉都有描述。荒唐的是，公布这些非法勾当的文件还被当成美国政治行为"透明"的佐证。

美国的外交精英们意识到世界上正呈现出权力集中的趋势，想让目前发达国家"享受"的消费标准普及到全球是根本不可能的。所以，国家之间和社会内部出现政治压力是不可避免的，对于外围国家发生的局势"必须"采取思想说服、依靠当地的政治"合作"，一旦有需要，最终使用武力加以解决。

美国对外军事政策的主要目的就是发展大规模杀伤性武器和尖端常规武器，通过协议的方式禁止其他国家，尤其是外围国家发展类似武器。成为这项政策的补充，要通过军事协议和海外基地构筑一张网，可使美国在任何紧急情况下都能够快速投入军事行动，保证军需供给而无须当地许可。这张网同时还可对当地政府起到"劝导"作用，提醒他们如果对美国利益采取敌对政策将面临危险。

第十二章 穷乡僻壤：世界舞台上的南方共同市场

在美国高度复杂的外交政策中，由于在所有国家的利益之间有极大的差异，而这些国家有地区和本国不同和相冲突的利益，美国就竭力通过由她领导发达国家控制的权力霸权结构，构筑全球性的非正式的政治、经济、军事治理体系。这种"全球治理"是由不同类型的国际组织和机构来实施的，如联合国安理会、国际货币基金组织、北大西洋公约组织、美洲国家组织、经济合作与发展组织、不扩散核武器条约、国际导弹及技术控制制度、国际原子能机构、世界银行等等。实施这种治理还有一个盎格鲁—撒克逊风格的协定网络和"强加"（劝导、压力、强制）给名义上独立的国家的多边安排，一旦她们对美国的至高权威和意志发起挑战，就会被变成"无赖"国家。

美国对拉丁美洲各地区的外交政策因地理位置的不同而大相径庭。拉丁美洲包括中美和加勒比地区以及南美，南方共同市场就处在南美洲。

中美和加勒比地区对于美国的领土国防至关重要，尤其是东西海岸之间、海湾和南美北部地区之间的海上航线。委内瑞拉是美国第四大石油供应国，供应量远远超出除沙特阿拉伯之外的其他波斯湾国家。哥伦比亚向美国输入惊人数量的毒品，以满足难以根除的美国吸毒者的需求，这些人是充满利己主义、竞争的可怕社会的产物。

南美特别是哥伦比亚和委内瑞拉以南的地区在美国的外交政策和总体战略中的优先地位本来要低一些，这对于南方共同市场的政治抱负来说是一个积极因素。然而美国在这一地区实施的是同样的外交战略的基本原则，并着重通过美洲自由贸易区的谈判、自由贸易双边协定和鼓励采取美元化政策等方式力图合法地将本地区纳入美国的经济圈，维持南美国家的非军事化，与此同时向本地区的某些地方驻扎部队和装备。

在西半球以外的世界其它地区，美国对外政策的举动必须和欧盟、中国和俄罗斯利益较劲。美国不能令人信服地申明自己是欧洲国家，更不是亚洲或非洲国家。而在南美，情况恰恰相反。与美国相比，其他大的战略角色距离南美遥远，一般倾向于认为并承认南美是美国的势力范围。南美也是美国的"心理势力范围"，传统的精英们对美国表现出机会主义、恐惧、屈服和敬佩等复杂态度，接受美国在世界和地区称霸的"权利"。

欧盟的对外政策

尽管欧盟从未作出明确表示，其对外政策的重中之重就是恢复西欧国家在两次世界大战中输给美国和俄罗斯的在国际政治中的优越地位。为此，恢复对全欧洲领土的军事控制至关重要。由于北大西洋公约组织的权力日益得到肯定，由于在欧洲各个国家尤其是英国有大西洋派（亲美派）的影响，以及东欧国家普遍希望美国的存在能够抵消德国与俄罗斯长久以来对本地区势力范围争夺等因素，都要求欧盟必须采取极其微妙复杂的步骤才能达到目的。

欧盟的高层官员和成员国的战略方针和政策是逐步将欧洲的所有国家纳入到欧盟的体系。体系包括当今使用同一货币，在社会和经济广泛领域实行统一的规章，拥有共同的政治结构、共同的对外和防务政策。虽然在平衡各国和各个社会不同的利益和观点时困难重重，欧盟宪法最终起草完毕，它在巩固这个

第十二章 穷乡僻壤：世界舞台上的南方共同市场

新的"国家"以及对国际体系都将起到巨大的影响。

欧盟对外政策的优先领域有多个层次。欧盟关心的地区除美国外，可以按照同心圆的方式往外确定且其重要性依次减弱：东欧和俄罗斯，地中海国家，非洲前殖民地国家，中东，最后是亚洲和南美。上述次序和欧洲认可南美是美国的"当然"势力范围，说明南方共同市场在欧洲战略格局中，无论是口头上还是实际上，都是微不足道的。

从第二次世界大战到马斯特里赫特条约的签署再到柏林墙倒塌这段漫长的时间里，欧洲全力以赴恢复经济，然而对美国的政治领导日益不满。在此期间，欧洲把南美视为受美国政治影响的"当然"区域。随着时间的推移，欧洲通过投资开始重建与南美原有的紧密联系，尤其是经济联系，同时小心谨慎地避免和美国在本大陆的政治举动发生矛盾。但是，从对古巴禁运起，随着中美洲地区冲突的加剧，欧洲开始自美国宣布门罗主义以来，对美在拉美地区的政策、霸权和单方面宣布独占的做法有限度地产生分歧。

实际上，欧洲和美国的经济利益总体而言是相似的，特别是在处理世界的中心和外围关系时，二者持相似态度。二者都希望南美市场对外贸和投资打开大门，然而随着欧洲的自主外交政策日益确定，它就试图利用拉美人民的不满和对更大的自主权的渴望。葡萄牙和西班牙加入欧盟后，为欧盟小心利用与南方共同市场的经济谈判为掩护加大政治行动提供了契机和渠道。定期召开的伊比利亚美洲峰会，使伊比利亚美洲国家组织及其常设秘书处得以成立。

葡萄牙和西班牙是欧洲两个半外围的发展中国家，她们希望巩固其在欧盟的谈判中间人的地位,因此他们竭力抬高她们参与的重要性,在欧洲伙伴面前显示是连接欧洲和拉美的桥梁,同时在拉美前殖民地国家面前扮演这些国家向欧洲投资的"门户",为拉美国家要求欧洲开放农业市场当辩护士。

欧洲把促成国际格局多极化确立为其对外政策必然的目标之一,这意味着欧洲实际上想在世界舞台上和国际秩序的"管理"事务中的"地位"与美国平起平坐。要达到此目标,需要削弱美国霸权主义的铁爪。欧洲的经济目标是拉美市场(利润及其丰厚)对欧洲产品和投资的开放和欢迎态度,平息对欧盟共同农业政策的反对情绪。在上述目标的背后,欧盟对于与南方共同市场谈判自由贸易协定并不积极,因为协定原则上本应取消对农产品生产和出口的补贴,取消欧洲市场准入的障碍。

然而,就像世界贸易组织的所有成员一样,欧盟深知这样一个自由贸易协定会面临法律和政治方面的障碍,因此在谈判过程中故意表现迟缓。对欧盟来说,在未经与美国就农业问题谈判的情况下,通过签署一个真正的自由贸易协定来切实开放农业市场是困难的。另一方面,如果与南方共同市场签署的自由贸易协定不包含重要的农产品,将是一份不平衡的协议,因为南方共同市场在工业和服务业领域是没有什么优势的。

由于欧洲在将重要的农产品列入自由贸易协定中遇到困难,致使该自由贸易协定的谈判陷入僵局。它可能损害这两大经济区域的政治氛围,从而使南方共同市场和欧盟的政治、技术合作受到影响。这种合作对建立多极化的国际体系具有深远意义,而对于南方共同市场和巴西来说,多极化的目标的重要性远远超出农产品世界贸易的全面自由化。

第十二章 穷乡僻壤：世界舞台上的南方共同市场

中国和日本的对外政策

中国的对外政策一直把巩固其在多极化国际格局中的大国地位作为长期目标，认为欧洲和美国都是多极化世界的组成部分，但不赞同他们在其中尤其是在亚洲称霸。让台湾回归中国版图是中国最重要的目标，其他所有目标都要服从这个目标，分析中国的各项政治和经济举措都要以此为出发点。

在中国看来，美国的所有战略行动都以阻止具有巨大竞争力、独立的、对美国利益潜在敌对的国家崛起为目的，如亚洲的中国和日本，欧洲的欧盟和俄罗斯，美洲的阿根廷和巴西。美国外交政策中的分裂主义行动依然存在，在以上各个大陆都有其合作者和迷恋自由主义与专制主义能公开对峙的人士。这些人要么对在东西方文化冲突中可能出现溃败的前景惊恐万分，要么就是为了无数的经济利益投靠美国巨型企业。

中国承认美国全球战略目标的高度敏感性，并且小心翼翼地一步一步达到自己的目标：实现领土统一（香港、澳门和台湾回归）；解决与俄罗斯的北部边境问题；鼓励美国从亚洲的领土撤军；逐步与日本接近。同时，中国制订多样化的经济政策来巩固自身物质发展，扩大与东南亚华侨的经济往来，与美国和欧洲企业建立联系，包括购买美国国库券，令反对其目标的西方敌对势力难以结成联盟。

日本的主要目的是恢复自主权和以前享有的政治大国地位。日本因在第二次世界大战中失败丧失了这种地位。日本的宪法由美国占领军起草，军事力量被削弱，天皇的神圣身份被剥夺，美国在日本建立长期军事基地，都是日本因战败受屈辱的象征。

美国在日本的军事基地是日本有限主权的最显而易见的例证。日本耐心地为结束美国的军事存在而努力，不大愿意接受西方在亚洲盟友的角色，其目的是恢复军事上的独立性并赢得联合国安理会常任理事国的席位，这些都是日本精英们制定并谨慎实施的长期目标。此外拥有核武器对日本达到上述政治目的和在本地区施加影响至关重要。日本拥有制造核武器和运载导弹的技术、钚和资金。

自然资源匮乏是日本社会面临的结构性难题。资源对于工业和军事的发展，现在和将来都是至关重要的。从日本进口的战略物资的数据就可以看出日本在亚洲大陆获得自然资源和市场的历史演变过程。与中国保持长久的经济关系是日本理所当然的目标，但不是靠军事征服和占领，后者在当今社会是根本行不通的。中国与日本的政治结盟未必不可能，但必须克服对立，不计前嫌。中日之间日益增长的双边贸易和投资逐渐拉近两国的距离。中日联手，哪怕是非正式的，将使两国在未来的多极世界的战略博弈中对抗西方，这会使华盛顿的战略家们在作推测时感到恐慌。

由于政治、地理和文化的原因，日本倾向于把南美和南方共同市场视为距离遥远、深受美国和欧洲影响的异国他乡。尽管如此，鉴于她们一直希望世界向多极化发展，并且承认南方共同市场尤其是巴西在工业和技术领域的发展的重要性，他们将一如既往地对开展实质的、具体和持久的科技合作充满兴趣，特别是在备受限制和悉心保护的领域。近几年中国飞速发展，

第十二章　穷乡僻壤：世界舞台上的南方共同市场

可耕地和水资源匮乏，使中国可能通过向南方共同市场的物流领域进行重大投资，以提高南方共同市场农产品和矿产的产量和增加向中国出口来加以弥补。

关于印度

在亚洲地缘政治和权力博弈中，印度的位置极为微妙。它北临中国，西临老对手巴基斯坦，后者在争取核国家地位方面与中国和印度相比还处于下风。平心而论，印度拥有辽阔的领土和众多的人口，潜力巨大，并渴望在国际体系中占有自主地位，再加上历史的联系，这一切都使得印度在政治上要进一步密切与俄罗斯的联盟关系并与南非建立关系。对巴西来说，尽管有困难，但正面临一个长远的战略机遇，即在技术和政治上开展南方共同市场、南非和印度三方的具体合作计划。这一举措对南方共同市场向安第斯美洲和南美洲北部的政治发展将是有益的补充。这种政治上的联合，乍一看容易，实际上将很艰难。因为，如果不是停留在口头上，而是要认真切实地进行并取得成功，势必遭到美国及其在上述次地区传统追随者的强烈抵制。

关于俄罗斯的对外政策

未来几十年俄罗斯的对外政策须把注意力集中到"周边"国家、俄罗斯联邦内部复杂的分裂运动以及与欧洲、亚洲的关系方面。苏联的解体造成俄罗斯国内经济崩溃，尤其是随着上世纪 90 年代俄罗斯的威望扫地，经济复苏的战略使得俄罗斯无暇在包括南美在内的世界其他地区采取积极的外交政策。然而，随着国内政治的集中化、民族自尊心的重新树立和政府更为强势甚至专制化，不能排除俄罗斯将对世界政治舞台和多极化发展产生深远影响的可能性。实际上它已经产生，这为外围大国和像南方共同市场这样的组织开辟了新的活动空间。

关于阿拉伯世界

阿拉伯世界、以色列和美国在中东地区的长期对峙，导致1973～1979年期间石油价格连续翻番，引起外围国家内部发起成立政治和经济联盟（在联合国范围内的77国集团、不结盟运动），为的是建立一个更加民主的世界政治经济秩序。

石油危机将第三世界分为石油出口和突然富裕的国家和石油进口和突然倒霉的国家，使石油进口国对外账目出现出乎意料的完全失衡，对不结盟运动产生了深刻影响。阿拉伯国家将意外赚取的巨额财富汇入西方大银行进行巨额投资，银行又必须尽力将石油美元再放贷，结果在大银行的劝诱下，很多贫困国家负债累累，变得更穷。由于贷款合同采用的是浮动利率，美国突然提高利息率，导致了外债危机的爆发。

石油君主国的反动本性，她们与美国和欧洲的关系，难以解决的以色列局势，由美国豢养或至少资助的阿拉伯原教旨主义运动（美国原将它作为在阿富汗反俄罗斯战略的一部分），美国对犹太人正统教派的财政支持，美国与以色列在联合国的结盟，伊斯兰教原教旨主义运动和现代伊斯兰教之间的冲突，以

第十二章　穷乡僻壤：世界舞台上的南方共同市场

及美国在此地区担当的中心角色，再加上美国入侵伊拉克后不切实际地渴望对阿拉伯国家和社会进行改造，以上种种原因导致阿拉伯世界很难在世界政治体制中与其他国家建立稳固的共同战略关系，偶尔有关"石油价格政策"的声明除外。在美国政府竭力在为美国的巨额军费找理由的时候，阿拉伯世界和原教旨主义，特别在是亵渎地侵犯美国本土的"911袭击"事件之后，充当了稻草人的角色。

关于南非

南非对外政策依然受白人种族隔离制度的心理影响，它还"需要"展现新生的黑人政权是可信赖的，"新"南非是一个"正常"、表现良好的国家，是经济、政治强国的"朋友"。这种心理态度，加之撒哈拉以南的一般非洲国家和一些非洲邻国缺少干部及其复杂的政治局势，使得南非的对外政策，除了与强国的关系之外，特别需要与非洲以外的外围国家和组织如巴西和南方共同市场，建立持久的战略关系，开展具体、广泛的政治经济合作。像在南非这样一个收入集中、种族特征分明、社会阶层分化、政治上日益失望的国家，如果执行保守的经济政策，将会加剧固有的社会不稳定，可能给未来的南非国内外方针政策留下意外。

关于墨西哥的对外政策

墨西哥的对外政策对于南方共同市场在南美、拉美和全球的政治行动具有特殊重要性。墨西哥对外政策的彻底改变，对打破第三世界国家在多边和地区经济谈判中的政治联合起了决定性作用。同时，这种改变造成了严重政治后果，大大影响了拉美对美国在本大陆的态度。

墨西哥放弃优惠待遇申请，要求参加与美国和加拿大的自由贸易谈判，并且接受美国有关知识产权的立场以及美国在关税与贸易总协定乌拉圭回合中的提案，这些举动加强了拉美各国国内新自由主义者的压力。受经济停滞和新的经济"理论"的驱使，新自由主义者曾经要求彻底改变传统的对外经济政策，放弃在与发达国家谈判中关于优惠和非互惠待遇的要求。

墨西哥加入北美自由贸易协定后，开展了积极说服拉美政府的活动，称墨西哥的拉美属性并没有改变，在帮助拉美向美国市场"投资和出口方面可起到门户"的特殊作用。墨西哥与拉美国家就自由贸易协定展开的谈判，如与哥伦比亚和委内瑞拉为建立三国集团的谈判和墨西哥—乌拉圭的广泛协议，并没有产生具体贸易结果，反而给南方共同市场造成一系列严重困难。这些都是墨西哥为保持其在拉美一体化协会中的贸易优惠、缓解因墨西哥外交政策彻底改变引发的反应、为今后美洲自由贸易区的谈判铺平道路的战略决策的一部分。

墨西哥的例子对拉美其他国家政府决定接受美国为建立美洲自由贸易区的建议而进行谈判起到了重要作用。然而，墨西哥的特殊地理位置和其国民通过合法或非法途径进入美国劳动力市场而赚取侨汇的情况在南美国家并不存在。所以当这些南美国家想象着，如参加美洲自由贸易区或和美国签署双边自由贸易协议，就可以获得墨西哥所谓享受的"同样好处"时会感

第十二章 穷乡僻壤：世界舞台上的南方共同市场

到上当。如今，由于北美自由贸易协定的原因（或许非北美自由贸易协定的原因），墨西哥国内的批评声不绝于耳。

南方共同市场：总的看法

南美洲的领土面积相当于两个美国，人口也超过美国。在一个不稳定、暴力的、专横的世界中，南美必须要为捍卫自己的长远利益和日渐坚定地为建立一个多极化的格局而奋斗。南美应力争成为其中的一极，而非仅仅成为另一个政治或经济一极的附属地区。

这项战略的核心是耐心、持久、逐步地建立起南美政治联盟，坚定、冷静地拒绝将南美服从于美国战略利益的政策。南方共同市场是达到此目标的重要渠道，如果巴西和阿根廷执行相互孤立或更糟的相矛盾的外交政策，不但无法切实担当起国际责任，而且还会为"势力范围"展开无用的竞争。没有巴西和阿根廷的密切合作，南方共同市场的政治协调行动，以及南美共同的政治行动，是无法实现的。阿根廷和巴西需要建立真诚的"平等伙伴关系"，放弃霸权主义，并且建立一套有效、务实、具体的工作机制来减少两个主要伙伴为一方、巴拉圭和乌拉圭为另一方之间、南方共同市场和其他南美国家之间的不对称状况。

南方共同市场的主体是巴西和阿根廷，正如欧盟的德国和法国，北美自由贸易协定的美国和加拿大。鉴于乌拉圭和巴拉圭与两个主要伙伴关系的性质，巴西和阿根廷在外交上有效的配合，有可能得到二者的支持。如果巴西和阿根廷能够尊重并

巨人时代的巴西挑战

真正优待乌拉圭和巴拉圭，就会赢得她们的支持。这种支持是必要的，因为巴拉圭和乌拉圭的立场在面对强国（主要是美国）直接或通过第三国间接提出有"诱惑力"的条件时有可能作出让步（尽管不多），这种让步有可能损害南方共同市场的共同立场。当我们想到南方共同市场，我们必须明白阿根廷和巴西需要积极确立"合理的相同的世界观"，对采取共同行动达成"共识"，开展紧密合作，建立促进双方成本和收益平衡的机制，这对南方共同市场和两国联合发挥积极的国际政治作用至关重要。

如果以上的努力不能做到持之以恒，南方共同市场最多只会变成在世界上迎合和顺从美国霸权利益国家的政治工具，而永远不会为建立南美政治联盟和经济、政治、军事多极化格局做出贡献。这些正当目标需要得到南美各国社会及精英们的认同。

南方共同市场政治磋商与协调论坛对实施所谓"民主条款"的重视，使得南方共同市场成员国、玻利维亚和智利都通过了乌斯怀亚协定。论坛的第二个重点是致力于在核能、生化、地雷和常规武器方面的裁军（实际上已裁军）。乌斯怀亚声明在其引言中提到了特拉特洛尔科条约[①]和门多萨宣言中关于生化武器的内容，南方共同市场、玻利维亚和智利已成为一个没有大规模杀伤性武器的和平区（然而声明中并没有提及其他国家军舰上有此类武器或带此类武器通过本地区）。

美国在该地区政治的两大目标是：各国裁军和维持形式上

---

① 特拉特洛尔科条约，指拉丁美洲禁止核武器条约，1967年2月由拉美21国在墨西哥首都墨西哥城特拉特洛尔科区签署。1969年5月生效。到1983年底，除古巴外，所有拉美国家皆成为其签字国。（译者注）

第十二章 穷乡僻壤：世界舞台上的南方共同市场

民主、透明，并对外来政治经济影响开放的政权。可以说，南方共同市场的国家在此方面的政治协调的努力是相当成功的。上述民主承诺或民主条款偏离了南美传统的不干涉内政的原则，在今后实施的过程中，可能在受国外压力操控时有选择地的执行，这样会产生一系列问题。在南方共同市场两大主要成员国的外交举措以及在联合国、美洲国家组织、里约集团等国际组织的谈判中，南方共同市场国家之间的政治协调显然要差得多。

在卡洛斯·梅内姆、费尔南多·科洛尔·德梅洛、费尔南多·恩里克·卡多佐执政期间，尽管南方共同市场为协调各成员国的政治做出努力（被称之为政治南方共同市场），但由于缺乏共同的常设机构来协调其政治军事作用，南方共同市场的政治行动缺乏共同计划性。阿根廷大胆、张扬地采取了一系列的举措，巴西常常持批评但又宽容的态度接受了。对有些举措，巴西也按照以往的做法，以审慎和"负责"的态度容忍并在稍后接受了，这让外界观察家产生幻觉，以为自1990年以来，南方共同市场的政策就有协调和计划性。

南方共同市场：巴西、阿根廷关于全球化的观点

1990～1999年是巴西—阿根廷关系史上的一个特殊时期，因为双方持有相似的世界观，彼此接受对方的某些政治举措，对两国长期利益和保持平衡的经济关系有共识。但这并不意味着两国的外交政策的重点、态度和策略完全一致，也不意味着双方没有分歧、不满和愤怒的时刻。

1989～1999年间，巴西和阿根廷所持的政治观点是美国突

然以不流血的方式战胜苏联的结果。它可能会开启布什总统所说的世界新秩序。这个新秩序是和平的，结束所有全球性（东方与西方之间、北方与南方之间）和区域性（中美洲、安哥拉）的冲突，因为一切冲突的产生都源于共产主义的不祥影响。然而，在强国看来，冲突依然存在，在一些国家或某些国家内部的集团不接受新秩序和企图破坏它的可能性。为此，全球应在多边、区域和国家各个层面尽一切努力在世界范围内（实际是指"不太负责"的发展中国家）裁军，避免大规模杀伤性武器的扩散。国家之间的冲突应该被合作和某些分析家所说的"新的权力几何学"所替代。在有关政治和意识形态的讲话中，应删去前殖民地对前宗主国、发达国家对发展中国家、左对右、北对南等概念和提法。在新的外交几何学中，各国应谋求结盟，不分地区，不计较是否拥有相同身份、发达程度、贫富与否。在内政方面，西方的自由民主社会体制说到底可能证实是比社会主义和专制主义更为有效。所以，从逻辑上来讲，各国应采纳西方的民主体制，定期开展自由选举，建立西方法律制度，实现权力分立，由民主的文人当领导，用有效的政策和法律保护人权。

阿根廷和巴西对世界经济所持的观点颇为相似。苏联的解体和向资本主义转型已证明新自由主义的资本主义，在技术和经济方面，比社会主义和其他任何形式的资本主义都有效。各国都应为新自由主义的资本主义在本国和各国之间的发展创造友好和平的环境，以便将其积极作用发挥到极致。各政府应采纳经典的经济政策，这一政策的顺利执行曾被共产主义、纳粹主义、殖民主义和建立在凯恩斯主义上的国家干预这些"意外

第十二章 穷乡僻壤：世界舞台上的南方共同市场

事件"中断。应坚信在自由的市场的自由竞争，因此减少国家的规模和干预是应该是一个快速、全面和不可逆转的过程。劳工、资本和技术等所有的市场应全面放开，任何部门都不能为私人企业"保留"或超越限度。不应在规模和国籍方面对公司加以歧视，因此不应对其活动范围进行控制或适用反托拉斯法。应为商品或资金在各国之间自由流通消除壁垒，以促进全球化经济的效率和发展，这将使所有国家受益无穷。

基于以上观点，军政权应仅仅看作是军人（而非文人）的事。他们应该为经济萧条、通货膨胀、贪污腐败、繁文缛节、官僚主义、与私企作对、一意孤行的发展计划、资金流失、专制主义、侵犯人权以及为与大国对抗负责。所以，出于政治、经济和战略的考虑，武装力量的规模应予缩小并置于文人控制之下；应揭去他们在公众舆论面前的神秘面纱，像警察一样只负责国内安全，打击毒品交易。在南美，这些措施将会避免区域军备竞赛（巴西对阿根廷）、军事冒险（马尔维纳斯群岛战争）和冲突危机（阿根廷对智利、智利对秘鲁），促进民主，减少对抗和大国的猜忌，从而赢得尊重和友好合作。如执行以"外围现实主义"和"权力匮乏主义"这对孪生理论为基础的外交政策，就将避免与强国的冲突和巨大损失。

阿根廷

由于各种历史原因，阿根廷的保守主义和新保守主义精英们，接受上述有关世界的阐述并相信阿根廷社会的潜力。他们认为，阿根廷丢掉在20世纪10年代和20年代间取得的发达国家的"地位",是由于一系列的政府执行了企图"放弃"农业出口国的天然优势而搞人为工业化的错误政策。他们认为,至少从1889年阿根廷拒绝接受美国关于建立美洲自由贸易区的建议起,与美国对抗是阿根廷对外政策的一个长期自毁性的因素。后来这种对立态度又朝向英国,造成灾难性后果。阿根廷的军政权是"封闭的",在镇压运动中充斥暴力,致使3万人死亡和失踪。最后,阿根廷的精英们认为近邻巴西是与美国展开合作的成功典范,这使巴西在经济实力、在地区,尤其是在巴拉圭、乌拉圭、玻利维亚的政治影响力,都超过了阿根廷。

卡洛斯·梅内姆任总统期间的对外政策很大程度上是6大痛苦经历的结果:

- 马岛战争的失败及其造成的严重经济后果;
- 此前的军政权的暴行和无所作为;
- 几乎是超级通货膨胀;
- 非正统稳定经济计划的失败;
- 对国家从繁荣走向衰落的感觉;
- 原有的威望和实力,甚至在拉美范围内业已丧失。

如同一个政党猛然改变其意识形态,梅内姆政府的战略对阿根廷的外交和经济政策进行了突然和彻底的改变,并毫不犹豫地与美国和欧洲强国结盟。这样做,是为了显示:

- 政府新政策的信誉和可靠性;
- 阿根廷对外政策的具有和平、善意和可预见性;
- 阿根廷不可变更地接受传统的经济政策,以法律正式规定比索—美元等值为标志。

梅内姆政府希望通过对国内外政策的调整,在短期和中期

第十二章 穷乡僻壤：世界舞台上的南方共同市场

内达到如下目标：

- 与欧盟国家，尤其是英国恢复外交关系；
- 中止欧盟的禁运；
- 通过和平方式和外交承认获得阿根廷对马尔维纳斯群岛的主权；
- 加入北大西洋公约组织、经济合作与发展组织等西方机构；
- 成为协助美国执行对拉美政策的主要伙伴；
- 恢复在文明和发达世界曾经拥有但已"失去"的"合法地位"。

卡洛斯·梅内姆的对外政策并列的两大中心目标似乎是，通过和平方式和外交承认获得阿根廷对马尔维纳斯群岛的主权，或者至少以某种形式与英国共享群岛的主权；获得经济和财政援助以实现国家的现代化和正常化，也就是说，恢复"昔日"风采，让阿根廷经济按照"现代"方式重新融入世界。为实现上述目标，似有必要将阿根廷变为成一个"正常的"（不发达的、后殖民时代的）、和平的、裁了军的、对外国友好的、军事上合作的国家，尊重并顺从强国的优势及其当然至高无上的地位。

为达到这两个主要目的，阿根廷认为应该裁军。为此，有必要说服巴西政府及其武装力量相信，阿根廷实施的对外新战略和政策是真诚的。阿根廷与巴西和智利的军事关系是核心问题。阿根廷文人新政府需要向本国军人保证没有来自巴西（和智利）的威胁，因此军队减员不会带来风险。阿根廷自愿裁军是说服美国和英国相信阿根廷军人的复仇主义和专制主义已不复存在的一个条件，英美支持阿根廷政府的经济计划有利可图，在政治上也是可行的。裁军对巴西来说，也是一个"合理的"策略，因为随着阿根廷的裁军（常规和非常规）和巴西—阿根廷有关核材料的统计与控制中心的成立，巴阿建立了核"互信"，拉美和加勒比禁止核武器条约得以实施，并加入了不扩散核武器条约，在本地区就不再有威胁了。阿根廷没有了武装，本地区的其他国家都是和平的小国，美国距离遥远且不具侵略性，而且，美国在军事上是不可战胜的。

阿根廷与智利的政治关系正常化取得成功，1990～1994年间，24起边界争端经过谈判得以解决，对比格尔水道进行了仲裁，签署了和平与友谊条约以及在安第斯边境地区开采自然资源的协议。阿根廷与巴西的关系，除军事问题外，情况比较复杂。问题在于，阿根廷在外交（和军事）政策上彻底与美国站在一起，应该如何做才不会引起巴西的猜疑，与此同时，要保持巴西市场对阿根廷产品的开放，因双方签署了亚松森条约，这个情况本已解决。这些看上去相互矛盾的目标之所以能够实现，尽管阿根廷和巴西偶尔在个别具体问题上存在分歧，是因为两国领导人持有"基本相似的世界观"，巴西又强烈希望能够维护南方共同市场以及和阿根廷的贸易伙伴关系。

巴　西

由于特殊的历史原因，巴西不大愿意彻底改变传统立场而实施"新"对外政策。长时期以来，巴西的经济书写了一段成功的历史，使巴西成为世界工业大国之一。巴西与强国之间的

第十二章 穷乡僻壤：世界舞台上的南方共同市场

关系，至少从1930年以来，融合了合作、需求、冲突、适应等各个方面，取得了重大成果，如巴西为参加第二次世界大战进行的谈判，在儒塞利诺·库比契克执政时期吸引到的外国投资。人们感到巴西的军政府比较有效率，没有阿根廷那么腐败、暴行也少得多。在巴西历史上，从未发生过类似马岛战争的冲突。邻国的数量、边境线长度、将亚马孙国际化的传统运动、西班牙美洲各共和国和巴西帝国的历史对立和恩恩怨怨，这些因素妨碍了阿根廷所主张并得到美国强烈支持的"合作安全"政策对巴西军队的作用产生充分影响。

上世纪90年代的巴西对外政策与阿根廷战略是相同的，其目的是展示巴西是一个"追随主流"的"正常国家"，不再是发展中的对抗性国家，而仅仅是一个"不公正"的国家。巴西是一个勇于承认"罪过"并随时为其以前的经济表现和政治举动出现的偏差表示忏悔的国家。然而，这与阿根廷在马尔维纳斯岛冲突中"不尊重"表现截然不同。巴西的对外政策与所谓稳定经济的计划相一致，尽一切努力使计划得以实施，为此采取某些政治举动，期望赢得经济（和政治）强国的支持和赞赏。巴西"新"对外政策，不再考虑传统的、曾是巴西对外政策的支柱的不干涉、自决权的原则，特别重视美国高度关注的所谓新全球性话题，如人权、环境、恐怖主义、毒品、促进民主。"新"对外政策是以崇高的道德水准、无私的、慷慨的、和平的原则为基础，随时为了"人类至高利益""自愿做出（经济和政治）让步而不要求互惠"。

除了巴西对阿根廷突变、张扬的对外政策感到不快外，阿根廷代表团在国际讲坛还积极与美国和其他发达国家的立场站在一起。巴西与阿根廷分歧的特例是在巴西申请加入联合国安理会常任理事国一事上，梅内姆政府公开表示反对。阿根廷这种对外政策的指导方针在巴西政府各层面引起不满，再加上"双方"的外交部门用官僚的态度处理贸易摩擦，限制了合作，使得历史恩怨重新上演。

落空的期望和前景

1989年以来经济、政治和军事发展期望的落空，对南方共同市场在地区和世界上成为一个切实的政治角色是有利的。在所谓的"新兴市场"爆发的一连串经济危机影响了外围国家的新自由主义经济政策的执行。危机造成了严重的经济倒退，或至少造成了经济停滞，加剧了贫困，经济非民族化，增加了腐败，对外脆弱性加大。全球化和新自由主义的拥护者所作的经济、社会承诺失败了。如今在世界各地，在阿根廷和巴西，到处都能听到对全球化的不对称、技术鸿沟、资金流动的极高随意性、发达国家令人讨厌的保护主义和内部补贴的批评声音。这种批评还出现在保守的国际金融机构的报告里和政治领导人的演说里，甚至来自那些出于某种原因继续支持和执行新自由主义政策的人。

这些危机和后果对巴西和阿根廷产生了影响。尽管尽一切努力实施由国际货币基金组织和美国推荐、强加或支持的政策，两国的经济和社会局势变得更为严峻。两国的国内危机还影响了南方共同市场的作用和形象。巴西和阿根廷一些分析家和政客对南方共同市场强烈批评，指责南方共同市场已走进死胡同，

第十二章 穷乡僻壤：世界舞台上的南方共同市场

计划不完整，漏洞百出，迫切需要改革。虽然有各种各样的批评，南方共同市场本是一个成功的计划，现在却变成执行某些国内经济政策的障碍，尤其是在处理一直潜在的对外危机和可能要对进口必须进行控制的时候。

另一方面，与大国的政治和军事结盟以及小心翼翼地避免与大国发生对峙并没有带来预期的经济效益，也没有减少强国恣意行使权力、冲突和大规模杀伤性武器以及常规武器的扩充，更没有让外围"合作"的伙伴国家在国际事务上多发挥作用。权力集中和恣意动武是当今国际舞台的两大主要特征，南锥体国家裁军并没有减少南美洲的冲突的风险，正相反，它为美国军队不断增加在本地区的存在提供了便利。

所以，自2003年起完全有必要重新审视巴西和阿根廷的对外政策，制订策略为南方共同市场的共同对外政策而建立新的机制。要使这个政策奏效的一个必要条件是，"重新统一两国对世界的共同看法，并对南美在世界的作用重新定义"。

巴西、阿根廷和南方共同市场要面对的事实是，当今国际体系是一个充满对抗、竞争和暴力并且权力日益集中的体系，而非一个和平、合作、友善的、向理想的大同社会迈进的世界。类似"经商的民族"、"取消国界"、"科技带来和平"等一系列广为相信和颇有炫耀色彩的神话，并没有真实可靠的依据。旧帝国的重建正如火如荼地进行着，其战略家和思想家给"现代殖民地"下了定义，这也正是他们对南美国家所期望的：裁了军的、没有自己货币的、由本地技术官僚总督管理的附属国。

然而，巴西、阿根廷和南方共同市场拥有特殊的历史、文化和经济属性，并不同于那些参加北美自由贸易区、欧盟和

（或许）中华"经济圈"等正形成中的巨型集团的国家。南美、南方共同市场，甚至巴西本身拥有如此庞大的经济、领土和人口规模，使其无法纳入到任何巨型集团，包括将来的美洲自由贸易区，享有几乎和那些集团发达国家成员一样的权利和好处。

那么首先谈到的话题便是南方共同市场和南美参与正向"多极化、充满冲突的格局"发展的国际政治经济体系。假如我们坚持不承认世界多极化发展的趋势，或者接受美国称霸是世界格局的长期特征（这与承认美国将在任何体系中长期占据至高"地位"的假设是不同的），或者坚持认为并不存在中心国家"联合称霸"的行为，那么南方共同市场的政治战略问题将无从探讨。在这种理想化的世界观里，巴西、阿根廷和南方共同市场只需要"随波逐流"，无须考虑所谓严重的不对称而去适应它，或忍受不可避免地成为霸权的追随者甚至被其吞并的下场。

但是，多极化世界并不是理想的乌托邦，而是一个正在进行中的真实进程，而且相对于单极体制来说，它给巴西、阿根廷、南方共同市场和南美提供了一个更加有利的政治格局。对于缺乏资金、经济政治和军事实力相对薄弱、需要消除社会的极端不平等、遭受内忧外患的欠发达国家来说，一个"权力分散、更为平衡的全球环境"对她们更有利。她们可以利用这种环境最大限度地建立多边联盟，免受专横的暴力和政治经济压力，在较好的条件下吸引资金，开发科技项目。对于巴西、阿根廷这样幅员的国家来说，以多边组织的附属成员的身份参与多极化格局，比以单独的身份（并不是指自给自足的、孤立的、"无赖"国家）参与单极格局的情况更糟，因为有内部凝聚力的单个国家可以坚定地参加双边或地区的一体化。

第十二章 穷乡僻壤：世界舞台上的南方共同市场

因此，同时要探讨的是发展一个循序渐进的战略，如何将南方共同市场从"开放式一体化"的新自由主义计划逐步转变成"地区经济发展计划"。首先应建立补偿机制，制定补偿政策以提前预防和减少各成员国长期以来的摩擦，并重新树立合作精神，这对于有效的一体化进程取得成功是不可或缺的。如果不减少贸易压力（和随之产生的政治摩擦），要制订共同的贸易、工业、科技政策，以及共同的对外政策，不是不可能，但是很难。

在涉及重建南方共同市场和构造多极化格局时，有必要谈一谈全球农业生产和贸易及其对南方共同市场对外政策的影响，特别是对农业问题以下各个方面的影响：

- 欧盟的长期战略并非是在一个新自由主义的、和平的、国际性的世界里组建一个新自由主义的经济集团，而是在一个多极化国际格局中（常常是充满暴力的）建立一个拥有超国家的组织机构、共同的武装力量和同一货币的政治联盟。所以，欧盟并不打算搅乱或削弱欧洲的农业，而变成完全依赖于世界贸易和靠美国、加拿大、澳大利亚等盎格鲁-撒克逊英语国家提供粮食；

- 东欧国家加入欧盟必然将进一步强化共同农业政策，因为这些国家都是传统的或向西欧有潜力的农业出口国；

- 禽流感、疯牛病、口蹄疫、抵制转基因产品都大大限制了天然农产品和加工品的贸易，这使南方共同市场和巴西赖以发展的基础极不稳定和不充分。

所以，拥有工业领域自主研发的科技能力，甚至是作为一个次要成员参与世界单极或多极化格局的关键条件。利润丰厚的市场通常是垄断性的、经法律和国际知识产权协议允许的、通过创新短期开发的市场。这些市场带来的高额收入可以迅速收回在研究、开发、生产工厂的投资，并可花钱用于宣传和销售努力上。另一方面，在人们已经了解的生产技术领域，努力进行研发也是重新组织生产和降低成本的关键。

对于没有能力搞科技研发，而仅仅是追随或模仿这一快速进程的国家来说，在国际工业品市场中是不可能有竞争力的，就连在农业生产和出口领域，面临的竞争也是与日俱增。此外，科技的军事效应，对于组建一支"没有大规模杀伤性武器的威慑性部队"（这是必不可少的），而非进攻性的部队，也是至关重要的。南方共同市场和南美汇聚了一切必要条件来共同研发各领域重要的科技计划。在经济发展的现阶段，所有的经济活动都融入了微电子、信息和通讯技术，在农业和卫生基础领域有生物科技、基因工程，在不久的将来还会有纳米科技。巴西与阿根廷应紧急集中精力在这些领域（并是应该花钱的地方）共同合作。

在孕育中的多极化国际格局中，南方共同市场（和阿根廷、巴西）联合承担自主的政治角色在短期内面临三个挑战：

- 抵制在经济和政治上被北美集团吞并，目前北美集团正通过美洲自由贸易区、自由贸易协定的谈判和逐步美元化快速向前推进；

- 政治上避免和应对外部军事力量对哥伦比亚和最终对整个亚马孙地区进行干预；

- 改变受国际货币基金组织（和世界贸易组织）直接或间接影响的状况，恢复对国内外经济政策的控制。

巴西和阿根廷的负责制订和执行对外和军事政策的机构之

第十二章 穷乡僻壤：世界舞台上的南方共同市场

间，应建立"常设协调机构"，以便重新确定南方共同市场的全球观并小心谨慎地制定一整套具体协作方案。为达成对世界的共识和共同的政策，巴西和阿根廷需要建立务实、高效的统筹机制，便于：

● 促进对南方共同市场机制的分析，增强灵活性，用适当和常备的资金建立供补偿基金和进行工业重组，以推动区内的贸易；

● 在有选择的领域组织共同研发计划，并给予资金保障；

● 经常召集外交部、国防部和财政部不同层次的非正式会议；

● 组织不同级别外交和军事官员的共同培训项目；

● 就专门的国际重大课题开展共同研究；

● 避免外交努力分散，确定优先国家（而非地区或大陆）以便集中稀缺的外交资源与之建立起作用的战略联盟关系；

● 制订共同的贸易政策，以消除南方共同市场工业品向其他国家出口的障碍；

● 在美洲国家组织、里约集团、伊比利亚美洲峰会、国防部长会议等政治讲坛中进行协调，根据联合指示确保建立谈判共同阵线。

有必要将两国"所有的政府机构"都纳入一体化政策执行当中，并让社会知晓它的目的、可能发生的不均衡状态以及它对两国和南美的决定性意义。为使这项政策取得成功，需要在教育文化领域采取必不可少的有力措施，让南方共同市场国民在四个成员国之间自由往来、自由就业，并且让政党和议会切实参与到南方共同市场的决策过程中，因为各国之间在人口、领土和产品方面存在着严重差异，要做到这一点很难。总统定期会晤，无论多么重要，只能对一体化政治合作进程起指导作用，而不能持续、详尽地对全球和地区形势作出分析，对关系到南方共同市场政治角色的四个战略领域进行共同的战略思考，安排行动。这四个长期战略性问题，对于南方共同市场的国际地位至关重要。它们可分为：政治、军事、技术和经济。

在经济方面，核心问题是减少对外脆弱性，减少社会内部的不平等，恢复自主制订并实施政策的能力。如果不减少在金融领域和"实体经济"（如能源）领域的实力，很难为南方共同市场造就一个主动的、重要的地位。不能通过救济项目，即使是慷慨的方式，来减少社会不平等现象，而需要通过增加就业、提高生产率、加大对基础卫生和公共医疗的投资等方面来实现。国内的经济政策屈从于国际货币基金组织官员的货币主义观（和确定该组织政策的国家的利益）及其控制，造成了国家和地区主权日益丧失的局面，并延伸到了政治领域。基础设施建设，尤其是阿根廷、玻利维亚、巴西、智利、巴拉圭、乌拉圭和委内瑞拉的能源一体化，是避免能源危机和能使地区经济以高于7%的速度发展的必要条件。

在技术方面，急需集中资金和精力发展信息和通讯技术、生物科技、基因工程等战略性领域，这也是保持在世界经济、政治和军事体制中竞争力所必需的。消除经济发展的瓶颈是南方共同市场开发共同科技项目的重点。

在军事领域，两大基本问题是在常规武器和高科技方面自主发展国防力量，以及沉着拒绝任何在南美建立外国军事基地的企图。成功解决以上两大基本问题对于维护南方共同市场的海外利益、保障其在一个充满不稳定、横行霸道和干涉主义的

第十二章 穷乡僻壤：世界舞台上的南方共同市场

世界里充分行使主权是极其重要的。

在狭义政治方面，两大关键问题是，联合国安理会成员国的条件和安理会的权限。因为大国优先加入联合国安理会，"丝毫"不会放弃享有的特权，所以可有理由期待的是，联合国体系不会被放弃，也不会按照民主的方式彻底改革。安理会有可能会为当今处于安理会之外的第二和第三经济（和军事）强国，即德国和日本开启大门，越来越多的国家认为接受她们为常任理事国是适宜的。按照联合国宪章规定，安理会的机构改革有可能并且有必要吸收印度这个世界第二人口大国和原子能大国，以及代表非洲和拉美的国家加入。

安理会的权限将会逐步的、以非正式的方式扩大，并将涵盖巴西、阿根廷和南方共同市场关注的重要话题，如环境、毒品、恐怖主义、政治体制、贫穷。不管安理会以什么名字命名，这个非正式的世界性的权力机构都将成为全球治理的核心。安理会的改革将成为南方共同市场巩固其政治地位和有效维护利益的唯一机会。为此，巴西和阿根廷必须开展积极主动的合作。地区的能力、权力和影响力能否在所有重大国际问题上发挥作用，将取决于是否成为联合国安理会常任理事国。加入安理会将会使该地区和南方共同市场在所有的国际协调机制中更好地维护和促进本身的利益。不应将这项努力视为巴西和阿根廷之间的战略竞争，因为这种政治和心理态度只会导致两败俱伤，促使那些不希望南美团结的国家挑起争端。这项政治行动是"我们时代的挑战"，对于阿根廷、巴西、南方共同市场和南美的未来是决定性的：不是走向富有，就是沦为贫穷；不是走向强大，就是陷入混乱。

后　记[①]

　　本书各章寻求探讨造成社会极端不平等、长期对外脆弱性以及阻碍巴西发展潜力的某些成因，并介绍充满冲突和变化的世界舞台的主要特征以及巴西所面临的挑战。本书就长期结构性机制和趋势进行分析，这对于制定行动战略至关重要。同时介绍了近年来为应对这些机制和趋势所采取的措施，尽管简明扼要，但意义匪浅。

　　卢拉总统执政 3 年里，努力促进经济、社会和政治权力的分散。他是在这样一个巴西国内政治格局做这些努力的：一方面，总统在大选中获得 5300 万张选票（61% 选票），另一方面，2003 年，劳工党在 513 名众议员中仅有 91 人，在 81 名参议员中只有 14 人，要在这种情况下推进和完善法律谈何容易；媒体与权力集中的受益者交织在一起；执政之初，通货膨胀严重，对外脆弱性加剧，特权阶级有恐惧心理，受压制受排挤民众则寄予高度期盼。

　　卢拉政府的经济政策实际上可归纳为三项：由中央银行和财政部实施的正统的抑制通货膨胀政策和高利率政策；由国家经济与社会发展银行、巴西石油公司、巴西电力公司、巴西银

---

① "后记"中的黑体字为书稿中原有的。（译者注）

行和联邦经济银行实施的投资政策，发展信贷和社会信贷政策和出口政策；紧急社会救援政策和收入再分配政策，通过家庭津贴、农村用电等项目帮助5000万贫困线以下的巴西老百姓。此外，由卢拉总统直接指导的，由塞尔索·阿莫林负责实施的对外政策寻求开展的多极化、巩固主权的战略，充耐心持续地构建非霸权主义的南美集团，减少不平等和脆弱性，促进第三世界国家（和巴西）发挥自己的潜力。从经济层面看，这项对外政策是发展主义的。

正统的货币主义派和发展主义派在政府内外的争论是这段时期的主要特征。然而，具有讽刺意味的是，控制通货膨胀和减少脆弱性政策的成功使巴西进入一个新的历史阶段，即快速和可持续发展阶段。从帝国时期一直持续到共和国时期，货币主义派和发展主义派之间的争论由来已久，在不同时期有不同的表现和色彩。一方面，正统货币主义者的主要关心是不惜一切代价控制通货膨胀和赢得投资者的好感，另一方面社会发展主义派则关心基础设施建设以应对人口和经济增长，减少社会不平等现象。每个"党"对巴西、世界都有自己的看法，对巴西应对挑战也都有自己最佳战略。巴西面临的挑战可归纳如下：收入高度集中、极端贫困者占人口很高的比例、近20年的发展指数低得可怜，与此同时，在国内经济发展极度不平衡和民主政治体制下，还有一个阶层收入还过得去，还有活力。

卢拉政府在3年内的作为举例如下：
- 3年内建成了1万公里的输电线路；
- 发电装机总量从2002年的8200万千瓦增加到2005年的9300万千瓦，大量的供电合同排除了今后10年断电的危险；

- 人人有电用计划满足了农村200万居民的用电需求；
- 巴西成为世界上12个自主浓缩铀的国家之一；
- 巴西造船工业恢复，将建造8个海上石油钻井平台和26艘大吨位轮船；
- 巴西成为石油自给自足的国家，石油储量从2002年的110亿桶增至2005年的130亿桶；
- 13条新的输气管道正在建设中，总长达4700公里；
- 2003至2005年，修复了9000公里的公路，为4.2万公里签订了维护保养合同，2万公里的公路将安装信号灯；
- 铁路工业在2005年签下生产9000节车厢的订单，比2004年产量基本翻番；
- 港口吞吐量从2002年的5.3亿吨增至2005年的6.75亿吨；
- 3年间机场接待能力从每年9700万人次增至每年1.17亿人次。
- 人人有卫生下水道计划在2003至2005年间共签署价值35.7亿雷亚尔的工程项目，是1999年1月至2002年12月的20倍；
- 在东北部半干旱县市修建了11万个家庭蓄水池；
- 1999~2002年，亚马孙森林砍伐率维持在每年20%至30%，2005年这一数字近10年来第一次减少了31%；
- 2005年7月，亚马孙预警体系在合同规定的期限之前提前建成，节省资金超过5000万美元；
- 受家庭津贴项目资助的家庭数量达到870万户，大约4000万人摆脱极端贫困；

- 2003~2005年，24万户家庭被安置，超过前10年被安置家庭的总和；
- 儿童死亡率从2002年的26.5‰降至2004年的25.1‰；
- 家庭月收入低于115雷亚尔，即低于贫困线以下的人口从2003年总人口的27%降至2004年的25%；
- 165万户家庭从全国家庭农业计划中受益；
- 2003~2005年，政府依法认定55块原住民土地，总面积达980万公顷，大于葡萄牙国土面积；
- 超过1000万的巴西儿童参加了2005年巴西公立学校数学奥林匹克竞赛，涌现300名特殊天才儿童；
- 1142所私立教育机构参加了"人人有大学上"的计划，该计划为20.3万贫困学生提供奖学金；
- 国家教科书计划每年发放1.2亿本图书，成为全球最大规模的免费发放图书项目；
- 每年有3700万学生受益于国家校园食品计划；
- "发现天才计划"对8万名运动员进行了测试，建立了天才库，有5个训练中心正建设中；
- "巴西识字计划"使550万青年和成年人摘掉了文盲帽子；
- "统一医疗体系"在2002年共接待病人18亿人次，到2005年增至20亿人次，增幅为2亿人次；
- 1600万5岁以下的儿童接种骨髓灰质炎疫苗，儿童覆盖率达94%；
- 老年人接种疫苗计划使83%的60岁以上人口接种，达1300万人，超过了世界卫生组织70%的目标；

- 近3年内，平均每月创造10万个签发就业证、保障工人所有权利的岗位，而1999至2002年间每月仅为3.8万个新岗位；
- 2005年实际最低工资比2002年12月份增长了23%；
- 2003年3月最低工资可购买1.3个基本消费筐①，2006年4月将可以购买2.2个，增幅为70%；
- "大众贷款计划"共签署了1100万份贷款合同，向低收入人群借贷23亿雷亚尔；
- 近3年农村贷款翻番，2005~2006年度收耕季节贷款共计440亿雷亚尔；
- 飞机产量从2002年的131架增至2005年的141架，出口收入110亿美元，成为主要的高科技出口产品；
- 汽车产量从2002年的170万辆增至2005年的240万辆，巴西成为世界上最大的汽车生产国之一；
- 手机电话产量从2002年的3500万部增至2005年的7500万部；
- 2005~2006年度将收获4亿吨甘蔗和160亿升酒精；
- 巴西开发了可以兼用乙醇和汽油的发动机生产技术，大大降低了车辆二氧化碳的排放量；
- 酒精发展计划和从蓖麻子油中生产生物柴油的项目使巴西成为全球的榜样；
- 2003~2005年，国家经济与社会发展银行向国内工业部门融资114亿美元；

---

① 指每户家庭每月基本消费品，包括大米、糖、及少量卫生或清洁用品。（译者注）

- 2004年开展了收缴武器运动,共收缴46万支武器,避免5000人死亡,枪击死亡率降低了8%;
- 从各州警察局选拔骨干,经培训组成专门应对特殊情况的国家公安武装,成为警力协作的典范;
- 近3年间,核查了981个市公共资金使用状况,占全国所有城市的18%;
- 政府采购网上招标使公共部门的采购支出减少了30%;
- 2005年政府用于科技研发的投资为100亿雷亚尔,2002年仅为65亿雷亚尔;
- 巴西宇宙空间项目的预算从2002年的6800万雷亚尔增至2005年的2.23亿雷亚尔;
- 2005年巴西将培养1万名博士,当年共颁发2000个额外奖学金,用于培养和储备专业人才;
- 外国游客以每年高于15%的速度增长,于2005年达到900万人,旅游业创造的外汇收入每年增长率超过23%;
- 巴西成为世界牛肉、鸡肉、果汁、糖、咖啡、铁矿、皮革和皮鞋第一大出口国;
- 在全球市场上,巴西的大豆占据38%,橙汁82%,糖29%,咖啡豆28%,速溶咖啡44%,烟草23%;
- 3年间,巴西的出口额从600亿增至1180亿美元,进口额从500亿增至730亿美元,2005年贸易顺差为440亿美元,3年内贸易顺差总额超过1000亿美元;
- 2003~2005年,工业制成品出口翻番;
- 巴西外汇储备从2002年的380亿美元增至2005年的540亿美元;

- 2002年通货膨胀率为30%，逐年下降，2005年为5%；
- 国家风险指数从2002年末的1200点降至2005年末的300点，2006年1月降至200点，为历史上最低；
- 近12个月来，外国投资达到170亿美元，比2002年增长了65%；
- 2005年末，巴西提前向国际货币基金组织偿还了2006年和2007年到期的债务150亿美元，节省利息9亿美元；
- 2003~2005年，巴西石油公司、巴西银行、联邦经济银行以及其他任何一家国企都没有私有化，有力维护了国家促进经济发展的能力；
- 约30家巴西企业在纽约证券市场成功上市；
- 近百家巴西企业跨出国门，走向国际化，在美洲、欧洲和亚洲设立公司；
- 扩大了人民参政，严格尊重新闻和批评自由，政治机构得到了加强；
- 尚有很多工作有待完成。

在以专横、暴力、权利集中和无视国际法为特征的世界，巴西的对外政策遵照联邦宪法第四条所规定的原则和总统在就职演说中宣布的方针，重新引导巴西沉着、坚定地为更加独立、更有自尊和更好地维护国家利益而奋斗。另一方面，对外政策只有为应对巴西面临的不平等、脆弱性、国家实力建设、加强民主等各种挑战作出贡献，对外政策才会有意义。

对外政策的每项战术行动都是围绕建设更加民主、繁荣和公正的多极化世界以及应对国内挑战，如克服不平等、减少脆弱性、发挥国家潜力的战略进行的。由于总统的坚定支持以及

后　　记

总统本人的亲身参与，这项战略才得到有效执行。

在对外政策的执行过程中，巴西总是遵照联邦宪法所确立的原则。在暴力、专横、严重不平等和暴力的世界体制中，巴西必须同时应对强国特别是像美国这样的超级强国的政治举措；必须与印度、俄罗斯和中国等处于国际体制外围的大国在政治、经济和科技方面开展合作，以促进和维护国家利益；巴西必须改变与强国在历史上传统的不平衡关系。

在**维护和平解决国际争端**这一原则方面，巴西对美英以伊拉克拥有大规模杀伤性武器（从未找到）为由而入侵伊拉克的行为做出坚决反应；巴西于2003年成立委内瑞拉之友小组，使委内瑞拉在国外力量的支持下克服了政变带来的危机，并且接受了乌戈·查韦斯的民主政权；2003年巴西与其他南美国家合作，和平、民主地帮助解决了在厄瓜多尔和玻利维亚发生的政治危机；巴西帮助邻国哥伦比亚和委内瑞拉解决了因2005年的罗德里戈·格兰德事件①造成的严重分歧。

在**维护国际体制民主化**方面，为联合国改革，巴西与德国、印度和日本组成四国集团，并得到法国、英国、俄罗斯和其他几十个国家的支持，不仅是为安理会更加民主、合法和更具代表性，而且还就组建和平建设委员会和将人权委员会改为人权理事会等提出新建议，使这个话题少受政治操纵。

为展现巴西**维护地区稳定**的决心，巴西接受联合国邀请，

---

① 罗德里戈·格兰德事件（Caso Granda），发生于2004年12月至2005年2月，这一国际事件加剧了哥伦比亚和委内瑞拉两国间的矛盾。2004年12月3日，作为哥伦比亚革命武装力量领导人的罗德里戈·格兰德在委内瑞拉的加拉加斯被一名委内瑞拉官员逮捕，并送往两国交界的哥伦比亚境内的库库塔（Cucuta），哥伦比亚政府于12月14日将其逮捕。（译者注）

巨人时代的巴西挑战

担任了联合国海地稳定特派团的领导工作。参与海地稳定特派团的国家还有乌拉圭、阿根廷、智利、秘鲁、厄瓜多尔、玻利维亚、巴拉圭和危地马拉,巴西派出一支由1200名士兵组成的部队。此前,巴西已参与10多项技术和社会合作项目,这对重建海地的经济、政治和社会是必不可少的。2006年海地大选在有序的环境中顺利进行。

为增强自身努力克服对外脆弱性,巴西在贸易、投资多样化和促进与非洲、亚洲和中东国家的关系方面做出广泛和密集的努力,包括在国际经济和政治谈判中巩固欠发达国家的共同立场。据此,巴西与南非和印度一起,成立了前所未有三国集团。巴西总统访问了非洲、亚洲和中东20多个国家。巴西与阿根廷和印度紧密协作,在2003年世界贸易组织谈判活动中成立发展中国家20国集团,旨在更有效地反击欧洲和美国的农业保护主义,确保多哈回合结果的公平性(而非强制性)。这是自1947年关贸总协定成立以来,欠发达国家第一次能够在贸易谈判中掌握主动话语权。巴西在解决世界贸易组织争端问题上获胜,如谴责美国对棉花生产和出口补贴措施以及欧盟的糖业计划,使包括巴西在内的很多欠发达国家受益。

巴西为联合国教科文组织有关文化多样性公约成功签署做了很多努力。该公约是巴西执行促进巴西文化事业政策的重要工具,有利于推进巴西文化表现形式的多样性、确保其在国内文化市场的份额,并**减少文化对外脆弱性**。

巴西向世界工业产权组织提出开展谈判的倡议,组织对有关保护知识产权协定特别是制药领域的协定进行复议和灵活处理,并提议国际货币基金组织在初级盈余计算方法中不包括对基础设施投资的项目，目的是**增强**巴西和南美国家的**经济自主能力**，南美国家在获得国际融资方面很困难。上述提议对非洲国家也是有利的，她们深受瘟疫如艾滋病之害，没有能力制造可有效对对付疾病的药品。同样，2003年末在迈阿密举行的会议上，巴西要求重新安排美洲自由贸易区的谈判，为的是维护巴西在执行国家发展所必需的经济、工业、贸易和技术政策的能力。

为**改变**巴西与美国和西欧国家的**传统关系**，卢拉政府尽可能与这些国家建立坦诚的合作关系，在必要时冷静处理分歧，使巴西的利益得到切实有效的维护。这种相互尊重和坚定维护巴西利益的态度赢得了美国和欧洲强国的认可和尊重。他们对自我尊重的国家表示尊重，对巴西在国际体系中日益积极和建设性的作用表示赞赏。因此，英国和法国对巴西候选联合国安理会常任理事国给予支持。巴西被邀请参加2003年和2005年的8国集团会议。在世界贸易组织有关农产品的谈判中，巴西与美国开展紧密合作，同时在贸易争端上，如棉花问题，巴西维持坚定立场，向美国提出正当的要求。卢拉总统应邀访问美国、法国、英国、俄罗斯、中国、印度、南非、日本以及布什、胡锦涛、小泉纯一郎、普京和萨帕特罗访问巴西说明巴西的政治作用在国际舞台上得到认可。

在**维护和平与发展**方面，巴西强调拥有核武器国家进行裁军的重要性，指出这不仅减少专横和国际紧张、而且可将资金用于发展。同时，作为世界第六大铀矿储藏国和拥有铀浓缩技术的国家，巴西主张所有国家有研发技术、和平利用核能的权利。巴西时刻注意强调要遵守国际法准则和不干涉、自决权、国家主权平等、尊重人权、和平解决争端的原则。

在**减少国内社会不平等**方面，巴西于2004年和智利、法国、西班牙共同在纽约发动反饥饿、反贫困行动。这次行动聚集了50位国家元首和政府首脑，以寻求建立新的金融机制，推进经济援助和发展项目的实施，惠及全球生活在贫困线以下的8亿人。巴西致力于维护人权和反对种族主义、反对"不容忍"和仇外，参与起草和落实德班反对种族主义的行动纲领，谴责对政治犯未经审判就关押的行为。巴西支持联合国千年发展目标，参与人道主义行动，援助遭受自然灾害的灾民，如亚洲的海啸，并与非洲和加勒比地区欠发达国家开展医疗和教育合作。

巴西在国内和国际范围推动**环保和促进可持续发展**的行动，重视水资源的保护和扩大可再生能源的利用。巴西是向京都议定书清洁发展机制提出议案最多的国家，其中14个议案已被通过，这表现出投资者对于巴西项目盈利的信心。

巴西寻求为中东地区的**和平建设贡献力量**。中东是地区紧张形势变态的中心，在世界遥远的国家发生恐怖主义和仇外就是它的反映。巴西召集有史以来首次南美和阿拉伯国家元首会议。近3年里，卢拉总统和阿拉伯国家的15位国家首脑和部长进行互访，促进了两个地区国家间的政治谅解、扩大了贸易和投资机会以及在基础设施项目上的合作。

在**建立**一个更加民主、繁荣和公正的**多极化世界**方面，巴西将推进南美国家在国际环境下的经济合作、一体化和协调政治行动作为首要任务。巴西向10多项南美基础设施建设项目、包括与秘鲁连接两大洋的项目提供融资。巴西积极参与促进南方共同市场与安第斯共同体、秘鲁、委内瑞拉之间的自由贸易谈判，这对于南美洲国家共同体的成立和未来15年内建成南美自由贸易区具有重大意义。巴西致力于南美的能源一体化，通过建设大输气管道连接委内瑞拉、巴西、玻利维亚、阿根廷、乌拉圭和智利，优化能源的使用、保证供给、实现经济高速增长。作为该地区国土面积最大和经济规模最大的国家，巴西坚持主张并确信，减少发展的不对称是南美实现非霸权性联合的根本和必要的原则。卢拉总统对南美国家进行了32次访问，并接待了南美国家总统28次来访，这种频繁的互访使拉美在2005年成为巴西主要贸易伙伴，对拉美的出口额占巴西出口总额的23%。

巴西历史上对**非洲是**欠债的，因为非洲奴隶在殖民地时代和帝国时代为巴西的社会建设做出了巨大贡献，迄今非洲的后裔依然受到种族和社会歧视，非洲理所当然是巴西对外政策中第二大优先目标。所以，巴西做出前所未有的努力来接近非洲：卢拉总统对15个非洲国家进行访问；对几内亚比绍、圣多美普林西比发生危机时愿意为其建设民主稳定做出贡献；在莫桑比克、安哥拉和其他国家投资并开展工程建设；在非洲开设8个巴西大使馆；扩大地区间的贸易，巴西对撒哈拉以南非洲的出口额从2002年的20亿美元增至2005年的60亿美元，巴西贸易顺差的10%源自对非洲的贸易。印度、巴西、南非三国集团的建立有助于三个外围大国在国际上加强政治和经济合作，不仅维护了三国利益，而且还促进了与包括非洲在内的相对不发达国家之间的合作。

亚洲方面，巴西通过扩大贸易和开展科技合作密切与印度和中国的联系；卢拉总统访问了中国、韩国、日本和印度；巴西与中国建立战略伙伴关系,有可能在巴西的基础设施、农业生产和矿产方面开展大型合作项目。2002～2005年,巴西对亚洲的出口额增长了近100亿美元,进口额增长了近90亿美元。

总之,以上是对巴西内外政策所取得结果的扼要、不全面的总结。内外政策相互联系、相互促进,说明巴西政府做出了许多努力以应对国内外挑战,国内的四大挑战是:减少不平等、克服脆弱性、发挥实力和加强民主;国外大挑战是:建设多极化世界,南美将成为其中繁荣、公正、民主和主权的一极。

参考书目:

1. Abreu, C. *Capítulos da história colonial.* Brasília: Senado Federal, 1998.

2. Abreu, M. P. (org.) *A ordem do progresso.* Rio de Janeiro: Campus, 1990.

3. Armitage, J. *História do Brasil.* São Paulo: Villa Rica, 1981.

4. Arrighi, G. *O longo Século XX: dinheiro, poder e as origens de nosso tempo.* Rio de Janeiro: Contraponto/Unesp, 1996.

5. Ashworth, W. *A Short History of the International Economy since* 1850. Londres: Longman, 1975.

6. Baldwin, D. A. *Economic Statecraft.* Oxford: Princeton University Press, 1985.

7. Batista Jr., P. N. *O Brasil e a economia internacional*, São Paulo: Campus, 2005.

8. Batista Jr., P. N. *A economia como ela é.* São Paulo: Boitempo Editoral, 2002.

9. Bertsh, G. K., Gower, E. (eds.) *Export Controls in Transition.* Londres: Duke University Press, 1992.

10. Bielschowsky, R. *Pensamento econômico brasileiro: o ciclo*

ideológico do desenvolvimento. Rio de Janeiro: Contraponto, 2000.

11. Blackwill, R. D., Carnesale, A. *New Nuclear Nations: Consequences for US Policy.* Washington: Council on Foreign Relations Press, 1993.

12. Bomfim, M. *O Brasil Nação.* Rio de Janeiro: TopBooks, 1996.

13. Bomfim, M. *A América Latina, males de origem.* Rio de Janeiro: TopBooks, 1993.

14. Boorstin, D. J. *The Image: A Guide to Pseudo-Events in America.* Nova York: Macmillan, 1987.

15. Boxer, C. R. *Os holandeses no Brasil.* Rio de Janeiro: Nacional, 1961.

16. Boxer, C. R. *A idade do ouro no Brasil.* Rio de Janeiro: Nova Fronteira, 2000.

17. Caldeira, J. *Diogo Antônio Feijó.* Rio de Janeiro: Editora 34, 1999.

18. Cardoso, F. H. Faletto, E. *Dependencia y Desarrollo en América Latina.* México: Siglo Veintiuno, 1969.

19. Castro, A. B., Souza, F. E. P. *A economia brasileira em marcha forçada.* Rio de Janeiro: Paz e Terra, 1985.

20. Castro, J. *Geografia de fome.* Rio de Janeiro: Civilização Brasileira, 2004.

21. Cervo, A. Et alii *História do Cone Sul.* Brasília: UnB, 1998.

22. Chancellor, E. *Salve-se quem puder: uma história da*

especulação financeira. São Paulo: Companhia das Letras, 2001.

23. Chang, H. J. *Chutando a escada*. São Paulo: Unesp, 2004.

24. Costa, D. *Estrategia Nacional*. Buenos Aires: Prometeo Libros, 2005.

25. Damrosh, L. F. (ed.) *Enforcing Restraint: Collective Intervention in Internal Conflicts*. Nova York: Council of Foreign Relations Press, 1993.

26. Debord, G. *A Sociedade do espetáculo*. Rio de Janeiro: Contraponto, 1997.

27. Deutsch, K. W. *The Nerves of Government*. Nova York: The Free Press, 1966.

28. Faoro, R. *Os donos do poder*. Rio de Janeiro: Globo, 2001.

29. Faria, J. A. E. *O Mercosul: princípios, finalidade e alcance do Tratado de Assunção*. Brasília: Ministério das Relações Exteriores, 1993.

30. Ferns, H. S. *Gran Bretaña y Argentina en el Siglo XIX*. Buenos Aires: Solar Hachelte, 1931.

31. Ferrer, A. *La Economia Argentina*. México: Fundo de Cultura Economica, 1976.

32. Freyre, G. *Casa-grande e senzala*. Rio de Janeiro: Global, 2003.

33. Friedman, M. *Capitalism and Freedom*. Chicago: University of Chicago Press, 2002.

34. Furtado, C. *A economia brasileira*. Rio de Janeiro: A Noite, 1954.

35. Furtado, C. *Formação Econômica do Brasil*. Rio de Janeiro: Fundo de Cultura, 1964.

36. Garcia, E. V. *Cronologia das relações internacionais do Brasil*. São Paulo: Contraponto, 2006.

37. Gilpin, R. M. *The Political Economy of International Relations*. Princeton (MA): Princeton University Press, 1987.

38. Goes Filho, S. S. *Navegantes, bandeirantes, diplomatas*. São Paulo: Martins Fontes, 1999.

39. Guimarães, A. *Quatro Séculos de Latifúndio*. Rio de Janeiro: Paz e Terra, 1997.

40. Guimarães S. P. *Quinhentos anos de periferia*. Rio de Janeiro: Contraponto/UFRGS, 1999.

41. Guimarães S. P. *O impacto das imagens dos países nas relações internacionais*. Brasília: Instituto Rio Branco, 1983.

42. Handelmann, H. *História do Brasil*. São Paulo: Itatiaia/ Edusp, 1982.

43. Hobsbawn, E. *A era dos estremos*. São Paulo: Companhia das Letras, 1995.

44. Holanda, S. B. *Raízes do Brasil*. São Paulo: Companhia das Letras, 1995.

45. Huntington, S. P. *The Clash of Civilizations and the Remaking of World Order*. Nova York: Touchstone, 1997.

46. Jaguaribe, H. *Desenvolvimento político*. Rio de Janeiro: Perspectiva, 1975.

47. Johnson, C. *The Sorrows of Empire*. Nova York: Henry Holt

and Company, 2004.

48. Kennedy, P. *The Rise and Fall of the Great Power*. Nova York: Vintage Books, 1989.

49. Landau, R. , Rosenberg, N. (orgs.) *The Positive Sum Strategy*. Washington (DC): National Academy Press, 1986.

50. Landes, D. S. *The Unbound Prometheus*. Cambrige (MA): Cambridge University Press, 1969.

51. Leal, V. N. *Coronelismo, enxada e voto*. São Paulo: Alfa-Ômega, 1976.

52. Lênin, I. V. *Imperialism the Highest Stage of Capitalism*. International Publishing Company, 1969.

53. Lins, A. *Rio Branco*. São Paulo: Alfa-Ômega, 1996.

54. Manhein, K. *Ideologia e utopia*. Rio de Janeiro: Zahar, 1976.

55. McNeill, W. H. *The Pursuit of Power*. Chicago: University of Chicago Press, 1982.

56. Mendes, A. D. *Amazônia, terra e civilização*. Belém: Banco da Amazônia, 2004.

57. Mészáros, I. *Para além do capital*. São Paulo: Boitempo Editoral, 2002.

58. Moniz Bandeira, L. A. *A formação do Império Americano*. Rio de Janeiro: Civilização Brasileira, 2005.

59. Moniz Bandeira, L. A. *Argentina, Brasil e Estados Unidos*. Rio de Janeiro: Revan, 2003.

60. Moniz Bandeira, L. A. *O milagre alemão e o desenvolvimen-*

to do Brasil. São Paulo: Ensaio, 1994.

61. Moniz Bandeira, L. A. *Presença dos Estados Unidos no Brasil*. Rio de Janeiro: Civilização Brasileira, 1973.

62. Moniz Bandeira, L. A. *Relações Brasil-EUA no contexto da globalização*. São Paulo: Senac, 1999.

63. Morgenthau, H. J. *A política entre as nações*. Brasília: UnB/Funag, 2003.

64. Mota, C. G. *Ideologia da cultura brasileira*: 1933 – 1974. São Paulo: Ática, 1998.

65. Murray, W. , Scales Jr. , R. T*he Iraq War*. Harvard: Harvard University Press, 2003.

66. Myrdal, G. *Economic Theory and Under-Developed Regions*. Nova York: Harper&Row, 1971.

67. Nabuco, J. *Um estadista do Império*. Rio de Janeiro: TopBooks, 1997.

68. Paradiso, J. *Debates y trayectoria de la política exterior argentina*. Buenos Aires: Grupo Editor Latinoamericano, 1993.

69. Paraná, D. *Lula, o filho do Brasil*. São Paulo: Fundação Perseu Abramo, 2002.

70. Patriota, A. *O Conselho de Segurança após a Guerra do Golfo*. Brasília: Funag, 1998.

71. Prado Jr. , C. *Evolução político do Brasil*. São Paulo: Brasiliense, 1994.

72. Prado Jr. , C. *Formação do Brasil contemporâneo*. São Paulo: Brasiliense, 1992.

73. Prado Jr. , C. *História econômica do Brasil.* São Paulo: Brasiliense, 1945.

74. Renouvin, P. , Duroselle, J. -B. *Introduction à l' histoire des relations internationales.* Paris: Armand Colin, 1991.

75. Ribeiro, D. *O Povo brasileiro.* São Paulo: Companhia das Letras, 1995.

76. Sanguinetti, H. Robespierre, *la Razon del Pueblo.* Buenos Aires: Euduba, 2003.

77. Saraiva, J. F. S. (org.) *Relações internacionais: dois séculos de história.* Brasília: IBRI, 2001.

78. Schiller, H. I. *Communication and Cultural Domination.* Nova York: M. E. Sharpe, 1976.

79. Schoulz, L. *Beneath the United States: A History of US Policy toward Latin America.* Cambridge: Harvard University Press, 1998.

80. Schumpeter, J. A. *The Theory of Economic Development.* Nova York: Oxford University Press, 1961.

81. Schurmann, F. *The Logic of World Power: an inquiry into the origins, currents and contradictions of World politics.* Nova York: Pantheon Books, 1974.

82. Silva, G. C. *Conjuntura política nacional: o poder executivo e geopolítica do Brasil.* Rio de Janeiro: José Olympio, 1981.

83. Silva, L. I. L. , Amorim, C. , Guimarães, S. P. *A política externa do Brasil.* Brasília: IPRI/Funag, 2003.

84. Simonsen, R. *Evolução industrial do Brasil e outros estudos.*

São Paulo: Nacional/Edusp, 1973.

85. Simonsen, R. *História econômica do Brasil.* São Paulo: Nacional, 1978.

86. Stepan, A. *Os militares: da Abertura à Nova República.* Rio de Janeiro: Paz e Terra, 1986.

87. Stiglitz, J. *Globalization and its Discontents.* Londres: Peguin Boooks, 2002.

88. Sussman, G. *Communication, Technology, and Politics in the Information Age.* Califórnia: Sage Publications, 1997.

89. Tavares, M. C. *Da substituição de importações ao capital financeiro.* Rio de Janeiro: Jorge Zahar, 1975.

90. Thompson, G., Hirst, P. *Globalização em questão.* Petropólis: Vozes, 1998.

91. Tocqueville, A. *Democracy in America.* Nova York: Doubleday and Company, 1969.

92. Tunstall, J. *The Media are American.* Nova York: Pantheon Books, 1974.

93. Varnhagen, F. A. *História geral do Brasil antes de sua separação e independência de Portugal.* São Paulo: Melhoramentos, 1962.

94. Viera, A. *Sermões.* São Paulo: Hedra, 2003.

95. Warren, D. *A industrialização de São Paulo.* Rio de Janeiro: Bertrand Brasil, 2001.

96. Weber, M. *A ética protestante e o "espírito" do capitalismo.* São Paulo: Companhia de Letras, 2004.

参考书目:

97. Williamson, J. *The Progress of Policy Reform in Latin America.* Washington (DC): Institute for International Economics, 1990.

98. Woodward, B. *Bush at War.* Nova York: Simon & Schuster, 2002.